ESTILO AVATAR

CONSELHO EDITORIAL
Ana Paula Torres Megiani
Eunice Ostrensky
Haroldo Ceravolo Sereza
Joana Monteleone
Maria Luiza Ferreira de Oliveira
Ruy Braga

ESTILO AVATAR

Nestor Macedo e o populismo no meio afro-brasileiro

Petrônio Domingues

alameda

Copyright © 2018 Petrônio Domingues

Grafia atualizada segundo o Acordo Ortográfico da Língua Portuguesa de 1990, que entrou em vigor no Brasil em 2009.

Edição: Haroldo Ceravolo Sereza
Editora assistente: Danielly de Jesus Teles
Projeto gráfico e diagramação: Danielly de Jesus Teles
Capa: Mari Ra Chacon Massler
Assistente de produção: Mari Ra Chacon Massler
Assistente acadêmica: Bruna Marques
Revisão: Alexandra Collontini
Imagem de capa: França, genro de José Correia Leite
(Coleção Particular de José Correia Leite).

CIP-BRASIL. CATALOGAÇÃO-NA-FONTE
SINDICATO NACIONAL DOS EDITORES DE LIVROS, RJ
D718e

    Domingues, Petrônio
     Estilo avatar : Nestor Macedo e o populismo no meio afro-brasileiro / Petrônio Domingues. - 1. ed. - São Paulo : Alameda, 2018.
       il. ; 23 cm.
       ISBN 978-85-7939-475-1
     Inclui bibliografia

      1. Macedo, Nestor. 2. Barros, Adhemar de, 1901-1969. 3. Brasil - Política e governo - 1930-1964. 4. São Paulo (Estado) - Política e governo. I. Título.

17-42088   CDD: 320.98161
                   CDU: 94(81)"1930/1964'

ALAMEDA CASA EDITORIAL
Rua 13 de Maio, 353 – Bela Vista
CEP 01327-000 – São Paulo, SP
Tel. (11) 3012-2403
www.alamedaeditorial.com.br

Para Guilherme Orfeu e Tarsila Giovana, meus amores angelicais.

Um grande transatlântico sai, vai vagaroso, vai para o mar largo, que se estende pelas cinco partes do mundo; beija-lhes e morde-lhes a praia. Corre perigo, mas está solto, entre dois infinitos; como diz o poeta: o mar e o céu.

BARRETO, Lima. *O cemitério dos vivos: memórias*.
São Paulo: Brasiliense, 1956, p. 79.

Sumário

11   Prefácio
       (Kabengele Munanga)

15   Introdução

23   **1. Ala negra progressista**

27   Agenciando em preto e branco

47   "Fazer propaganda da raça e promover a união"

54   Adhemar de Barros: mito e realidade

71   Populismo: um conceito e várias controvérsias

83   **2. O "Rei dos bailes populares"**

91   Nestor Macedo: o equilibrista

115 Um novo quiproquó

135 Duas mãos estendidas

159   **3. O populismo no meio afro brasileiro**

161   A mística populista

174   O aguilhão do devir?

194   Novos tempos, velhos ideais

213   **Considerações finais**

243   **Acervos**

245   **Referências bibliográficas**

Prefácio

O capítulo sobre a história do negro na historiografia brasileira jamais será completo, enquanto partes de seus constituintes não foram totalmente resgatadas. Aquelas que foram reconstituídas passaram pelo filtro ideológico e são permeadas pelos diversos interesses, visões de mundo e filosofias de vida do próprio historiador ou narrador oral. Histórias contadas e não contadas, escritas e sem registros, história factual ou história acontecimento, todas são histórias, sem mais nem menos e, *ipso facto*, existem. O importante é que elas fossem conhecidas e interiorizadas na consciência histórica das pessoas interessadas. A história contada ou registrada tem geralmente protagonistas conhecidos, enquanto a não contada e não registrada tem seus protagonistas escondidos no anonimato. A história sem registros escritos e que depende somente das fontes orais pode na noite do tempo ser prejudicada pela amnésia ou mesmo ser modificada pelos interesses políticos ou outros de seus contadores.

O *Estilo Avatar: Nestor Macedo e o populismo no meio afro-brasileiro*, de autoria do historiador Petrônio Domingues tenta resgatar um pedaço da história política e social do negro até então desconhecida na literatura contemporânea do Brasil pós-escravidão.Com efeito, o ativista Nestor Macedo e a agremiação Ala Negra Progressista fundada por ele ou a ele atribuída surgem no contexto político dos anos de 1940. No entanto não foram objeto de uma literatura histórica acadêmica e tampouco não acadêmica, apesar de existirem fontes a seu respeito. O que o historiador Petrônio Domingues faz neste livro é uma espécie de escavação arqueológica. Ele desenterrou o artefato esquelético de Nestor Macedo e da agremiação Ala Negra Progressista – ANP, para, através dele, resgatar esse pedaço da história social do negro que teria ficado definitivamente adormecido, afim de colocá-lo à luz do conhecimento e à consciência de todo um movimento de pensamento que abarca a educação, o processo de construção da identidade coletiva do negro e a justiça histórica.

Lembremos que depois da proibição dos partidos políticos na ditadura de Getúlio Vargas, nenhum movimento social podia manifestar suas reivindicações políticas sob o rótulo partidário, a não ser camuflá-las através de manifestações culturais e recreativas. Foi o que fizeram a Frente Negra Brasileira e dezenas de agremiações que surgiram na esteira da ditadura de Getúlio Vargas. Mas, o que a história de Nestor Macedo e ANP tem em comum e em especial comparativamente às outras agremiações que existiram nos anos de 1940? Toda a trama da história não deixa dúvida sobre a consciência coletiva desse ativista e de seus aliados sobre os problemas da população negra após a abolição: a exclusão e consequentemente a pobreza, a não representatividade em vários setores da vida nacional, principalmente na educação, na política, no mercado de trabalho, entre outros. A explicação dessas faltas e suas consequências na desigualdade racial é, principalmente, atribuída ao legado negativo da escravidão. Em nenhum momento o discurso da ANP toca na raiz da exclusão, ou seja, ao racismo à brasileira. Ou eles eram todos inconscientemente contaminados pelo discurso do mito da democracia racial brasileira, ou não queriam conscientemente tocar no tabu nacional para não serem enquadrados no crime de lesa-pátria num país de democracia racial. As festas comemoradas em seus meios eram nacionais, como as datas da abolição, da independência do Brasil, da proclamação da República. Seus heróis eram a Princesa Izabel e Tiradentes, entre outros, pois Zumbi e 20 de novembro ainda não faziam parte de sua consciência política coletiva, apesar da consciência sobre a exclusão do negro.

Certamente, eles tinham clara consciência de que as estratégias individuais não dariam resultados robustos o suficiente para benefício da maioria dos membros da comunidade negra; daí a busca de inclusão por caminhos coletivos através de uma agremiação em que os discurso de seus fundadores e dirigentes representados por Nestor Macedo encarnavam essa nobre missão. Era preciso uma base política para mobilizar seus membros, daí a sigla ANP; era preciso também um local ou espaço físico-geográfico para reuniões, festas e outras atividades sob o rótulo recreativo e cultural já que as manifestações de caráter político-partidário eram proibidas. Essa foi a estratégia mobilizadora montada em busca de uma identidade política de um segmento excluído da população.

O livro mostra, salvo erro de leitura minha, que entre as estratégias de inclusão montadas pela ANP não havia nenhuma proposta de rebelião ou conflitos violentos abertos, manifestações de rua ou outras que levariam a um confronto direto com a elite dirigente no comando da direção política do país ou do estado de São Paulo. Mas sim, negociações políticas no próprio espaço do poder no contexto de uma democracia liberal na qual atuavam os dirigentes ou partidos políticos que por razões demagógicas eleitoreiras mostraram alguma sensibilidade ao se aproximar da ANP, conscientes de que os negros tinham um voto que, no momento do escrutino, podia fazer a diferença. Visto sob este ângulo, penso eu, eles não eram tão distantes das estratégias de negociação como as que entidades do Movimento Negro contemporâneo fazem hoje com certos partidos políticos que mostram sensibilidade e oferecem promessas de mudanças da situação coletiva do negro, mesmo que tivessem ficado presos às promessas de campanha, contrariamente ao Movimento Negro contemporâneo, que exige ação em vez do discurso, ou seja, a ação afirmativa ou políticas públicas específicas.

Uma leitura enviesada deste livro poderia passar ao leitor não atento a impressão de que o autor estaria criticando o ativista Nestor Macedo e a agremiação ANP, por ter compactuado com um partido político populista e por ter apoiado Adhemar de Barros em várias de suas campanhas para eleição à Prefeitura e ao Governo do Estado de São Paulo e até mesmo à Presidência da República. Pelo contrário, ele quer apenas registrar uma história desconhecida da maioria dos estudiosos, apontando a versatilidade dessa agremiação e sua capacidade em estabelecer alianças e negociações com várias forças políticas, por um lado, e elucidar a aproximação desse movimento populista com a agremiação e a população por ela representada, sem exigir que ela abrisse mão das reivindicações em benefício de sua comunidade e de suas lealdades raciais. Ora, aceitar pelo menos retoricamente as reivindicações da população negra e apoiar a criação de um partido político para negros num país oficialmente declarado como uma democracia racial pode ser considerado como uma aberração, ou como disse o autor, um grande paradoxo.

O apadrinhamento, o paternalismo e a submissão são críticas corriqueiras a este tipo de negociações estabelecidas no quadro das relações assimétricas entre "demandantes", neste caso o movimento negro, e "mandatários" encastelados nos partidos políticos. A crítica procede, mas ela pode, salvo exceções, ser também aplicada às entidades do movimento negro contemporâneo e a outros movimentos sociais da sociedade civil como um todo. A fragilidade política coletiva aliada à estratégia de dividir para dominar, cria rivalidades, querelas, conflitos e acusações entre os membros de uma mesma agremiação ou entre diversas agremiações como registra o autor. O que não é propriedade do movimento negro e suas organizações ou entidades.

Nestor Macedo é um personagem ambíguo, com várias passagens na polícia e fichas no DEOPS de São Paulo com o qual ele passou a colaborar em sua trajetória de ativista da ANP. Intrigas políticas movidas por ambições e interesses pessoais: ele pode ser acusado de tudo isso. Mas não foi a primeira vez, nem a última que tais acusações acontecem num movimento social. Criou-se uma palavra nos Estados Unidos para acusar os ativistas negros por terem-se aproveitado das relações raciais para ganhar dinheiro ou enriquecer às custas de seus irmãos de raça sem, portanto, resolver seus problemas fundamentais. Essa palavra se chama "indústria das relações raciais" que nos lembraria a "indústria da seca" no nordeste do Brasil. Cada um de nós que milita acadêmica e intelectualmente na problemática do negro no Brasil pode ser justa ou injustamente enquadrado numa tal indústria.

A leitura da obra *Estilo Avatar: Nestor Macedo e o populismo no meio afro-brasileiro*, além de colocar a nu minha ignorância sobre o personagem histórico Nestor Macedo e sua agremiação "Ala Negra Progressista", levanta várias questões cuja reflexão acrescenta ao nosso incompleto conhecimento da história social e política do negro no Brasil pós-abolição. Li-o atentamente, gostei e o recomendo para as pessoas que como eu gostariam de redescobrir a cada dia esse pedaço de "nossa" história ainda não registrada.

Kabengele Munanga
Professor titular do Departamento e Antropologia da Universidade de São Paulo/ Professor Visitante Sênior da Universidade Federal do Recôncavo da Bahia

Introdução

Quem tá gemendo,
Negro ou carro de boi?
Carro de boi geme quando quer,
Negro, não,
Negro geme porque apanha,
Apanha pra não gemer...

Gemido de negro é cantiga,
Gemido de negro é poema...

Gemem na minh'alma,
A alma do Congo,
Da Niger da Guiné
De toda África enfim...
A alma da América...
A alma universal...

Quem tá gemendo,
negro ou carro de boi?

"Quem tá gemendo?". TRINDADE, Solano. *Cantares a meu povo*.
São Paulo: Fulgor, 1961, p. 36.

Manhã de 1 de dezembro de 1950. Nestor Macedo – líder da Ala Negra Progressista e assecla do político populista Adhemar de Barros, do Partido Social Progressista (PSP) – apresentou um ofício dirigido ao "Exmo. Sr. Diretor [do Departamento] de Ordem Política e Social do Estado de São Paulo", para comunicá-lo de que, em virtude de "meia dúzia de perturbadores", a situação no alto do Ipiranga, na capital paulista, era das mais "perniciosas". Esses "perturbadores" seriam os responsáveis pelo crescimento da "turba de desordeiros e de elementos de indesejável disciplina". Macedo relatava que, na noite de 25 para 26 de novembro, muitos daqueles indivíduos tiveram o "atrevimento" de ir até o diretório da Ala Negra Progressista arrancar algumas faixas que continham a estampa da fotografia de Getúlio Vargas, Lucas Nogueira Garcez e Erlindo Salzano e queimá-las, além de terem deixado um bilhete embaixo da porta do diretório com os seguintes dizeres: "Queimamos os amigos da onça e você [Nestor Macedo] guarde o seu pêlo. Você não passa de um capanga desses três cangaceiros". À frente deste atentado político suspeitava-se estar o "velho Pipino" e mais três elementos: Eduardo, proprietário de um carrinho de verduras no ponto final do ônibus 22, Petronílio e Francisco da Fonseca; todos eles pertenciam ao PTN [Partido Trabalhista Nacional] e estariam em constantes "conferências mais ou menos secretas". Com o intuito de desvendar o caso, Macedo solicitava ao Diretor do Deops o envio de "dois bons inspetores habilmente disfarçados", para se infiltrarem no bairro e investigarem convenientemente. Informava, outrossim, que os "agitadores" costumavam fazer alusão sempre a um tal de "Cadornia", elemento que os instruíam e os defendiam em qualquer circunstância.[1]

O Departamento de Ordem Política e Social (Deops) foi instituído pela Lei nº 2.034, de 30 de dezembro de 1924 – quando recebeu o nome de Delegacia de Ordem Política e Social (Dops) –, para cumprir as funções da chamada "polícia política", isto é, para prevenir e reprimir reações políticas adversas, armadas ou não, que ameaçassem a "ordem e a segurança pública". Em todo o recanto do país onde atuou, notabilizou-se pela vigilância sobre os cidadãos ou grupos considerados "suspeitos". Seus agentes infiltravam-se nos recônditos do tecido social, espalhando o medo e a desconfiança. Ao longo do tempo, o Deops sofreu alterações técnicas, gerenciais, administrativas e burocráticas – com maior profissionalização e melhor aparelhamento material, incluindo uma ampliação dos contatos com e da influ-

---

1 Ofício de Nestor Macedo ao Exmo. Sr. Diretor da Ordem Política e Social do Estado de São Paulo. São Paulo, 1 de dezembro de 1950. Prontuário 101 018, Ala Negra Progressista. DEOPS/SP, Arquivo Público do Estado de São Paulo (AESP).

ência de instâncias equivalentes em outros países –, mas nada que implicasse na reestruturação de seu modelo de atuação na sociedade. Suas tarefas de investigação, vigilância e contenção de ativistas, grupos e movimentos continuaram pautadas na lógica que valorizava a intimidação, o temor e culpabilização como meios para efetivar o controle social. O termo Dops é o mais conhecido pelos militantes políticos, pela imprensa e pela população em geral, não obstante, aqui, esse órgão de repressão vai ser chamado de Deops, já que esta sigla era a utilizada como referência, quer no acervo documental, quer na "última denominação que recebeu pela também última legislação que alterou sua constituição, em 1975, através da qual passou a chamar-se Departamento Estadual de Ordem Política e Social, sendo extinto pelo Decreto nº 20.728, de 04 de março de 1983".[2]

Dia 19 de setembro de 1951. Nestor Macedo – em nome da Ala Negra Progressista – remeteu ofício ao "Ilmo. Sr. Dr. Paulo Rangel", Delegado do Deops, solicitando-o o envio de policiamento para garantir a segurança no comício da candidatura de Paulo Vieira (PSP) à vereança da cidade de São Paulo, marcado para acorrer no dia 22 de setembro, por volta das 20h. Durante o comício haveria um festival dançante, por isso solicitava também a permanência de uma viatura policial no local. Não é possível saber se o delegado do Deops atendeu a todos os pedidos de Macedo; certo é que ele sem açodamento designou um investigador, Pedro Leite de Sá, para comparecer secretamente ao evento. Este assim o fez e, depois, produ-

---

2   AQUINO, Maria Aparecida de et all (orgs.). *A constância do olhar vigilante: a preocupação com o crime político*. Famílias 10 e 20. São Paulo: Arquivo do Estado, Imprensa Oficial do Estado, 2002, p. 20; GERTZ, René Ernaini e BAUER, Caroline Silveira. "Arquivos de regimes repressivos: fontes sensíveis da história recente". In: LUCA, Tania Regina de; PINSKY, Carla Bassanezi (orgs.). *O historiador e suas fontes*. São Paulo: Contexto, 2009, p. 174. Sobre a polícia política em São Paulo, Rio de Janeiro, Minas Gerais e Pernambuco, na era do pós--Guerra, ver ainda DAVIS, Darién J. "The arquivos das polícias políticas of the State of Rio de Janeiro". *Latin American Research Review*, v. 31, n. 1, 1996, p. 99-104; MAGALHÃES, Marionilde Dias Brepohl de. "A lógica da suspeição: sobre os aparelhos repressivos à época da ditadura". *Revista Brasileira de História*, v. 17, n. 34, 1997, p. 203-220; MENDONÇA, Eliana Rezende Furtado de. "Documentação da polícia política do Rio de Janeiro". *Estudos Históricos*, Rio de Janeiro, v. 12, n. 22, 1998, p. 379-388; MOTTA, Rodrigo Pato Sá et all. "República, polícia e direito à informação: os arquivos do DOPS/MG". *Varia História*. Belo Horizonte, UFMG, n. 29, 2003, p. 126-153; REZNIK, Luís. *Democracia e segurança nacional: a polícia política no pós-guerra*. Rio de Janeiro: Editora FGV, 2004; RICARDO, Arleandra de Lima. *O DOPS em Pernambuco no período de 1945 a 1956: autocracia em tempos de "democracia"*? Dissertação de Mestrado, Pontifícia Universidade Católica, São Paulo, 2009; SOMBRA, Luiz Henrique. Departamento Federal de Segurança Pública: ruptura ou permanência? In: *DOPS: a lógica da desconfiança*. Rio de Janeiro: Secretaria de Estado da Justiça, Arquivo Público do Estado do Rio de Janeiro, 1996, p. 37-41; AQUINO, Maria Aparecida de et all (orgs.). *No coração das trevas: o DEOPS/SP visto por dentro*. São Paulo: Arquivo do Estado, Imprensa Oficial do Estado, 2001.

ziu um relatório comentando: "O comício programado pela Ala Negra Progressista para o dia 22, à rua Carmem, nº 71, em Vila Espanhola, em prol da candidatura do Dr. Paulo Vieira, foi iniciado por volta das 20 horas, com uma reunião dançante, com a presença de mais ou menos cem pessoas". Às duas e meia da madrugada "chegou ao recinto o Dr. Paulo Vieira, sendo suspensa a reunião dançante, por momentos, ocasião em que o citado fez uso da palavra, discorrendo sobre a sua plataforma política. Momentos após foi encerrada a reunião política".[3]

As eleições para a Câmara Municipal de São Paulo, em 14 de outubro de 1951, ocorreram durante o tempo da experiência democrática – da redemocratização de 1945, pós ditadura do Estado Novo, ao golpe civil-militar de 1964. Para o povo brasileiro esse foi um período de otimismo, euforia e anseio de um futuro melhor, mais digno e promissor, com pujança econômica, distribuição de renda, oportunidades de emprego, liberdades democráticas, participação político-eleitoral, direito à educação, à moradia e à reforma agrária. A Constituição de 1946, promulgada pela Assembleia Nacional Constituite, aumentou as expectativas de renovação político-institucional, social e econômica. O sistema político, implantado pela nova Carta Magna, alargou a participação da população na vida do país. Ao longo desse período houve uma expansão significativa do eleitorado, uma valorização do voto e um real aumento da competitividade entre os partidos políticos. As eleições constituíam um momento de politização da sociedade e produziam uma grande mobilização do eleitorado.

Esse foi um momento em que os governos – especialmente os de Getúlio Vargas, Juscelino Kubitschek e João Goulart – investiram na plataforma do nacional--desenvolvimentismo, com sua promessa de modernização das forças produtivas. O Brasil estava em franco desenvolvimento: Brasília, o símbolo dos "anos dourados", foi construída; a industrialização ocorria em ritmo galopante, com vultosos investimentos em vários setores da economia; o nacionalismo agitava os meios políticos, clamando por medidas que impedissem o escoamento das riquezas brasileiras e impulsionassem o país a afirmar a sua soberania no concerto das nações. Graças ao nacional-desenvolvimentismo, o Brasil parecia romper, a rigor, com seu passado de atraso e de dependência do capital estrangeiro.

Embalado, portanto, pelos ventos da redemocratização, o povo brasileiro encabeçou diversas lutas sociais, assim como as entidades da sociedade civil (como OAB,

---

3   Ofício de Nestor Macedo ao Exmo. Sr. Dr. Paulo Rangel, Diretor do Departamento de Ordem Política e Social. São Paulo, 19 de setembro de 1951. Prontuário 101 018, Ala Negra Progressista. DEOPS/SP, AESP.

ABI, CNI e CNBB) ou aquelas organizadas em torno de grupos específicos – de sindicatos dos trabalhadores fabris, ligas camponesas, federações operárias, entidades estudantis, movimentos populares de bairro e organizações femininas – ganharam uma nova envergadura e operosidade. Mobilizaram-se intelectuais, jornalistas, artistas, empresários, representantes de capitais nacionais e estrangeiros, proprietários de meios de comunicação, chefes políticos de diferentes partidos, segmentos das camadas médias e mesmo a arraia miúda. Uma complexa agenda política abria horizontes de possibilidades àqueles que pensavam o Brasil, ao mesmo tempo que talhava suas novas instituições políticas.[4]

Sem perder o bonde da história, Nestor Macedo e a Ala Negra Progressista também participaram do complexo jogo da experiência democrática, foram protagonistas do mundo da política, travaram embates díspares e agenciaram projetos ambivalentes e coligações múltiplas. Mas, afinal, quem era esse afro-brasileiro que mantinha contatos com o órgão de repressão política e era conhecido como o "Rei dos bailes populares"? Não menos importante é saber: o que foi a Ala Negra Progressista? Uma organização afro-brasileira que consubstanciava um aparente paradoxo: ter um recorte racial e ao mesmo tempo ser alinhada a Adhemar de Barros, um dos mais notáveis políticos populistas de São Paulo. Tratava-se de um paradoxo aparente, uma vez que a ideia central deste livro é mostrar como, por um lado, a população negra no decurso da experiência democrática foi versátil, estabelecendo alianças e negociações com várias forças políticas. Por outro, pretende-se elucidar como o populismo buscou se aproximar desse segmento populacional, sem exigir que ele abdicasse de seus "costumes em comum" e lealdades raciais.

À luz dos postulados de E. P. Thompson, argumentamos que os negros não foram apenas um elemento passivo e vitimizado no tabuleiro da política brasileira. Embora estivessem inseridos numa estrutura populista de relações de dominação e subordinação, "dentro desse traçado arquitetônico era possível criar muitas cenas e representar diferentes dramas". Entre os negros e os populistas cimentou-se uma

---

[4] Ver, entre outros, TABAK, Fanny e TOSCANO, Moema. *Mulher e política*. Rio de Janeiro: Paz e Terra, 1982; WOLFE, Joel. *Working women, working men: São Paulo and the rise of Brazil's industrial working class, 1900-1955*. Durham: Duke University Press, 1993; MONTENEGRO, Antônio Torres. Ligas Camponesas e sindicatos rurais em tempo de revolução. In: FERREIRA, Jorge e DELGADO, Lucilia de Almeida Neves (Orgs.). *O tempo da experiência democrática: da democratização de 1945 ao golpe civil-militar de 1964*. Rio de Janeiro: Civilização Brasileira, 2003; FAUSTO, Boris. A vida política. In: GOMES, Angela de Castro (Org.). *História do Brasil nação*. Rio de Janeiro: Objetiva, 2012; IORIS, Rafael R. 'Fifty years in five' and what's in it for us? Development promotion, populism, industrial workers and *carestia* in 1950s Brazil. *Journal of Latin Americans Studies*, v. 44, n. 2, 2012, p. 261-284.

relação que Thompson chamaria de "equilíbrio partenalismo-deferência", em que os dois lados da equação eram priosioneiros um do outro em termos de deveres e responsabilidades. Para o historiador inglês, a hegemonia dos de cima não era apenas imposta artibrariamente aos de baixo, mas também negociada e articulada nas relações cotidianas da comunidade, "sendo mantida apenas por concessão e proteção (nos bons tempos) e, pelos menos, por gestos de amparo nos tempos difíceis". Reconhecer um "campo de força" de influência recíproca entre os negros e os populistas não implica admitir a existência de um sistema político igualitário; significa reconhecer uma interlocução entre atores com recursos de poder desiguais em que os "mais fracos ainda tinham direitos reconhecidos sobre os mais fortes".[5]

O livro está dividido em três capítulos. No primeiro buscaremos rastrear o percurso trilhado pela Ala Negra Progressista, uma organização de base racial nascida na cidade de São Paulo em 1948 e que sobreviveu até a década de 1960. Antes, porém, traçaremos um vôo panorâmico pelo tempo da experiência democrática, abordando o contexto de mobilizações raciais no campo dos direitos e da cidadania e de ascensão do populismo no cenário político, no geral, e de Adhemar de Barros, no particular. Já no segundo capítulo reconstituiremos alguns aspectos da trajetória de Nestor Macedo, o fundador e principal dirigente da Ala Negra Progressista. Macedo era um líder popular controvertido, cujas idiossincrasias, vicissitudes e disputas políticas circunstanciais amiúde viraram caso de polícia e foram parar no Deops. Com efeito, consistiu num ator político cardinal no tempo da experiência democrática, pois desempenhou um papel possivelmente *sui generis* de soldador da intersecção do populismo com o meio afro-brasileiro, valendo-se, para tanto, da Ala Negra Progressista.

No terceiro e último capítulo esquadrinharemos as razões pelas quais Macedo e a sua agremiação apoiaram Adhemar de Barros. Explorando as possibilidades oferecidas pela democracia para reivindicar ganhos concretos e simbólicos, tais sujeitos coletivos procuraram se apropriar da metáfora política do populismo para incluir as demandas dos negros, fazendo da igualdade racial o teste do novo *establishment* que se edificava no país. Ademais, Adhemar não era qualquer populista e sim um chefe político flexível e multifacetado, que se dispunha a cortejar os mais variados

---

5   THOMPSON, Edward P. *Costumes em comum: estudos sobre a cultura popular tradicional*. Trad. Rosaura Eichemberg. São Paulo: Companhia das Letras, 1998, p. 68-69, 78-79, 260-261. Sobre a pertinência de fazer uso do pensamento de E. P. Thompson para interpretar o conceito de populismo, ver FORTES, Alexandre. *Formação de classe e participação política*: E. P. Thompson e o populismo. Anos 90. Porto Alegre, v. 17, n. 31, 2010, p. 173-195.

setores da sociedade por meio de constantes negociações, permutas e concessões. Se sua retórica política jamais se centrou nos dilemas e problemas enfrentados pelos negros, ele também não os negligenciou totalmente, tratando inclusive estratos desse segmento populacional como sujeitos políticos ativos em vez de rebaixá-los à condição de anônimos ou objetos de curiosidade folclórica.

Na concepção de Robert Darnton o "historiador certamente cria vida. Ele insufla vida no barro que escava dos arquivos. Também julga os mortos. Não pode fazer de outro modo". Os fatos não desaparecem. Antes seu padrão se modifica à medida que o historiador os reorganiza, não apenas pelo talento criativo que ele "possa mobilizar, mas por movimentos de *gestalt*".[6] Vale salientar que, embora fizessem parte da multifária paisagem social e política no tempo da experiência democrática, Nestor Macedo e a Ala Negra Progressista jamais foram objeto de uma pesquisa, sendo sequer mencionados pela literatura especializada. Este livro é, pois, uma tentativa de descortinar uma experiência histórica desconhecida e que não deve ser lida apenas de cima para baixo. Sua trama narrativa entrelaça-se ao escopo de cartografar as nuances, olhar para padrões mais peculiares e perceber figuras, cores, luzes, sombras, formas, tons, planos e horizontes através da névoa e da bruma. De resto, não se vê porque o historiador deveria está fadado a uma perpétua esquizofrenia: "ocupar-se de cadastros, fontes criminais ou greves singulares e depois disso refazer ou repetir o enésimo manual, voltando a contar o costumeiro périplo secular do homem".[7]

George Reid Andrews aponta que as pesquisas anteriores, publicadas entre as décadas de 1960 e 1980, tendiam a enfatizar os limites impostos à ação negra pelos condicionamentos estruturais. Entretanto, os trabalhos mais recentes, publicados nos anos 1980 e 1990, não somente desvelaram domínios previamente desconhecidos da "América Afro-Latina", como ainda sugeriram novas abordagens para a história dos afro-brasileiros e novas possibilidades interpretativas. Embora reconheçam a importância dos constrangimentos estruturais – a economia, o sistema politico, a desigualdade social e as hierarquias raciais –, as pesquisas do último quartel geralmente focalizaram muito mais a "agência" dos escravizados e negros livres e sua capacidade

---

6   DARTON, Robert. Os esqueletos no armário: como os historiadores brincam de ser Deus. In: ____ *Os dentes falsos de George Washington: um guia não convencional para o século XVIII*. São Paulo: Companhia das Letras, 2005, p. 199.

7   GRENDI, Edoardo. "Paradoxoss da história contemporânea". In: OLIVEIRA, Mônica Ribeiro de; ALMEIDA, Carla Maria Carvalho de (orgs.). *Exercícios de micro-história*. Rio de Janeiro: Ed. FGV, 2009, p. 42.

de atuar frente às forças contextuais e humanas que os oprimiam.[8]

Neste livro o processo histórico é concebido como produto da interação dinâmica entre os condicionamentos estruturais e o pensamento, a vontade e as ações humanas. O grande desafio do historiador é surpreender de uma perspectiva transversal as articulações entre a estrutura, no nível macro, e o protagonismo negro, no nível micro, sem perder de vista as interlocuções, tensões e sinergias em jogo. Afinal, estamos cientes de que as questões contextuais mais amplas determinaram, limitaram ou potencializaram as oportunidades disponíveis aos afro-brasileiros, os quais reagiram a essas oportunidades e com essas reações, por sua vez, influenciaram ou modificaram as estruturas sociais, políticas, econômicas e culturais mais amplas. Inspirando-se em Jacques Revel, pode-se dizer que os afro-brasileiros, e cada um ao seu modo, esforçaram-se para encontrar uma resposta aos problemas que lhes afligiam. Fizeram-no com "mais ou menos sucesso, com mais ou menos cartas na mão"; foram submetidos a "limitações e solidariedades, verticais mas também horizontais", que restringiam sua "capacidade de manobra e sua possibilidade de invenção".[9] Entrementes, procuraram dialogar com os acontecimentos e neles se apoiar para melhorar suas vidas.

---

8   ANDREWS, George Reid. *América Afro-Latina (1800-2000)*. Trad. Magda Lopes. São Carlos: EdUFSCar, 2007, p. 33.

9   REVEL, Jacques. A *história ao rés-do-chão*. In: LEVI, Giovanni. *A herança imaterial*: trajetória de um exorcista no Piemonte do século XVII. Trad. Cynthia Marques de Oliveira. Rio de Janeiro: Civilização Brasileira, 2000, p. 26.

1. Ala Negra Progressista

Bem longo o teu soffrer... De longa data,
O Egypto, a Nubia, a Lybia antiga, e a Espanha,
A Arabia, e montes, valles que o rio banha
Do Paraizo, e toda a terra ingrata

Da America formosa, que se engata
De um polo a outro alto polo, gente estranha
Contra ti, contra os teus, atroz campanha
Move sem piedade! E a vil chibata

Retribue com bruteza o teu serviço
De com sangue regar a terra dura,
De com leite nutrir o filho alheio.

Nesse soffrer cruel e abafadiço,
Trazes o sol na tua pelle escura,
E o perdão se irradia do teu seio.

"O negro". SANTOS, Hemeterio J. dos. *Fructos cadivos*. Rio de Janeiro: Livraria Francisco Alves, 1919, p. 28-29.

Nacionalismo, democracia, modernização, desenvolvimentismo, industrialização, urbanização, populismo, reformas de base, são algumas das palavras-chaves que assinalaram os projetos e processos que marcaram o interregno entre 1945 e 1964, legando forte presença na cultura política republicana do país. Constitui, por conseguinte, um equívoco tentar homogeneizar todo o período sob qualquer tipo de rótulo genérico, minimizando sua diversidade e seus múltiplos experimentos políticos, sociais, econômicos e culturais.

O contexto foi de grandes e importantes movimentos sociais: a campanha O Petróleo é Nosso, manifestações públicas (*meetings*, passeatas e comícios) e greves que sacudiram a relação capital-trabalho. Houve a formação de centrais sindicais representando os trabalhadores urbanos e rurais – como o Movimento Unificador dos Trabalhadores (MUT), a Confederação dos Trabalhadores do Brasil (CTB), o Comando Geral dos Trabalhadores (CGT), a Confederação Nacional dos Trabalhadores da Agricultura (Contag) –, a criação da Frente Parlamentar Nacionalista (FPN) e da Frente de Mobilização Popular (FMP), sem falar do papel desempenhado pela União Nacional dos Estudantes (UNE), pelo Movimento de Educação de Base (MEB), ligado à Igreja Católica, e pelo Partido Comunista do Brasil, cujos quadros se inseriam na tessitura da política nacional e nos movimentos de *massas* como nunca o fizera antes. Massas – palavra vulgarizada pelo vocabulário político da época – que se organizavam e ocupavam as ruas. Massas que não podiam mais ser olvidadas e que passaram a ser incorporadas à esfera política pelo voto e também por uma multiplicidade de associações voluntárias, que evidenciavam a força das ações coletivas do tão decantado povo brasileiro que, finalmente, mostrava a sua cara.[1] Esse foi um tempo em que se expandiu a representação e participação políticas da população das cidades e do campo. Durante o período de 1945 a 1964 houve quatro eleições presidenciais e seis para o Congresso Nacional, afora as eleições estaduais e municipais. Estabeleceu-se no Brasil um sistema multipartidário de âmbito nacional, atuando em condições de sufrágio universal e eleições competitivas, com efetiva alternância de poder, que pro-

---

[1] FORTES, Alexandre *et all*. *Na luta por direitos: estudos recentes em história social do trabalho*. Campinas, SP: Editora da Unicamp, 1999; MATTOS, Marcelo Badaró. "Greves, sindicatos e repressão policial no Rio de Janeiro (1954-1964)". *Revista Brasileira de História*, v. 24, n. 47, 2004, p. 241-270; ___ *Trabalhadores e sindicatos no Brasil*. 2ª. ed. São Paulo: Expressão Popular, 2009; NEGRO, Antonio Luigi e SILVA, Fernando Teixeira da. "Trabalhadores, sindicatos e política (1945-1964)". In: FERREIRA, Jorge e DELGADO, Lucilia de Almeida Neves (Orgs.). *O tempo da experiência democrática: da democratização de 1945 ao golpe civil-militar de 1964*. Rio de Janeiro: Civilização Brasileira, 2003, p. 47-96; FERREIRA, Jorge e REIS, Daniel Aarão (Orgs.). *As esquerdas no Brasil*. vol. 2 (Nacionalismo e reformismo: 1945-1964). Rio de Janeiro: Civilização Brasileira, 2007.

porcionou um clima de liberdade para a criação cultural e para o exercício da opinião e organização dos cidadãos.²

O campo cultural se metamorfoseou de forma impressionante nessas décadas. Houve a explosão da popularidade do rádio, esta fonte de informação, de lazer, de sociabilidade, que estimulava paixões e imaginários. Também se operou o advento da televisão, um veículo de comunicação de massa que, a princípio, permaneceu como novidade acessível aos estratos mais abonados da população das grandes cidades. A publicidade comercial, por sua vez, utilizou-se de recursos cada vez mais sofisticados para ditar novos estidos, desejos e comportamentos relacionados à cultura do consumo. O Brasil foi reinventado, no tocante às imagens do povo, às representações culturais e às aspirações nacionais. O espírito dessa nova era se refletiu, dialeticamente, no cinema (o Cinema Novo), na música (a Bossa Nova), na dramaturgia (o Teatro de Arena) e nas artes (com a linguagem estética do concretismo). Mesmo no plano da cultura popular, surgiu a proposta de uma arte engajada com as questões nacionais.³

O tempo da experiência democrática no Brasil caracterizou-se por políticas econômicas e sociais inovadoras, de cunho nacionalista e desenvolvimentista. Em comum, elas demarcavam a presença do intervencionismo do Estado em áreas consideradas estratégicas para o desenvolvimento da nação. Adotando medidas de impacto – como investimentos maciços em infraestrutura, construção da rodovia Belém-Brasília e implantação da indústria de base –, os governos do período se vangloriavam dos índices de crescimento da economia, da expansão do mercado de trabalho e da alvissareira estrutura de oportunidades sociais. O Brasil tornou-se aos poucos um moderno país urbano-industrial. Esse processo foi acelerado pela instalação tanto das indústrias automobilísticas e de eletrodomésticos, que revolucionaram a maneira de viver de boa parte dos brasileiros, quanto das indústrias de

---

2   PANDOLFI, Dulce Chaves. *Voto e participação política nas diversas repúblicas do Brasil*. In: GOMES, Angela de Castro; PANDOLFI, Dulce Chaves; ALBERTI, Verena (orgs.). *A República no Brasil*. Rio de Janeiro: Nova Fronteira, 2002, p. 65-115.

3   FIGUEIREDO, Anna Cristina Camargo Moraes. *Liberdade é uma calça velha, azul e desbotada*: publicidade, cultura de consumo e comportamento político no Brasil (1954-1964). São Paulo: Hucitec, 1998; NAPOLITANO, Marcos. Forjando a revolução, remodelando o mercado: a arte engajada no Brasil (1956-1968). In: FERREIRA, Jorge; REIS, Daniel Aarão (Orgs.). *As esquerdas no Brasil*. vol. 2 (Nacionalismo e reformismo: 1945-1964). Rio de Janeiro: Civilização Brasileira, 2007, p. 585-617; RIDENTI, Marcelo. Brasil, anos 1960: povo, nação, revolução e " grande família comunista nos movimentos culturais dos anos 1960. In: RIDENTI, Marcelo. *Em busca do povo brasileiro: artistas da revolução, do CPC à era da TV*. 2ª ed. São Paulo: Editora Unesp, 2014, p. 7-118.

consumo durável e de capital, como a siderúrgias e a recém-criada Petrobras, que davam orgulho à nação e empregavam chefes de muitas famílias de brasileiros. Não por acaso esse foi o momento em que o país realizou sua "transição demográfica", ou seja, passou a crescer através da combinação da queda significativa das taxas de mortalidade com a manutenção de índices estáveis de natalidade. A esses fatos se somou um intenso movimento de êxodo rural, com milhares de pessoas se deslocando (do Norte e Nordeste para o Sudeste e do interior para a capital), em busca de melhores condições de trabalho, saúde, educação e lazer.[4]

Nesse cenário São Paulo converteu-se na verdadeira Meca brasileira, pelo fascínio e magnetismo que gerava em todos os rincões. Tomada por empresas "modernas", uma ampla rede de comércio e serviços e um *boom* imobiliário e demográfico, a cidade cresceu vertiginosamente. De 1.435.700 habitantes, em 1944, passou para 2.213.300, em 1950, e em 1960 chegou a 3.781.446. Em onze anos a população mais que dobrou. Já do ponto de vista da "cor", o censo de 1940 revelava uma cidade com 108.682 "pretos" e "pardos", que comporiam 8,2% da população total. Em 10 anos, de acordo com os resultados do censo de 1950, essa população somaria 224.906 indivíduos (ou 10,2% da população total), o que significa que ela teria dobrado nesse curto espaço de tempo.[5]

Como num caleidoscópio, São Paulo atraiu uma polifonia de nacionalidades, de etnias, de cores, de línguas, de experiências culturais. Longe de ser apenas um destino, a cidade era uma aventura, um risco, um sonho de realização, seguridade e mobilidade sociais. As diferentes atividades do sistema ocupacional, as novas oportunidades educacionais, os diversos meios para ganhar a vida, a abertura de inúmeras ruas, a criação de novos bairros, a intensidade do tráfego, o impressionante número de edificações e a chegada de milhares de migrantes, muitos dos quais "pretos" e "mestiços" – vindos do interior e de outros estados como Minas Gerais, Pernambu-

---

4   SINGER, Paul. Interpretação do Brasil: uma experiência histórica de desenvolvimento. In: FAUSTO, Boris (dir.). *História Geral da Civilização Brasileira*. Tomo III, vol. 4 (O Brasil republicano: economia e cultura, 1930-1964). São Paulo: Difel, p. 209-245; DELGADO, Lucília de Almeida Neves. Trabalhismo, nacionalismo e desenvolvimentismo: um projeto para o Brasil (1945-1964). In: FERREIRA, Jorge (org.). *O populismo e sua história: debate e crítica*. Rio de Janeiro: Civilização Brasileira, 2001, p. 167-203; GOMES, Angela de Castro. O Brasil é uma terra de amores.... In: GOMES, Angela de Castro (Org.). *História do Brasil nação*. Rio de Janeiro: Objetiva, 2012 (Olhando para dentro 1930-1964, v. 4), p. 277-278; IORIS, Rafael. *Transforming Brazil: a history of national development in the Postwar Era*. New York: Routledge, 2014.

5   *Recenseamento geral do Brasil de 1950; Estado de São Paulo – Censo demográfico*. Rio de Janeiro: IBGE, 1954.

co, Bahia, Sergipe, Ceará e Piauí –, repercutiram nos padrões culturais. Na esteira desse movimento houve um maior incremento das atividades intelectuais e artísticas, amplamente divulgadas nos anos 1950 por 203 revistas e 91 jornais que circulavam em várias línguas, aos quais se somavam 45 casas editoriais e 106 livrarias. Modernidade, metropolização, cosmopolitismo, progresso, eram algumas das palavras utilizadas para definir aquela *era* de ufanismo. "São Paulo é a cidade que mais cresce no mundo", "São Paulo não pode parar", "metrópole industrial", "nova locomotiva da economia brasileira" e outros bordões do gênero davam o tom do discurso das elites.[6] Conforme realça Barbara Weinstein em seu último livro, São Paulo estampava uma autoimagem – nas comemorações de seu IV Centenário em 1954 – como um lugar excepcional, como o "Brasil que deu certo".[7]

Agenciando em preto e branco

Essas profundas transformações de ordem econômica, social e cultural deitaram raízes em São Paulo, abrindo novas oportunidades na vida das pessoas, mas será que foi um processo de abrangência universal e também beneficiou os negros? Para George Andrews, esse período testemunhou melhoras concretas na vida dos afro-paulistas, porém nada que permitisse vislumbrar o fim das iniquidades raciais. Com o interrompimento da imigração em massa, no estertor da década de 1920, e as medidas nacionalistas do governo federal na década de 1930 – das quais se destacou o decreto nº 19 482, estabelecendo a exigência de toda empresa ter no mínimo 2/3 de mão de obra nacional –, os afro-brasileiros conseguiram alocar-se em maior

---

[6] Ver, entre outros, LOVE, Joseph L. A *locomotiva: São Paulo na Federação brasileira*. Rio de Janeiro: Paz e Terra, 1982; BRUNO, Ernani Silva. *História e tradições da cidade de São Paulo*. vol. III, 4ª. ed. São Paulo: Hucitec, 1991; ARRUDA, Maria Arminda do Nascimento. *Metrópole e cultura: São Paulo no meio do século XX*. Bauru: Edusc, 2001; NEGRO, Antônio Luigi. *Linhas de montagem: o industrialismo nacional-desenvolvimentista e a sindicalização dos trabalhadores, 1945-1978*. São Paulo: Boitempo, 2004a; RAGO, Margareth. "A invenção do cotidiano na metrópole: sociabilidade e lazer em São Paulo, 1900-1950". In: PORTA, Paula (org.). *História da cidade de São Paulo: a cidade de São Paulo na primeira metade do século XX (1890-1954)*. vol. 3. São Paulo: Paz e Terra, 2004, p. 387-435; SAES, Flávio. "São Paulo republicana: vida econômica". PORTA, Paula (org.). *História da cidade de São Paulo: a cidade de São Paulo na primeira metade do século XX (1890-1954)*. vol. 3. São Paulo: Paz e Terra, 2004, p. 215-257; CARNEIRO, Maria Luiza Tucci (org.). *São Paulo: metrópole das utopias – Histórias de repressão e resistência no arquivo do Deops*. São Paulo: Lazuli; Companhia Editora Nacional, 2009.

[7] WEINSTEIN, Barbara. *The color of modernity*: São Paulo and the making of race and nation in Brazil. Durham/London: Duke University Press, 2015, p. 266.

escala no mercado de trabalho formal. Na segunda metade do século XX começou o que Andrews chama de "segunda fase de competição racial", quando alguns negros adquiriram educação que lhes permitiram competir por uma maior mobilidade ascendente e admissão nas fileiras dos empregados de "colarinho branco". No entanto, quando eles batiam à porta das empresas industriais e comerciais em busca de serviços, era comum sentirem na pele os problemas tão difíceis e excludentes quanto aqueles enfrentados pelos seus pais e avós no passado. Além disso, comenta Andrews, os negros eram contratados para os cargos de classe média em proporções "bem inferiores" àquelas dos brancos e, uma vez assumindo essas posições, recebiam "muito menos". Se é verdade que os primeiros desbravaram mais espaço na sociedade, também é verdade que os segundos procuraram resistir, reservando para eles próprios as áreas mais compensadoras do mercado de trabalho paulista.[8]

De acordo com o censo de 1950, o "negro" e o "mulato" apareciam em todos os níveis e posições do sistema ocupacional, porém ficavam distantes da condição desfrutada pelos "brancos". Os primeiros concorriam com 14,8% na posição de empregados e, apenas, 2,5% na de empregadores; ao passo que os segundos entravam com 84% na posição de empregados e 91,7% na de empregadores.[9] A desigualdade racial entre os segmentos da população continuava em proporções nada desprezíveis, mesmo com a expansão do sistema ocupacional, o crescente desenvolvimento econômico e a ampliação dos direitos democráticos. Quando fez uma ampla investigação em São Paulo para o programa de pesquisas sobre relações raciais no Brasil, patrocinado pela Unesco no início da década de 1950,[10] Roger Bastide detectou que os negros estavam cada vez mais se inserindo em todos os setores profissionais, sem contudo deixarem de ocupar, em geral, postos subalternos. Algumas empresas industriais ou comerciais não aceitavam "pretos",

---

8   ANDREWS, George Reid. *Negros e brancos em São Paulo (1888-1988)*. Trad. Magda Lopes. Bauru, SP: EDUSC, 1998, p. 248-256.

9   *Recenseamento geral do Brasil de 1950; Estado de São Paulo – Censo demográfico*. Rio de Janeiro: IBGE, 1954, p. 30.

10   O programa de pesquisas sobre relações raciais no Brasil, idealizado por Arthur Ramos e encampado por Alfred Métraux, compreendeu os trabalhos de Roger Bastide, Florestan Fernandes, Oracy Nogueira, Virgínia Leone Bicudo e Aniela Ginsberg, em São Paulo; Luiz de Aguiar Costa Pinto, no Rio de Janeiro; Thales de Azevedo, Charles Wagley e colaboradores na Bahia; René Ribeiro no Recife. A respeito do Projeto Unesco de relações raciais, consultar Marcos Chor Maio. *A história do Projeto Unesco: estudos raciais e ciências sociais no Brasil*. Rio de Janeiro, Tese (Doutorado em Ciência Política), Instituto Universitário de Pesquisas do Rio de Janeiro (Iuperj), 1997.

exceto para o serviço pesado. A "boa sociedade" até permitia a ascensão deles, mas como indivíduos isolados e não como coletividade. Os brancos não abriam mão facilmente das posições de mando e direção.[11]

Em 1943 Florestan Fernandes publicou uma série de artigos no jornal *O Estado de São Paulo* referente à presença do negro na tradição oral do Planalto de Piratininga. Reunidos e republicados posteriormente em livro, os artigos mostravam como os negros eram depreciados por meio de provérbios, lendas, adágios e quadrinhas populares. Na sua pesquisa de campo Fernandes percorreu vários bairros da cidade e recolheu mais de uma dezena de quadrinhas: "Negro não nasce, aparece"; "Negro não morre, desaparece"; "Negro não almoça, come"; "Negro não acompanha procissão, persegue"; "Negro não canta, negro grita" ou "negro berra"; "Negro não casa, ajunta"; "Negro não dorme, negro cochila"; "Negro não faz feitiço, negro faz é mandinga"; "Negro não fuma, negro pita"; "Negro não vive, negro vegeta"; "Negro não fala, negro resmunga"; "Negro não bebe água, negro engole pinga".[12] Tudo indica que Carolina Maria de Jesus – mulher afro-brasileira e então moradora da favela do Canindé, na cidade de São Paulo – foi objeto de alguma dessas quadrinhas, pois em seu diário da década de 1950 ela narrou vários episódios do gênero: "Enquanto eu estava na rua o Alexandre [um vizinho] maltratou a mãe do soldado Edison. Quando eu cheguei ele começou insultar-me: – negra suja. Ordinária. Vagabunda. Lixeira".[13]

É escusado dizer que havia um imaginário coletivo desfavorável ao negro, com implicações morais, culturais, sociais e materiais. Longe de incidir simplesmente no plano simbólico, este imaginário lhe prejudicava (ou entorpecia) a vida em várias situações cotidianas.[14] Nos classificados de emprego dos jornais, por exemplo, o sociólogo Oracy Nogueira constatou uma "atitude desfavorável" dos anunciantes em relação aos "empregados de cor".[15] Em 1955, uma série de reportagens do diário

---

11   BASTIDE, Roger e FERNANDES, Florestan. *Brancos e negros em São Paulo: ensaio sociológico sobre aspectos da formação, manifestações atuais e efeitos do preconceito de cor na sociedade paulistana*. 2. ed. São Paulo: Companhia Editora Nacional, 1959 [1955], p. 195.

12   FERNANDES, Florestan. "Representações coletivas sobre o negro: o negro na tradição oral". In: ___ *O negro no mundo dos brancos*. São Paulo: Difel, 1972, p. 208.

13   JESUS, Carolina Maria de. *Quarto de despejo: diário de uma favelada*. 8 ed. São Paulo: Ática, 1999, p. 88.

14   BICUDO, Virgínia Leone. *Estudo de atitudes raciais de pretos e mulatos em São Paulo*. Tese (Mestrado) – Escola Livre de Sociologia e Política de São Paulo, 1945.

15   NOGUEIRA, Oracy. "Atitude desfavorável de alguns anunciantes de São Paulo em relação

Última Hora denunciava que várias fábricas da Região Metropolitana de São Paulo recusavam-se a empregar trabalhadores negros.[16] Assim, ao ser visto pelo imaginário coletivo como sujo, ordinário, vadio, malandro, bêbado, boçal, irresponsável, promíscuo e/ou criminoso, o negro decerto tinha suas chances diminuídas de alocação no mercado de trabalho industrial e comercial.

No início da década de 1950, Richard Morse – um historiador estadunidense – verificou em São Paulo a existência de uma atitude discriminatória "pérfida e difícil de ser repelida", comparável em alguns aspectos ao sentimento antissemita nos Estados Unidos.[17] Morse tinha razão. Um preconceito racial – que nem sempre ousava dizer o seu nome – impregnava as mentes, os corações, os comportamentos, os valores éticos e estéticos de homens e mulheres, pulverizando-se e se atomizando numa multiplicidade de relações e contextos sociais. Empreendendo um estudo de comunidade em Itapetininga no final da década de 1940, Oracy Nogueira observou que as assimetrias raciais se repetiam nessa cidade do interior paulista. Comparando as carreiras dos imigrantes e seus descendentes com as da "população de cor" nas primeiras décadas pós-escravista, ele concluiu que a estrutura social apresentou o "máximo de permeabilidade aos primeiros", oferecendo-lhes oportunidades de mobilidade social promissoras nos quadros das classes "dominante e média", em contrapartida, apresentou aos "pardos e pretos" uma "quase completa impermeabilidade, com sua consequente retenção na camada social menos favorecida".[18]

Malgrado esse quadro adverso, a nova geração de "elementos de cor" estaria assumindo uma postura distinta *vis-à-vis* a geração mais antiga. Enquanto os elementos da velha geração, argumenta Nogueira, caracterizavam-se em grande parte pela timidez e subserviência diante dos brancos, os da nova geração revelavam maior independência e desembaraço, bem como maior consciência da igualdade de direitos entre "brancos, pretos e pardos". Assim, a nova geração de "elementos de cor" estaria manifestando certa inquietação e falando abertamente sobre os casos de

---

aos empregados de cor". *Revista de Sociologia*, São Paulo, n. 4, 1942.

16 *Última Hora*. São Paulo, 31/08/1955, p. 9.

17 MORSE, Richard. The negro in São Paulo – Brazil. *Journal of Negro History*, v. 38, n. 3, 1953, p. 290-306.

18 NOGUEIRA, Oracy. *Preconceito de marca: as relações raciais em Itapetininga*. São Paulo: Edusp, 1998, p. 182. A pesquisa de Oracy Nogueira foi originalmente publicada em BASTIDE, Roger e FERNANDES, Florestan. (orgs.). *Relações raciais entre negros e brancos em São Paulo: ensaio sociológico sobre as origens, as manifestações e os efeitos do preconceito de cor no município de São Paulo*. São Paulo: Unesco; Anhembi, 1955, p. 362-554.

racismo e sobre os "irmãos de cor" que lograram sucesso na vida, como ainda estaria demonstrando um zelo especial pela ascensão social e pelo futuro da coletividade. Em menor escala havia um interesse persistente pelas associações e movimentos "da gente de cor" – pela sua organização, prosperidade e liderança.[19]

Na fase da experiência democrática houve avanços na vida e na "consciência" da população negra, mas tais avanços foram insuficientes para colocar em xeque a estrutura racial assimétrica e hierarquizada. Enquanto na esfera da política representativa a democracia se esboçava como realidade, na esfera social ainda era uma promessa, de modo que os negros continuavam levando desvantagens em relação aos brancos em matéria de emprego, salário, carreira profissional, escolaridade, capital simbólico, direitos civis, *empoderamento*, enfim, em termos de oportunidades na vida e perspectivas de futuro.

*****

Segundo Jean-Pierre Rioux, a associação voluntária é uma condição quase que *sine qua non* para a uma história da mudança social, para o estudo do vínculo que faz, desfaz e refaz uma *comunidade*. Ela revela a relação entre "corpos constituídos e corpos intermediários, instituições herdadas e aspirações novas dos cidadãos, ideais coletivos e tensões singulares, e mesmo corporativas, desse ou daquele grupo de indivíduos reunidos".[20] Inconformados com os indicadores sociais desfavoráveis e alimentando os ideais de integração nacional e democracia racial, os afro-paulistas perceberam que era necessário se unir para fazer valer os seus direitos de cidadãos. Não adiantava ficar dedilhando o rosário daws lamentações, reclamando da sorte ou procurando válvulas de escape. Se quem sabe faz a hora e não espera acontecer – como diz o cancioneiro popular –, havia chegado a hora dos negros, coletivamente, bradarem em alto e bom tom por outra história. "O negro continuará à margem da vida da nacionalidade" – vaticinava o tarimbado dirigente afro-brasileiro Isaltino Veiga dos Santos na época –, "ele continuará desprestigiado, enquanto não se convencer de que deve lutar organizadamente".[21]

Um fato importante, nesse sentido, foi a derrubada da ditadura do Estado Novo em 1945, quando o País restabeleceu a democracia e a sociedade civil pôde se re-

---

19 *Ibidem*, p. 240-241.

20 RIOUX, Jean-Pierre. A associação em política. In: René Rémond (org.). *Por uma história política*. Trad. Dora Rocha. 2 ed. Rio de Janeiro: Ed. FGV, 2003, p. 129.

21 *Diário Trabalhista*. Rio de Janeiro, 10/04/1946, p. 5.

articular com mais vigor. Grandes e trepidantes mobilizações populares ocuparam ruas e avenidas, novas e efervescentes demandas sociais, raciais e de gênero foram pautadas, novos personagens entraram em cena. Um clima de ansiedade, fé e esperança contagiou homens e mulheres, negros e brancos, trabalhadores da cidade e do campo. Todos acreditavam na possibilidade de um Brasil novo – mais justo, fraterno e igualitário. Conforme o intelectual afro-brasileiro Ovídio dos Santos declarou ao jornal da imprensa negra *O Novo Horizonte*, "a democracia abre aos negros largos caminhos de confiança para atingir a meta desejada", sendo "o regime que mais dá ampla liberdade à vontade popular".[22] O retorno de um governo constitucional fez da democracia uma metáfora política e social importante no campo dos direitos e da cidadania.[23] Em artigo de primeira página com um título bem sugestivo ("Os negros e a democracia"), o *Alvorada*, outro jornal da imprensa negra, em 1946 conclamava a seus leitores a defenderem a "causa" no novo panorama da vida nacional:

> A democracia política de um país só se faz e se torna forte quando o povo organizado encarna de maneira consciente os seus deveres de cooperação, que se manifesta na representação da forma de iniciativas e esclarecimentos em face de um governo como o nosso, que é emanado do povo. E nós, os negros do Brasil, se temos uma causa para advogar não devemos apenas reclamar e ficar na expectativa; não, a nossa ação de fortalecimento está na organização e na evolução do nosso espírito de associação. Seguindo esse princípio de orientação, poderemos alcançar [...] os fins objetivos que tanto desejamos.[24]

---

22 *O Novo Horizonte*. São Paulo, jun./1950, p. 2. Sobre a imprensa negra, consultar BASTIDE, Roger. A imprensa negra do Estado de São Paulo. *Boletim da Faculdade de Filosofia, Ciências e Letras da Universidade de São Paulo. Sociologia*, São Paulo, v. CXXI, n. 2, 1951, p. 50-78; FERRARA, Miriam Nicolau. *A imprensa negra paulista (1915-1963)*. São Paulo: Ed. FFLCH-USP, 1986. (Série Antropologia, 13); PINTO, Regina Pahim. *O movimento negro em São Paulo: luta e identidade*. São Paulo, Tese (Doutorado) – Universidade de São Paulo, 1993; MAUÉS, Maria Angélica Motta. "Adivinhe quem não veio ao Congresso? Raça e cidadania na imprensa negra paulista". In: QUINTAS, Fátima (Org.). *O negro: identidade e cidadania*. Anais do IV Congresso Afro-Brasileiro. Vol. 2. Recife: FUNDAJ, 1995, p. 140-157; BUTLER, Kim D. *Freedoms given, freedoms won: afro-brazilians in post-abolition São Paulo and Salvador*. New Brunswick, NJ: Rutgers University Press, 1998; PIRES, Antônio Liberac Cardoso Simões. *As associações de homens de cor e a imprensa negra paulista*. Belo Horizonte: Daliana – MEC/SESU/Secad – Neab/UFT, 2006; DOMINGUES, Petrônio. *A nova abolição*. São Paulo: Selo Negro, 2008, p. 19-58; SEIGEL, Micol. *Uneven encounters: making race and nation in Brazil and The United States*. Durham, NC: Duke University Press, 2009, p. 179-205; MELLO, Marina. *Não somos africanos somos brasileiros: identidade nos jornais do povo negro e imigrantes*. São Paulo: Annablume, 2014.

23 ALBERTO, Paulina L. *Terms of inclusion: black intellectuals in twentieth-century Brazil*. Chapel Hill, N.C.: The University of North Carolina Press, 2011.

24 *Alvorada*. São Paulo, janeiro de 1946, p.1.

No roldão da abertura democrática, o chamado "movimento associativo dos homens de cor" não tardou para sair de seu estado de refluxo. Isto porque a ditadura do Estado Novo não conseguiu debelar completamente com as entidades negras que existiam desde a Primeira República, porém estas ficaram reduzidas durante a ditadura e atomizaram parte do potencial reivindicativo e contestatório.[25] As que sobreviveram tinham um caráter mais cívico, cultural ou recreativo. Nessa nova fase, algumas lideranças afro-brasileiras entoavam a cantilena: "o negro precisa se unir e se organizar seriamente"[26] ou "é preciso que os negros se organizem, sem contudo cair no isolacionismo".[27] Os ativistas e intelectuais afro-brasileiros e suas associações voluntárias, que se agenciavam em torno de interesses comuns, procuraram compor alianças tanto entre si quanto com partidos, movimentos sociais e políticos profissionais, em vista de inserir na cena pública um elenco de reivindicações direcionado para a "população de cor".[28]

Em 1945 as lutas pareciam galvanizadas com a criação do Comitê Democrático Afro-Brasileiro, envolvendo a União Nacional dos Estudantes, lideranças políticas, artistas e intelectuais progressistas.[29] Nesse mesmo ano a Convenção Nacional do Negro – evento de caráter político que ocorreu em São Paulo – tornou público o "Manifesto à Nação", um documento no qual se apregoava um "trabalho de unificação e coordenação de todos os esforços e anseios para que o ideal da Abolição se torne hoje em dia e para o futuro uma realidade expressiva sob todos os títulos", daí a necessidade de que todos – "políticos ou religiosos" – aderissem à jornada "contra a sonegação dos direitos sagrados do negro". "No momento em que todas as forças vivas da nação se arregimentam e se articulam em prol de sua redemocratização", afirmava o Manifesto, "impõe-se como dever [...] a exposição daquelas reivindicações para as quais nos devemos aprestar". Entre as reivindicações, destacavam-se as seguintes: "que se torne explícita na Constituição de nosso país a referência à ori-

---

25 MITCHELL, Michael. Os movimentos sociais negros na Era Vargas. In: GOMES, Flávio e DOMINGUES, Petrônio. *Experiências da emancipação: biografias, instituições e movimentos sociais no pós-abolição (1890-1980)*. São Paulo: Selo Negro, 2011.

26 *Diário Trabalhista*. Rio de Janeiro, 10/04/1946, p. 5.

27 *Alvorada*. São Paulo, jun./1947; *Alvorada*. São Paulo, out./1947.

28 Os negros brasileiros lutam por suas reivindicações. *Diário Trabalhista*. Rio de Janeiro, 15/01/1946, p. 5.

29 FLORES, Elio Chaves. *Jacobinismo negro: lutas políticas e práticas emancipatórias (1930-1964)*. In: FERREIRA, Jorge; REIS, Daniel Aarão (Orgs.). *As esquerdas no Brasil*. vol. 1 (A formação das tradições: 1889-1945). Rio de Janeiro: Civilização Brasileira, 2007, p. 509-510.

gem étnica do povo brasileiro, constituído das três raças fundamentais: a indígena, a negra e a branca"; "que torne matéria de lei, na forma de crime de lesa-pátria, o preconceito de cor e de raça"; "que se torne matéria de lei penal o crime praticado nas bases do preceito acima, tanto nas empresas de caráter particular como nas sociedades civis e nas instituições de ordem pública e particular"; "enquanto não for tornado gratuito o ensino em todos os graus, sejam admitidos brasileiros, negros, como pensionistas do Estado, em todos os estabelecimentos particulares e oficiais de ensino secundário e superior do país, inclusive nos estabelecimentos militares".[30] Era o associativismo negro investindo na gramática dos direitos, do reconhecimento e da inclusão racial, condição que lhe facultava a se legitimar como ator político do novo pacto democrático nacional.[31]

"As entidades negras" – dizia Abdias Nascimento, uma altaneira liderança afro-brasileira, no *Diário Trabalhista* em 1946 – "guardam um sentido democrático e anti-isolacionista, querendo acima de tudo unir. Porque o facho que ergueram para aclarar a semi-treva em que se acham mergulhados os negros, há de ficar na História Pátria, como o grande sol democrático da Segunda Abolição".[32] Do contexto de restauração da ordem democrática, a Associação dos Negros Brasileiros (ANB) foi a entidade mais auspiciosa no sentido de labutar pela "Segunda Abolição". Nasceu de um "Comitê Organizador" – composto por José Correia Leite, Francisco Lucrécio, Roque dos Santos, Raul Joviano do Amaral, Fernando Góis, Emílio Silva Araújo, entre outros – que tinha a responsabilidade de constituir a estrutura funcional para o estabelecimento de um novo movimento social. Sua secretaria foi instalada à rua Formosa, nº 433, no centro nevrálgico da cidade de São Paulo, onde funcionava todas as noites entre 20h e 22h.[33]

Um dos expoentes da ANB, José Correia Leite, lembrou-se anos mais tarde: "fizemos um trabalho de aproximação dos negros para tratar de seus próprios interesses, da sua própria sorte, de seu próprio prejuízo social, sem qualquer conotação de se

---

30 "Manifesto à Nação", da Convenção Nacional do Negro. São Paulo, s/d. Dossiê 50-Z-127. DEOPS/SP, AESP. Ver também "Convenção Nacional do Negro Brasileiro – Em São Paulo o importante conclave dos homens de cor, reivindicando direitos legítimos". *O Radical*. Rio de Janeiro, 17/11/1945.

31 MUNANGA, Kabengele. A redemocratização de 1945 e a crise do mito de democracia racial: uma vista panorâmica. In: SALGUEIRO, Maria Aparecida Andrade. *A República e a questão do negro no Brasil*. Rio de Janeiro: Museu da República, 2005, p. 131-140.

32 *Diário Trabalhista*. Rio de Janeiro, 09/03/1946, p. 6.

33 *Alvorada*. São Paulo, 28/09/1945, p. 2.

sentir favorecido por interesse de paternalismo". Era "um trabalho que a gente pretendia que o negro fizesse com seus próprios esforços".[34] Em 1945 a entidade lançou o "Manifesto em Defesa da Democracia" – o único documento de interpretação racial do cenário político brasileiro da fase de redemocratização –, enfronhou-se na coluna das forças progressistas, desencadeou a "campanha dos 1.000 sócios", envergou a bandeira pela "elevação moral, intelectual e social dos homens de cor" e publicou seus comunicados na folha *Alvorada*, de 1945 a 1948.[35] Aliás, foi nesta folha que Correia Leite escreveu um artigo traduzindo todo aquele movimento: "Estamos lutando para um levantamento integral do negro brasileiro; pela sua estabilidade econômica, cultural, e social. Lutamos para que esses princípios sejam plantados e arraigados no fortalecimento de nossa compreensão espiritual".[36]

A ANB também se conectava às escaramuças mais ampliadas de africanos e seus descendentes contra a escravidão, o colonialismo e a segregação. Quando a atmosfera de entusiasmo pela democracia tomou conta da opinião pública internacional nos anos posteriores à Segunda Guerra Mundial, houve uma crescente insurgência que conduziu os povos africanos e da diáspora, "no interior das fronteiras de diferentes estados nacionais, a se rebelarem contra o racismo, com ações diversas nas muitas esquinas do mundo [dos Estados Unidos, da Jamaica, de Cuba, da África do Sul, de Gana, da França, da Inglaterra, dentre outros lugares]". Assim, importantes personagens, experiências, demandas, signos, eventos e mobilizações coletivas de caráter nacional e internacional "marcaram a segunda metade dos anos quarenta e foram influenciadores diretos da constituição do movimento social dos negros brasileiros, naquele período".[37]

---

34 LEITE, José Correia. *E disse o velho militante José Correia Leite: depoimentos e artigos*. Organizado por Cuti. São Paulo: Secretaria Municipal da Cultura, 1992, p. 148.

35 MITCHELL, Michael. *Racial consciousness and the political attitudes and behavior of blacks in São Paulo, Brazil*. Dissertação (Ph.D.) - Universidade de Indiana, 1977, p. 142-143.

36 *Alvorada*. São Paulo, 28/09/1946, p. 7. Quatro meses depois, o *Alvorada* consignava em editorial: "O que a A.N.B. representa é uma força político-social, arregimentando elementos de todas as ideologias políticas, mas em benefício de um trabalho precipuamente de elevação, de proteção a coletividade negra para, através de democracia, espontânea e independente colaboração de todos, promover por todos os meios de integração do negro na comunidade brasileira". *Alvorada*. São Paulo, 01/1947, p. 4.

37 SILVA, Joselina da. *União dos Homens de Cor (UHC): uma rede do movimento social negro, após o Estado Novo*. Rio de Janeiro, Tese (Doutorado), Universidade do Estado do Rio de Janeiro, 2005. A respeito da crescente insurgência dos povos africanos e da diáspora no pós--Segunda Guerra Mundial, ver GILROY, Paul. *'There Ain't no Black in the Union Jack': the cultural politics of race and nation*. Chicago: The University of Chicago Press, 1991; FRE-

Afora a ANB, surgiram na capital paulista outras entidades que fomentaram atividades ou campanhas com os mesmos fins, tais como a Associação José do Patrocínio, a Sociedade Luiz Gama, a Associação Renovadora dos Homens de Cor, a Sociedade Henrique Dias, a Legião Negra do Brasil, a Sociedade Cultural e Recreativa Palmares, a Casa da Cultura Afro-Brasileira, a União dos Homens de Cor[38] e a Associação Cultural do Negro.[39] Já no interior apareceram, entre outras, a Associa-

---

DRICKSON, George M. *The comparative imagination: on the history of racism, nationalism, and social movements*. Berkeley: The University of California Press, 1997; ANDREWS, George Reid. *América Afro-Latina (1800-2000)*. Trad. Magda Lopes. São Carlos: EdUFSCar, 2007; KELLEY, Robin D. G. *Freedom dreams: the black radical imagination*. Boston: Beacon Press, 2002; COTTROL, Robert J. *The long, lingering shadow: slavery, race and law in the American hemisphere*. Athens, GA: University of Georgia Press, 2013.

38 Eis o que o *Jornal de Notícias* repercutiu em agosto de 1949: "Noticia-se que está sendo organizada a União dos Homens de Cor, destinada, ao que se diz, a arregimentar sob sua legenda oito milhões de homens de cor em todo o Brasil. Naturalmente, a novel entidade terá caráter político, intervindo na vida política do país". *Jornal de Notícias*. São Paulo, 10/08/1949, p. 3.

39 Em pesquisa realizada no acervo da Associação Cultural do Negro, constatamos que esta agremiação nas décadas de 1950 e 1960 estabeleceu algum tipo de contato e/ou correspondência com mais de cinquenta agrupamentos congêneres, localizados no Rio de Janeiro, Minas Gerais, Rio Grande do Sul e, sobretudo, em São Paulo (capital e interior). Eis os agrupamentos. Em São Paulo: Clube Amigos da República do Haiti – CARHTI, União dos Caboverdeanos Livres, Sociedade Cultural e Recreativa Palmares, XI Irmãos Patriotas F. C., Irmandade Nossa Senhora do Rosário dos Homens Pretos, Associação José do Patrocínio, Casa de Cultura Afro-Brasileira, Associação Cultural Luiz Gama, Grêmio Recreativo Cultural Campos Elíseos, Associação Renovadora dos Homens de Cor, Associação Beneficente Pio XII, Aristocrata Clube, Sociedade Luiz Gama, Associação Brasileira de Defesa dos Direitos do Homem, Sociedade Henrique Dias, Clube 220, G.R.E.C. Coimbra, Grêmio Cruz e Sousa, La Paloma Club, Brasil F. C., Associação Recreativa Afro-Brasileira, Colored's Club de Vila Mariana, Associação Brasileira de Assistência Social e Educação, G.T.P.L.U.N. (Grupo de Trabalho de Profissionais Liberais e Universitários Negros), Teatro Popular Brasileiro (de Solano Trindade), Teatro Experimental do Negro de São Paulo e do Rio de Janeiro, Cia. Negra de Comédias e Revistas, Centro de Estudos Afro-Brasileiros, Grêmio Recreativo Familiar Flor de Maio, de São Carlos; Clube Atlético Limeirense dos Homens de Cor, Sociedade Luiz Gama, de Jaú; Associação Cruz e Souza e Clube Ébano, de Santos; Federação das Associações dos Brasileiros de Cor, de Sorocaba; C. R. 13 de Maio, de Itapetininga; Sociedade Cultural Luiz Gama, de Bauru; Clube Coração de Bronze, de Catanduva; Sociedade Beneficente 28 de Setembro, de Sorocaba; Sociedade Beneficente 13 de Maio, de Piracicaba; Sociedade Recreativa José do Patrocínio, de São Manuel; Clube Beneficente e Recreativo 28 de Setembro, de Jundiaí; Soc. Dançante Familiar José do Patrocínio, de Rio Claro; Associação Recreativa Princesa Isabel, de Tatuí; Sociedade Recreativa Luiz Gama, de Botucatu; Clube Bandeirantes, de Tietê; S. C. R. Cruzeiro do Sul, de Araraquara; Associação Atlética Ponte Preta, de São José do Rio Preto; Society Colored Pinhalense, de Pinhal; Clube dos Aliados, de Ribeirão Preto; E. S. Rosa Branca, de Araçatuba; Grêmio Recreativo 7 de Setembro, de Itatiba; Clube Recreativo Luiz Gama, de São João da Boa Vista; Sociedade Negra de Campinas, Associação Cultural Pérola Negra, de Campinas, e Elo Clube Campineiro. Vale registrar ainda os intercâmbios com o Kenia Clube, a União dos Homens de Cor e o Renascença Clube, do Rio de Janeiro, e com os jornais da imprensa negra: *Hifen*, *O Ébano*

ção Cruz e Souza, de Santos; a Federação das Associações dos Brasileiros de Cor, de Sorocaba; a Sociedade Beneficente 13 de Maio, de Piracicaba; o Clube Beneficente e Recreativo 28 de Setembro, de Jundiaí, e a Sociedade Negra de Campinas.

Cumprindo um papel político, na medida em que despertavam em seus protagonistas sentimentos de independência em face dos brancos e de fidelidade para com as pessoas da mesma cor, os movimentos sociais, culturais e recreativos dos afro-paulistas foram revitalizados no tempo da experiência democrática, ampliando-se, diversificando-se e ganhando um pulsante dinamismo.[40] Vários fatores con-

---

e *Correio D'Ébano*. Coleção Associação Cultural do Negro (ACN). Acervo da Unidade Especial de Informação e Memória da Universidade Federal de São Carlos (UEIM-UFSCar).

40   Sobre a mobilização racial no Brasil, com destaque para São Paulo, no período da experiência democrática, consultar, entre outros, HAMMOND, Harley Ross. Race, social mobility and politics in Brazil. *Race*, vol. 4, n. 2, 1963, p. 3-13; QUEIROZ, Maria Isaura Pereira de. "Coletividades negras: ascensão sócio-econômica dos negros no Brasil e em São Paulo". *Ciência e Cultura*, São Paulo, v. 29, n. 6, 1977, p. 647-663; PINTO, Regina Pahim. *O movimento negro em São Paulo: luta e identidade*. São Paulo, Tese (Doutorado) – Universidade de São Paulo, 1993a; SILVA, Maria Aparecida Pinto. *Visibilidade e respeitabilidade: memória e luta dos negros nas associações culturais e recreativas de São Paulo (1930-1968)*. Mestrado, São Paulo, PUC, 1997; MAUÉS, Maria Angélica Motta. *Negro sobre negro: a questão racial no pensamento das elites negras brasileiras*. Rio de Janeiro, Tese (Doutorado em Sociologia), Instituto Universitário de Pesquisas do Rio de Janeiro (IUPERJ), 1997; HANCHARD, Michael. *Orfeu e o poder*: movimento negro no Rio de Janeiro e São Paulo (1945-1988). Rio de Janeiro: EdUERJ, 2001; OLIVEIRA, Kimberly F. Jones de. "The politics of culture or the culture of politics: afro-brazilian mobilization, 1920-1968". *Journal of Third Word Studies*, v. 20, n. 1, 2003, p. 103-120; TRINDADE, Liana Salvia. O negro em São Paulo no período pós-abolicionista. In: PORTA, Paula (org.). *História da cidade de São Paulo: a cidade de São Paulo na primeira metade do século XX (1890-1954)*. Vol. 3. São Paulo: Paz e Terra, 2004, p. 101-119; SALGUEIRO, Maria Aparecida Andrade (org.). *A república e a questão do negro no Brasil*. Rio de Janeiro: Museu da República, 2005; SIQUEIRA, José Jorge. *Orfeu e Xangô: a emergência de uma nova consciência sobre a questão do negro no Brasil (1944-1968)*. Rio de Janeiro: Pallas, 2006; FLORES, Elio Chaves. *Op. Cit.*; LOPES, Maria Aparecida de Oliveira. *História e memória do negro em São Paulo*: efemérides, símbolos e identidade (1945-1978). Tese (Doutorado) – Universidade do Estado de São Paulo, 2007; SILVA, Joselina da. *União dos Homens de Cor (UHC): uma rede do movimento social negro, após o Estado Novo*. Rio de Janeiro, Tese (Doutorado), Universidade do Estado do Rio de Janeiro, 2005; ___ "Debates e reflexões de uma rede: a construção da União dos Homens de Cor". In: GOMES, Flávio e DOMINGUES, Petrônio (orgs.). *Experiências da emancipação: biografias, instituições e movimentos sociais no pós-abolição (1890-1980)*. São Paulo: Selo Negro, 2011, p. 225-248; PEREIRA, Flávia Alessandra de Souza. *Organizações e espaços da raça no Oeste paulista: movimento negro e poder local (dos anos 1930 aos anos 1960)*. São Carlos, Tese (Doutorado) – Centro de Educação e Ciências Humanas, Universidade Federal de São Carlos, 2008; SOUZA, Sérgio Luiz de. *Fluxos da alteridade: organizações negras e processos identitários no Nordeste Paulista e Triângulo Mineiro (1930-1990)*. Araraquara, Tese (Doutorado) – Faculdade de Ciências e Letras de Araraquara, Universidade Estadual Paulista, 2010; SILVA, Mário Augusto Medeiros da. Fazer a história, fazer sentido: Associação Cultural do Negro (1954-1964). *Lua Nova*, São Paulo, n. 85, 2012, p. 227-273; ALBERTO, Paulina L. A Mãe Preta entre o sentimento, ciência e mito: intelectuais negros e as metáforas cambiantes

tribuíram para esse cenário: a emergência de uma nova "cultura política",[41] o clima de ebulição afro-diaspórica, no plano externo, e de mobilização da sociedade civil, no plano interno; a abertura de novos canais de interlocução com os atores e as instituições do Estado, o acúmulo de experiência dos ativistas e intelectuais da antiga geração e a garra e disposição de luta dos mais jovens, a ação propositiva dos líderes do movimento, o fortalecimento dos laços de identidade e solidariedade em torno das ações coletivas, sem contar nas crescentes demandas por espaços autônomos de sociabilidade, cultura e lazer.

Edilza Sotero argumenta que o associativismo negro, animado naquele período, aproveitou-se da "possibilidade de utilizar a democracia racial como um ideal a ser alcançado, assim como um meio de questionamento da realidade social brasileira". A novidade daquele associativismo residia na forma como as lideranças se articulavam para apresentar sua agenda de reivindicações e nas estratégias empregadas para demarcar posições dentro do sistema político-partidário. Na visão de muitos ativistas era necessário colocar na ordem do dia a discussão relativa à questão racial nos espaços de decisão político-institucional. Para tanto, o mecanismo mais utilizado foi o da "aliança com forças políticas já estabelecidas e que estavam interessadas, por diferentes motivos, na inclusão de questões relacionadas a esta parcela da população na esfera estatal".[42] Foi, portanto, nessa atmosfera de uma fecunda experiência democrática, de um lado, e de um viçoso movimento associativo dos "homens de cor", de outro, que a Ala Negra Progressista veio à tona.

---

de inclusão racial, 1920-1980. In: GOMES, Flávio e DOMINGUES, Petrônio (orgs.). *Políticas da raça: experiências e legados da abolição e da pós-emancipação no Brasil*. São Paulo: Selo Negro, 2014, p. 377-401.

41   BERSTEIN, Serge. "A cultura política". In: RIOUX, Jean-Pierre; SIRINELLI, Jean-François (orgs.). *Para uma história cultural*. Lisboa: Estampa, 1998, p. 349-363.

42   SOTERO, Edilza Correia. *Representação política negra no Brasil pós-Estado Novo*. São Paulo, Tese (Doutorado) – Universidade de São Paulo, 2015, p. 16.

Caderno de imagens

Imagem 1 – José Correia Leite e amigo – Coleção Particular de José Correia Leite (CPJCL).

Imagem 2 – José Correia Leite sentado com familiares, em 1946 (CPJCL).

Imagem 3 – José Correia Leite, Rodrigues Alves e familiares, em 1946 (CPJCL).

Imagem 4 – França, genro de José Correia Leite (CPJCL).

Imagem 5 – Amigo e familiares de José Correia Leite (CPJCL).

Imagem 5 – Viagem ao interior paulista (CPJCL).

Imagem 7 – Passeio à praia de Santos (CPJCL).

"NO BRASIL, a segregação racial é velada ou melhor dizendo, "envergonhada", afirmou o sr. Geraldo Campos de Oliveira, presidente da Associação Cultural do Negro.

COM A PALAVRA O PRESIDENTE DA ASSOCIAÇÃO CULTURAL DO NEGRO

Preconceito Racial no Brasil: Existe Embora de Modo Velado

"O problema do preconceito racial nos Estados Unidos merece nossa íntima atenção, em face da segregação ostensiva que se observa contra nossos irmãos negros norte-americanos em quase todos os setores e especialmente nas escolas, como é o caso de Little Rock, palco de tristes e deprimentes acontecimentos" — declarou o sr. Geraldo Campos de Oliveira, presidente da Associação Cultural do Negro de São Paulo, quando ouvido pela nossa pergunta sobre um pedido interposto ao Supremo Tribunal dos E.U.A. solicitando igualdade de direitos para os estudantes daquela cidade do Arkansas. Disse mais que nesta semana a A.C.N. deverá reunir-se para tratar do assunto, sendo certo que os homens de côr de São Paulo reafirmarão inteira solidariedade aos negros norte-americanos.

Preconceito Envergonhado

O sr. Geraldo Campos de Oliveira, frisou, a seguir, que em nosso País o problema da segregação racial, ao contrario do que se apregoa existe de maneira bastante atuante, mas sem assumir formas tão ostensivas e violentas.

"E' um tipo de preconceito que denominamos "envergonhado", isto é, feito veladamente. Mas há inúmeros exemplos que demonstram sua existência. Posso citar, na gama enorme de referencias, o esporte amador. Em todos os nossos principais clubes esportivos, os negros são impedidos de frequentar as piscinas e daí a razão de "não haver" nadadores de côr. O mesmo ocorre em numerosas outras atividades, em que a tez do indivíduo é condição "sine qua non" para sua admissão".

então grupos que não entram em choque em face da ausência de agressividade de seus membros. Mas a verdade é que todos no Brasil, prêtos e brancos, têm boa vontade na solução desse problema e num futuro não remoto os veremos unidos, integrados num só espírito, sem diferenças desagradaveis que servem apenas para cavar abismos entre os seres humanos".

Imagem 8 – Entrevista com Geraldo Campos de Oliveira, presidente da Associação Cultural do Negro (Última Hora. São Paulo, 25/08/1958).

Os Negros Devem Organizar-se

(Especial para "ALVORADA")

Luiz LOBATO

O publico ledor de São Paulo já está suficientemente ao corrente das palavras do sr. Paulo Duarte, alinhavadas com magua e ignorancia de muitas realidades, cujo conhecimento consideramos fundamental para quem se abalança a tratar da situação dos negros, no concerto dos problemas sociais.

Assim, o arrazoado daquele articulista trouxe-nos á lembrança o que Karl Marx, fundador do socialismo cientifico, defendendo o direito do negro lutar pela sua libertação, escrevera em carta dirigindo a Lincoln, em 1851: — "Enquanto não houver a libertação dos trabalhadores negros é impossivel haver a emancipação dos trabalhadores brancos". Nunca a observação de Marx teria refletido tão bem a luta do negro do que no instante por que atravessamos. Em verdade, no Brasil, não há preconceito de raça. Existe, todavia, o preconceito de côr, o qual, á proporção que se vai desenvolvendo o regime capitalista, mais se arraiga. Daí essa especie de auto-defesa que os negros fazem, organizando-se. Sim, é preciso que o negro se organize e se eduque, defendendo-se dos aviltamentos que os Paulo Duarte lhe possam jogar. Sim, é preciso que os negros se organizem, sem contudo, cair no isolacionismo que geraria o racismo.

A organização em torno de principios não leva ao separatismo de raças posto que, em qualquer circunstancia que o negro tentasse levantar este problema no Brasil, levaria a peor, uma vez que o negro, sendo essencialmente pobre, não disporia das possibilidades economicas e dos meios de produção, ao que se verifica estarem nas mãos da classe a qu pertence o sr. Paulo Duarte. Ela, ainda, porque não nos admiramos de que ele se tenha atirado contra a nossa coletividade de lança em riste.

Os negros, todavia, devem organizar-se queira ou não queira o sr. Paulo Duarte e o seu alfredo-elismo de igrejinha. Convenhamos que os negros devem organisar-se, principalmente porque têm sido jogados propositadamente á margem da sociedade, deliberadamente colocados naquela odiosa marginalidade de que o ilustre articulista fala, e que somente poderá gerar, como tem gerado a irresponsabilidade, o desconhecimento de obrigações para com a sociedade preconceituosa, fomentando odios. Verdade é, confessa ainda o sr. Paulo Duarte, que se deseja a qualquer preço eliminar o negro. Seria justo que ele não fizesse sua defesa?

Ao contrario do que diz o sr. Paulo Duarte, os negros não estão no campo agressivo. Estão se defendendo conscietne ou inconscientemente. Desta ou daquela forma os negros precisam e têm o direito a sobreviver. E é justo. Todas as raças, todos os povos assim procederam. Defenderam a sua sobrevivencia. Todas as comunidades sempre procuraram permanecer. E assim sendo, o que os negros fazem, organizanco-se pacificamente, orgnizando-se, pacificamente, nada mais é que uma propria realidade historica, incontestavel.

O resto, Paulo Duarte, é conversa fiada. E' bovarismo.

Imagem 9 – Artigo de Luiz Lobato (Alvorada. São Paulo, jun./1947).

Os négros e a Democracia

Com a instalação da assembléia nacional constituinte, inicia-se a enorme tarefa para recompor o país, nos quadros do seu novo clima político.

Enquanto se desenvolve êsse trabalho basico para a nossa instituição na ordem do seu advento juridico, o povo em seus fragmentos partidários, organisa-se para plasmar as doutrinas de suas aspirações que as faculdades democraticas lhe garante.

Neste novo panorama da vida nacional, se os negros brasileiros continuarem na contemplação desse estado de indiferentismo e na dispersão dos gosos faceis, não tardará a época das antigas lamentações. A democracia política de um país, só se faz e se torna forte, quando o povo organisado encarna de maneira conciente os seus deveres de cooperação, que se manifesta na representação da forma de iniciativas e esclarecimentos em face de um govêrno como o nosso que é emanado do povo.

E nós os negros do Brasil, se temos uma causa para advogar não devemos apenas reclamar e ficar na espectativa; não, a nossa ação de fortalecimento, esta na organisação e na evolução do nosso espirito de associação. Seguindo êsse principio de orientação, poderemos alcançar em suas normas condicionaes, os fins objetivos que tanto almejamos.

Imagem 10 – Editorial de jornal da imprensa negra (Alvorada. São Paulo, jan./1946).

Negro Brasileiro!

A CONVENÇÃO NACIONAL DO NEGRO BRASILEIRO conta com a sua colaboração e a de tua família para uma mais completa união sem a qual seremos sempre uma FORÇA SEM EXPRESSÃO.

A CONVENÇÃO NACIONAL DO NEGRO BRASILEIRO não lançou nem lançará CANDIDATOS.

A CONVENÇÃO NACIONAL DO NEGRO BRASILEIRO não tem filiação partidaria eleitoralista.

A CONVENÇÃO NACIONAL DO NEGRO BRASILEIRO luta para que o negro não seja envolvido pela onda de desagregação que nos ameaça.

Ao contrario a CONVENÇÃO propugna pela congregação de todos os negros na sua campanha de reabilitação intelectual, economica e social.

Prestigiar a CONVENÇÃO NACIONAL DO NEGRO BRASILEIRO é o dever primordial e sagrado de todos os negros do Brasil.

Diariamente das 20 ás 22 horas - Edifício Martinelli 23.º andar - Sala 2356 - Fone 3-7779

Negro de São Paulo!

A solução para os nossos problemas específicos só pode ser encontrada quando houver uma perfeita união.

A Convenção Nacional do Negro Brasileiro propugna pelo congressamento de todos os negros na defesa dos nossos interesses, para o bem do Brasil.

A Convenção não é um partido político.

A Convenção não apoia candidato algum, nem tem candidatos seus.

Negros de todo o Brasil univos em torno da Convenção Nacional do Negro Brasileiro na luta pela reabilitação intelectual, econômica, social e política do negro.

Procure saber o que é a Convenção Nacional do Negro Brasileiro.

Diariamente das 20 às 22 horas - Edifício Martinelli, 23.º andar - Sala 2356 - fone, 3-7779

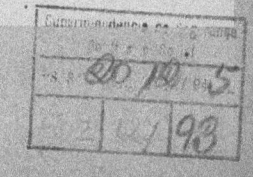

Imagem 11 – Panfletos da Convenção Nacional do Negro Brasileiro (DEOPS, AESP).

DA LEGIÃO NEGRA DE SÃO PAULO

(EX - COMBATENTES DE 32)

"A BANDEIRA QUE CONGREGA TODOS OS LEGIONÁRIOS"

AO POVO DE S. PAULO

O Comandante-em-Chefe e os Legionários da LEGIÃO NEGRA DE SÃO PAULO (Ex-Combatentes de 32), a fim de cessar explorações de elementos que, em absoluto, nada representam em relação à situação e destinos dos verdadeiros legionários de 1932, e sim de realizarem os dignos e elevados ideais dos seus ex-combatentes, deliberaram organizar-se em SOCIEDADE CIVIL, BENEFICENTE, CULTURAL, JURÍDICA E FILANTRÓPICA, com o objetivo de proporcionar, por meios legais e democráticos, efetivo amparo a todos os seus componentes, bem como aos seus descendentes e aos que venham a pertencer ao seu quadro social.

Para essa finalidade, elaboraram um programa, definido em seus Estatutos, já registrados e aprovados em reunião realizada nesta Capital, em que foi eleita a primeira Diretoria, que dirigirá os destinos desta entidade, a qual já organizou os Departamentos Jurídico, Médico e Dentário, integrados por profissionais de alto conceito e grande responsabilidade em seus respectivos setores, abaixo enumerados:

DEPARTAMENTO JURÍDICO

A CARGO DOS DRS.:

THEOPHILO BOOKER WASHINGTON
PASQUAL LUIZ CAETANO
ANNIBAL VIEIRA DE BARROS
ROBERTO GRASSI
A. PEREIRA PINTO
ALBERTO ZIRONDI NETTO

DEPARTAMENTO MÉDICO

A CARGO DOS DRS.:

LUCINDA ROMANO WASHINGTON
FERREIRA DIAS
VASCO ELIAS ROSSI
CARLOS AUGUSTO PEREIRA

DEPARTAMENTO DENTÁRIO

A CARGO DOS DRS.:

FRANCISCO LUCRECIO
SYLVIO ANTICO
JOSÉ CASTRO
VIRGINIO MORATO CASTANHO

A LEGIÃO NEGRA DE SÃO PAULO conta com a valiosa colaboração de todos os seus legionários e do Povo em geral, a fim de conseguir o almejado objetivo, que é o de pugnar para a formação sadia e elevação dos legionários e seus descendentes, para o amanhã. A Legião Negra de São Paulo é o Baluarte das esperanças futuras, é uma das sentinelas avançadas dos verdadeiros princípios democráticos brasileiros. ★ Séde Provisoria: LARGO DO AROUCHE, 39

DIRETORIA:

TTE-CEL. GASTÃO GOULART	— PRESIDENTE DE HONRA
CAP. ARLINDO RIBEIRO	— PRESIDENTE FUNDADOR
JOÃO MARIANO DE OLIVEIRA	— PRESIDENTE
AURELIANO ARAUJO	— VICE-PRESIDENTE
FRANCISCO SALGADO	— VICE-PRESIDENTE
PLINIO DE OLIVEIRA	— SECRETÁRIO-GERAL
J. PELLEGRINI	— 1.º SECRETÁRIO
STEFANO RIBEIRO	— 2.º SECRETÁRIO
BENEDITO PEREIRA	— 1.º TESOUREIRO
DEOCLECIANO NASCIMENTO	— 2.º TESOUREIRO

CONSELHO FISCAL:

PEDRO PAULO BARBOSA	MANOEL ANTONIO DOS SANTOS	BENTO BUENO DE PAIVA
OSWALDO MARIA MOREIRA	ALFREDO ROSSI	OSWALDO DIAS SIMIM
JOÃO PAIVA	JOSÉ VALENTIM	ANTONIO XAVIER DA SILVA
	BENEDITO MELO DA SILVA	

Imagem 12 – Prospecto da Legião Negra de São Paulo (DEOPS, AESP).

"Fazer propaganda da raça e promover a sua união"

Noite de clima fresco de 8 de dezembro de 1948. Um grupo de "indivíduos de cor" se reuniu num salão improvisado da capital paulista e decidiu fundar a Ala Negra Progressista, tendo a sede da novel associação sido instalada num modesto imóvel da Rua Teixeira Leite, n° 414, no bairro do Cambuci. Trezes dias depois foram registrados em cartório os seus estatutos sociais, nos quais regulamentavam as normas de funcionamento.[43] O seu primeiro capítulo – intitulado "Da denominação, constituição, sede e fins" – estabelecia no art. 1° que a Ala Negra Progressista, "órgão de propaganda cívica e educacional", era uma "sociedade civil de âmbito nacional". Verifica-se que, desde logo, a associação ambicionava alcançar os mais diversos rincões do país. Nesse sentido o art. 3° era mais contundente, proclamando que ela poderia instalar "sedes e núcleos em qualquer parte do Brasil". A agremiação adotaria a insígnia A.N.P. e seria composta de "número ilimitado de sócios brasileiros, de ambos os sexos, sem discriminação de cor, credo religioso ou posição social, desde que, os seus antecedentes, não atentem contra a moral e bons costumes". Sua finalidade era:

> Fazer propaganda da raça, e promover a sua união. Amparar os velhos inválidos, criar hospitais próprios e creches para crianças. Criar escolas, proteger a infância intelectual e moralmente, ministrando a ambos os sexos conjuntamente o ensino dos trabalhos manuais; finalmente iniciando-os no convívio da vida prática. Tratar de assuntos políticos, estaduais e nacionais, bem assim manter um boletim para difusão do seu programa e propaganda, com o objetivo de bem servir a administração e população.[44]

O art. 6° estabelecia que, dentro de seus desígnios políticos e sociais, a associação visava à "elevação moral e intelectual, profissional, artística e de assistência, jurídica, econômica e de trabalho". Mais ainda. Como força política e para alcançar os seus fins, "dentro da ordem legal, pleiteará cargos efetivos que representem a raça, efetuando sua ação política dentro de todo o território nacional, para apresentação de candidatos às Câmaras Municipais, Assembleias Estaduais e Congresso Nacional". Além de a Ala Negra Progressista aceitar como sócio os mais hetero-

---

43 Os estatutos da Ala Negra Progressista foram registrados no Cartório 1° Oficial de Registro de Títulos e Documentos e Civil de Pessoa Jurídica de São Paulo no dia 21 de dezembro de 1948 (Reg. Antigo: 3105).

44 Os extratos dos estatutos da Ala Negra Progressista foram publicados no *Diário Oficial do Estado de São Paulo*. São Paulo, 01/01/1949.

gêneos segmentos da sociedade (negros e brancos, homens e mulheres, pobres e ricos, católicos, protestantes e adeptos das religiões afro-brasileiras), vale frisar que a agremiação declarava, já nos estatutos, pretender "tratar de assuntos políticos" "dentro da ordem legal" e pleitear "cargos efetivos que representem a raça". O capítulo segundo – "Dos sócios, suas categorias, direitos e deveres" – descrevia em detalhes as diversas categorias de sócios (fundadores, adeptos, beneméritos e honorários), seus direitos e deveres. Ficava estipulada a mensalidade de Cr$ 2,00 para os sócios e adeptos. Seriam direitos do sócio: votar e ser votado para cargo de diretoria, propor novos sócios, frequentar a sede social e participar de todas as suas reuniões; já os deveres do sócio seriam os de contribuir com a mensalidade, comparecer às reuniões de assembleias, zelar pelo bom nome da A.N.P., promovendo propaganda de seus princípios; cooperar pelo engrandecimento da associação e desempenhar as funções para as quais fossem designados.

Já o capítulo terceiro dos estatutos – "Das Assembleias" – dizia que a agremiação "se reunirá, no mínimo, uma vez por ano". Sua "direção coordenadora será exercida por um Conselho Central, eleito em assembleia pelos sócios fundadores" e composto de três membros, que cumpririam funções consultivas e deliberativas sobre todos os assuntos políticos da A.N.P. Esse Conselho seria a instância decisória soberana e teriam seus membros escolhidos entre os sócios. O capítulo quatro – "Da diretoria" – definia a estrutura interna. A associação "será administrada por uma Diretoria, composta dum presidente, um secretário e um tesoureiro". Os cargos da Diretoria seriam "exercidos gratuitamente". O capítulo quinto, por sua vez, previa que "caberá exclusivamente [ao Conselho Central] qualificar eleitores seus associados; decidir sobre todos os assuntos políticos, no qual a Ala intervier", bem como determinar um meio de propaganda dos ideais da agremiação. Por fim, o capítulo sexto assinalava em seu art. 33º: "A designação de candidatos sem distinção de cor às Câmaras Municipais, Câmaras Estaduais e Congresso Nacional ficará a cargo do Conselho Central". Percebe-se, assim, como a Ala Negra Progressista inscrevia em capítulos, artigos e parágrafos dos seus estatutos a preocupação com o negro no mundo da política.

Do ponto de vista de sua programação, a associação tinha como atividade principal as "costumeiras reuniões dançantes", aos sábados e domingos, momentos nos quais os homens e mulheres de cor procuravam aparecer trajados de maneira elegante, ouviam música, dançavam, trocavam ideias e experiências de vida, faziam novas amizades e renovavam as antigas, flertavam, divertiam-se, criavam e recriavam símbolos identitários, padrões estéticos e estilos comportamentais, ou seja, engendraram um espaço autônomo de sociabilidade, cultura e lazer.

A A.N.P. também organizava palestras, comemorações, piqueniques, jogos, excursões, partidas de futebol, churrascos, programas culturais e ações beneficentes. Pelas páginas do *Jornal de Notícias* de 30 de novembro de 1948, ela comunicava a "todas as Sociedades Beneficentes, Culturais, Recreativas, Espíritas e congêneres" que, a título de cooperação, cederia gratuitamente o seu salão de festas no último sábado de cada mês, para a "realização de festivais dançantes, culturais e artísticos, de fins beneficentes" e cujas receitas fossem revertidas "em favor de necessitados".[45] No seu subdiretório do bairro da Penha, a A.N.P. promovia uma sessão de cinema ao ar livre todas as quintas-feiras à noite.[46] As festas, os jogos, as sessões de cinema, o samba, as confraternizações, enfim, as atividades culturais e de entretenimento de modo geral eram tão importantes na mobilização dos negros quanto as questões políticas, propriamente ditas.[47]

De cunho nacionalista, a associação chegou a animar algumas efemérides em datas históricas, com o fito de afirmar o orgulho cívico. Em ofício dirigido ao "Exmo. Sr. Secretário de Estado dos Negócios da Segurança Pública" no final de março de 1949, a A.N.P. pedia autorização para realizar em 21 de abril (dia da morte de Tiradentes, o "mártir" da Inconfidência Mineira), "à partir das 20 horas, no Vale de Anhangabaú, dissertações sobre vários temas históricos e grandes brasi-

---

45 *Jornal de Notícias*. São Paulo, 30/11/1948, p. 12.

46 Quando a Ala Negra Progressista foi fundada no dia 8 de dezembro de 1948, sua sede localizava na rua Teixeira Leite, 414, 2º andar, no bairro do Cambuci. No ano seguinte teria mudado para Estrada do Vergueiro, 2870, no Alto do Ipiranga. Era noticiado, em 8 de setembro de 1951, que o "salão" da entidade situava-se na rua Torre de Pedra, n. 1. Um ano depois seu "diretório central" ficaria na Av. Leonor Mendes de Barros, n. 2870, no Alto do Ipiranga. Em 1953, o endereço indicado da agremiação era Estrada do Cursino, 2 515, em Vila Morais, distrito de Jardim Saúde. Termo de declarações de Nestor Macedo ao Exmo. Sr. Dr. Paulo Rangel, Delegado Adjunto do Departamento de Ordem Política e Social. São Paulo, 2 de agosto de 1949. Prontuário 44 317, Nestor Macedo. DEOPS/SP, AESP; Relatório do investigador Almério Gonçalves Amorim Jr. ao Sr. Dr. Paulo Rangel, Delegado de Ordem Política e Social. São Paulo, 8 de setembro de 1951. Dossiê 50-J-125, 8. DEOPS/SP, AESP.

47 OLIVEIRA, Kimberly F. Jones de. The politics of culture or the culture of politics: afro-brazilian mobilization, 1920-1968. *Journal of Third Word Studies*, v. 20, n. 1, 2003, p. 103-120; SILVA, Joselina da. Debates e reflexões de uma rede: a construção da União dos Homens de Cor. In: GOMES, Flávio e DOMINGUES, Petrônio (orgs.). *Experiências da emancipação: biografias, instituições e movimentos sociais no pós-abolição (1890-1980)*. São Paulo: Selo Negro, 2011, p. 225-248; HANCHARD, Michael. *Party/Politics: horizons in black political thought*. New York: Oxford University Press, 2006.

leiros", qual seja, "em homenagem aos grandes vultos brasileiros".[48] Já na data de 7 de setembro ("Dia da Pátria") daquele mesmo ano, ela promoveu "diversos festejos" em comemoração à data da independência do Brasil, em Mogi das Cruzes. No pátio do "cine Urufrema" foi oferecido um churrasco aos convidados, com início às 13h. Mais tarde houve um baile que se prolongou até a aurora – às 5h da matina.[49]

Nem só de festas, bailes, comemorações e divertimento vivia a agremiação. Em 10 de agosto de 1949 ela realizou a cerimônia de posse de sua Diretoria Feminina, para a qual foram diplomadas: Adelina Paladine (Presidente), Maria Augusta de Souza (Vice Presidente), Maria Aparecida Paladina (Secretária geral), Noemia Maria dos Santos (1ª Secretária) e Fortunata de Souza (Tesoureira). A cerimônia foi aberta por Nestor Macedo, pela Ala Negra Progressista. Na sequência houve a entrega de diplomas e uma sessão de discursos. Fizeram uso da palavra diversos oradores, entre os quais Mário Birol e Alcina Junqueira, representantes do então governador Adhemar de Barros.[50] Talvez a Diretoria Feminina da A.N.P. tenha se inspirado no Movimento Político Feminino, ligado ao PSP e liderado por Leonor de Barros. Além do trabalho social junto aos menos favorecidos, a esposa do governador foi uma *promoter* política nas campanhas eleitorais, participando de comícios, organizando festas e articulando reuniões.[51] Com esse mesmo ímpeto, as mulheres da A.N.P. procuraram se engajar na agremiação e, ao mesmo tempo, criar um espaço específico de intervenção.

Polo de confluência política, a A.N.P. não deixou de cumprir um papel de conscientização racial, por meio de panfletos, palestras, encontros e reuniões sociais. Em 1953 ela investiu todas suas forças na organização da I Convenção Nacional dos Homens de Cor, marcada para se iniciar em 7 de setembro, dia da Independência do Brasil. O jornal *Última Hora* informava que a I Convenção Nacional

---

48 Requerimento de Nestor Macedo ao "Exmo. Sr. Secretário de Estado dos Negócios da Segurança Pública". São Paulo, s/d. Dossiê 50-J-125, 5. DEOPS/SP, AESP.

49 Relatório dos investigadores "Atila Gonçalves Orsi e outros" ao Sr. Dr. João Guedes Tavares, Delegado Especial de Ordem Política e Social. São Paulo, 10 de setembro de 1949. Prontuário 101 018, Ala Negra Progressista. DEOPS/SP, AESP.

50 Relatório feito pelo investigador Antônio Jerônimo Santos Filho e dirigido ao Sr. Dr. João Guedes Tavares, Delegado Especial de Ordem Política e Social. Assunto: Posse da Diretoria Feminina da Ala Negra Progressista. São Paulo, 11 de agosto de 1949. Prontuário 101 018, Ala Negra Progressista. DEOPS/SP, AESP.

51 CANNABRAVA FILHO, Paulo. *Adhemar de Barros: trajetória e realizações*. São Paulo: Terceiro Nome, 2004, p. 196.

dos Homens de Cor, sob os auspícios da Ala Negra Progressista, contaria com a participação de representantes de quase todos os Estados da nação. Importantes teses deveriam ser debatidas, ressaltando-se aquelas pertinentes ao "combate ao alcoolismo e ao analfabetismo entre os homens de cor". Nas vésperas, entretanto, o evento foi suspenso, o que levou o representante da agremiação, Nestor Macedo, a procurar a redação do *Última Hora* e dar sua versão para os fatos. Alegou que, visando ao "maior êxito do certame, que seria de grande concorrência", tentou a Ala Negra obter, junto ao então prefeito Jânio Quadros, locais mais amplos que sua sede, como o Teatro São Paulo, mas nada conseguiu. Daí a agremiação se dispôs a realizar o certame em sua própria sede, na Avenida do Cursino, nº 2.515. Contudo, dois dias antes do início da Convenção, a Prefeitura cassou o alvará que autorizava o evento. Macedo apurou que tal *démarche* originou-se de um ofício do prefeito à Divisão de Diversões Públicas, "sob o fundamento de que no local já se tinham verificado desordens de toda sorte".[52] Houve "protestos, mas o prefeito não voltou atrás".[53] Mesmo não sendo realizada, a I Convenção Nacional dos Homens de Cor sinaliza como a A.N.P. investiu na mobilização racial.

No que tange à nominata da primeira diretoria da agremiação, Lucas Silva (31 anos, pedreiro, casado) era o presidente; Javolino Dias de Toledo Piza (33 anos, motorista, casado) era o secretário; Manoel Antonio da Silva (23 anos, funcionário público) era o tesoureiro. Já no que concerne à formação do Conselho Central, Nestor Macedo (41 anos, comerciário, casado) era o Primeiro Conselheiro; Pedro de Campos Melo (32 anos, funcionário público, casado) era o Segundo Conselheiro; Benjamim Silva (33 anos, funcionário público, casado) era o Terceiro Conselheiro. A A.N.P. caracterizava-se por ter apenas homens em seu corpo diretivo, dos quais predominavam os de idade superior a 30 anos, funcionários públicos e com famílias constituídas.

Cabe aqui uma advertência deveras importante. Embora Lucas Silva tenha sido escolhido o primeiro presidente, seu papel era decorativo. A principal liderança da A.N.P. era – e sempre foi – Nestor Macedo. Por sinal, a história da agremiação se confunde com a trajetória e as idiossincrasias deste líder negro. Nascido na cidade de São José de Além Paraíba (atual Além Paraíba), interior de Minas Gerais, no dia 19 de fevereiro de 1907, Macedo era filho de Joaquim Ma-

---

52   *Última Hora*. São Paulo, 10/09/1953. Dossiê 50-J-125, 12. DEOPS/SP, AESP.

53   *O Governador*. São Paulo, 17/09/1953, p. 2.

cedo e Leocádia Maria da Conceição – pessoas sobre as quais não encontramos informações. Criado na cidade de Mogi das Cruzes, no Estado de São Paulo, onde chegou com 12 anos de idade, foi padeiro de entrega de pão de "porta em porta". Ulteriormente se transferiu para a Capital, onde foi identificado pelo Deops como "guarda civil" em 14 de março de 1933, tendo sido exonerado em julho do ano seguinte, "a bem da disciplina". Em 19 de outubro de 1934 e 22 de abril de 1935 foi identificado tentando "ingressar na Força Pública".[54] Temos dúvidas se procede a informação de que Macedo pertencera à guarda civil; certo é que, ao se transferir para a Capital, trabalhou na Seção de Limpeza Pública da Prefeitura de São Paulo, varrendo rua. Sempre com o "espírito vivo e ativo", pegava papel velho, osso, lata velha e ia vender num depósito de um italiano na rua Augusto de Queiroz. Dentro de um ano teria arranjado cerca de cinco mil e quinhentos cruzeiros, comprou um carrinho de mão e se registrou como ambulante. Vendia batatas e cebolas por toda a cidade. Com a ajuda de "Deus", teria amealhado vinte e quatro mil cruzeiros e era daquela maneira que vinha ganhando a vida.[55]

Preso pela primeira vez em 1942, por infringir a lei de "economia popular" e fichado pelo Deops paulista, foi descrito como sendo de cútis "preta", cabelos "encarapinhados", barba "feita", bigodes "aparados", sobrancelhas "pretas", olhos "castanhos", com "1,70 m" de altura e corpo "normal". Professava a religião "católica" e teria sido "analfabeto" até a fase adulta. No campo reservado para "notas e informações diversas sobre prisões, processos, condenações, identificações anteriores, lugares onde tem residido nos últimos cinco anos etc.", declarou "nunca ter sido preso ou processado", bem como "declarou ter residido 4 anos a Rua Joboatão, nº 116 A, mudou-se para a Rua Zanzibar, nº 42, onde esteve 6 meses, mudou-se para a Rua Barão de Tatuy, nº 336, onde ficou 1 ano, mudou-se a Rua Barão do Rio Branco, nº 760, onde está a 3 para 4 meses".[56] A instabilidade, as

---

54 Folha de antecedentes de Nestor Macedo, do Chefe de Serviço de Identificação ao Delegado de Ordem Política e Social. Registro Criminal do Estado. São Paulo, 26 de abril de 1943. Prontuário 44 317, Nestor Macedo. DEOPS/SP, AESP.

55 Representação de Nestor Macedo, representante da Ala Negra Progressista, ao Exmo. Sr. Dr. Lucas Nogueira Garcez, DD. Governador do Estado de São Paulo. São Paulo, s/d. Dossiê 50-J-125. DEOPS/SP, AESP.

56 Serviço de identificação da Delegacia de Polícia de Ordem Política e Social. Prontuário 44 317, Nestor Macedo. DEOPS/SP, AESP. Quando foi preso pela primeira vez, em 26 de outubro de 1942, Macedo tinha 35 anos e foi enquadrado na lei de "economia popular". Declarou ser casado e exercer a profissão de padeiro – depois, tornou-se comerciário. Residia na Capital paulista, na Vila N. S. da Conceição, casa S – porta 5, portando a carteira de

mobilidades sazonais e os deslocamentos flutuantes salpicaram a vida de Nestor Macedo. Sua constante rotatividade de endereço parecia não ter fim. Já em 1945, com 38 anos, casado, morava na Rua Fortaleza, nº 164, na Bela Vista. Quatro anos depois residia na Vila N. S. da Conceição, Casa "S", porta 5, no Cambuci.[57]

Outra característica daquele afro-brasileiro foi a versatilidade. Em janeiro de 1949 ele lançou um manifesto ao "glorioso povo paulista" e aos seus patrícios e "irmãos de cor", conclamando-os a participar da campanha "da união, do progresso e de brasilidade". Coordenada pela Ala Negra Progressista, a campanha ambicionava cumprir um vasto programa que incluía instalar creches por todos os bairros de São Paulo e interior, distribuir mantimentos para os pobres necessitados, criar escolas de alfabetização, escolas de corte e costura, gabinetes dentários e serviços médicos e advocatícios para defender os direitos "não somente dos associados como de qualquer pessoa necessitada".

> Esta é uma prova e uma verdade, eu como representante da raça de cor humilde, eu Nestor Macedo que corro todas as favelas de São Paulo, inclusive a favela Abrão Ribeiro, na Várzea do Penteado; favela do Prado da Mooca, favela da Rua Antonio de Barros, favela do Bom Retiro, na Rua dos Italianos; favela do Campo de Marte, na Ponte Pequena; favela do Parque Ibirapuera, favela do ponto final do bonde da Lapa, favelinha da Av. do Estado com rua da Mooca; posso citar o sofrimento de nossa gente, velhos, crianças, que sem um teto acolhedor, vivem nesses lugares, sem conforto nenhum. Isso meus patrícios, é a falta de união, de brasilidade e amor ao próximo. É isso que nos está faltando, sociedades beneficentes, para aliviar essa pobre gente. Peço aos partidos políticos, que formem alas, negras, do meu povo, onde eles [os patrícios] receberão instrução, educação, conforto e uma união entre as duas raças. [...] Este é o manifesto que lanço ao glorioso povo paulista e espero que seja apoiado o meu ideal, que é tão grande e tão nobre, que eu, como pertencente à raça negra, devo lutar como o fez José do Patrocínio, Luiz Gama, Francisco Lucrécio, Joaquim Nabuco e a Redentora Princesa Isabel.

Na segunda parte do manifesto Nestor Macedo anunciava seu apoio ao "governador Adhemar de Barros, eleito pelo Partido Progressista, o generoso coração que tanto se bate pela grandeza de São Paulo, e Brasil, que tanto tem feito e lutado pela classe sofredora". Logo após, evocava o "Divino Espírito Santo", para lançar "uma

---

identidade (Registro Geral n. 319.441) fornecida pelo Departamento de Investigações.

57 Termo de declarações de Nestor Macedo ao Dr. Paulo Rangel, Delegado Adjunto do Departamento de Ordem Política e Social. São Paulo, 2 de agosto de 1949. Prontuário 44 317, Nestor Macedo. DEOPS/SP, AESP.

luz" e força suficientes para pugnar em defesa de um "povo que tanto sofre" e que só contaria com "o apoio de nosso Governador, e simpatizantes do Partido Progressista de São Paulo".[58] Nestor Macedo era um líder afro-brasileiro loquaz, dotado de uma retórica político-partidária. Mas por que ele e a Ala Negra Progressista apoiavam o populista Adhemar de Barros? Tendo em vista o marcador racial, não se tratava de um gesto falacioso, de alienação ou mesmo de contrassenso confiar num político demagogo, paternalista e manipulador das massas? Ou o apoio a Adhemar deve ser visto como uma atitude consciente e legítima de um pugilo de negros que fazia da política a arte do possível, barganhando identidades, alianças e negociações diversas?

De antemão cabe dizer que as identidades sociais e raciais aqui são abordadas a partir da interação que envolve as estratégias individuais e grupais. Essas identidades "são como realidades dinâmicas, plásticas, que se constituem e se deformam diante dos problemas com os quais os atores sociais são confrontados".[59] Isto é pouco para a compreensão da problemática do populismo, ou quase nada. Para perguntas complexas, não é prudente aventurar-se por respostas simplistas, mesmo porque se trata de uma problemática praticamente inexplorada pela literatura especializada, a saber: quais foram os esforços mobilizados, como se operou o processo e até que ponto o populismo conseguiu – ou tentou – penetrar no meio afro-paulista?

Adhemar de Barros: mito e realidade

Descendente de abastada família de cafeicultores paulistas, médico pela Faculdade Nacional de Medicina, com especialização em urologia na Alemanha e empresário polivalente, Adhemar Pereira de Barros foi figura-chave na vida política brasileira desde a ditadura do Estado Novo até a década de 1960. Designado por Getúlio Vargas, ocupou o cargo de Interventor Federal em São Paulo entre 1938 e 1941. Sua gestão neutralizou em certa medida as lideranças oligárquicas tradicionais e lhe conferiu prestígio no Estado. Em 1945 formou seu próprio partido e, em setembro, lançou o manifesto e o estatuto do Partido Republicano Progressista, fruto das articulações que cultivou quando interventor. Em junho do ano posterior fundiu a sua minúscula agremiação com duas outras – o Partido Popular Sindicalista e o Partido Agrário Nacional –, o que desembocou no surgimento do Partido Social Progressista

---

58 Manifesto "Alerta. Povo de minha terra. Meus patrícios e meus irmãos de cor". Nestor Macedo, janeiro de 1949. Dossiê 50-J-125. DEOPS/SP, AESP.

59 REVEL, Jacques. *Op. Cit.*, p. 30.

(PSP). Sua novel legenda jamais conquistou hegemonia nacional, mas em território paulista ultrapassou os três grandes partidos nacionais: PSD, UDN e PTB. Por ela Adhemar se candidatou ao governo do Estado (1947, 1954, 1958, 1962), sendo eleito duas vezes (1947 e 1962); candidatou-se ainda à prefeitura (1957), quando saiu vitorioso, e à Presidência da República (1955 e 1960). Em sua carreira costurou alianças e acordos com diferentes segmentos da sociedade civil e com diversos agrupamentos políticos, seja de direita ou de esquerda, sem contudo realizar o seu grande sonho: tornar-se Presidente da República.

Para semear as bases de sua liderança no Estado de São Paulo, montou dezenas de núcleos de seu partido a partir dos quais pôde construir uma notável máquina eleitoral. Sua primeira administração caracterizou-se pela capilaridade e vocação empreendedora. As grandes obras públicas e a expansão dos serviços de saúde foram, sem dúvida, os fatos marcantes de seu governo: iniciou a construção das rodovias Anhanguera e Anchieta e do Hospital das Clínicas, promoveu a retificação do rio Tietê e a eletrificação da Estrada de Ferro Sorocabana. Os serviços de assistência ao interior ganharam musculatura, com a criação do Departamento das Municipalidades, encarregado de abrir créditos especiais para obras de saneamento nos municípios e implantar um sistema de financiamento para as prefeituras, com taxas de juros menores do que as oferecidas pelos bancos tradicionais. Adhemar patrocinou frequentes caravanas às cidades paulistas, ocasiões nas quais havia festas de inauguração de obras, discursos apoteóticos, contatos diretos com os populares e, por fim, reuniões e conchavos políticos com as lideranças locais. Assim, para aumentar o seu prestígio, investiu maciçamente no interior, mesmo que tais investimentos implicassem no comprometimento das finanças públicas.[60]

Simultaneamente a essa plataforma empreendedora, ele dedicou atenção especial ao trabalho de propaganda, recorrendo ao rádio, ao cinema, à música e a imprensa para divulgar suas realizações. A partir de um discurso impregnado pelas alusões classistas e dirigido aos pobres, condenava as desigualdades da sociedade brasileira e atacava os poderosos. Desenvolveu ainda uma intensa campanha de proselitismo, baseada num apelo direto e pessoal. Bastante sintomático, nesse sentido, era o programa de rádio *Palestra ao pé do fogo*, veiculado diariamente para todo

---

60 SAMPAIO, Regina. *Adhemar de Barros e o PSP*. São Paulo: Global, 1982, p. 44; HAYASHI, Marli Guimarães. *A gênese do ademarismo (1938-1941)*. Dissertação (Mestrado em História), FFLCH-USP, São Paulo, 1996; COUTO, Ari Marcelo Macedo. *Adhemar de Barros: práticas e tensões políticas no poder*. São Paulo: Educ, 2009; KWARK, Gabriel. *O trevo e a vassoura: os destinos de Jânio Quadros e Ademar de Barros*. São Paulo: A Girafa, 2006.

o Estado a partir de 1938. Mário Beni, ouvinte assíduo do programa, lembra-se de que não havia televisão naquele momento, mas apenas transmissões pelo rádio. Todas as noites – inclusive sábado e domingo, às dezenove horas – Adhemar de Barros palestrava com o povo de São Paulo, em tom simpático, amigável e intimista. O programa fez época; ele falava uma linguagem popular afastada da norma culta, "falava errado até. Era uma novidade, nunca houve isto, foi daí que surgiu o termo populismo, quer dizer, nós descermos à linguagem do povo para que ele entendesse. E ele foi um pioneiro neste sentido, por isso criou esse carisma".[61]

Nas telas de cinema, Adhemar reforçou a associação de sua imagem com a dos bandeirantes, também largamente explorada em discursos, panfletos e músicas.[62] Era consciente do poder dos meios de comunicação de massa. Entre 1947 e 1956, ele produziu um cinejornal, o *Bandeirante da Tela*, para divulgar e aclamar a sua representação triunfalista na cena política.[63] As campanhas do PSP ou as que tinham o seu apoio eram campanhas "modernas", com inovações trazidas por Adhemar dos Estados Unidos e da Europa. Até então, os principais veículos de propaganda eleitoral eram as emissoras de rádio, os jornais, as revistas e os comícios, que colocavam os candidatos em contato direto com os eleitores. A televisão, que dava seus primeiros passos nos anos 1950, quer por sua limitação técnica ou pelo fato de ser economicamente pouco acessível, tinha reduzida influência nas campanhas. Foi Adhemar quem, segundo Paulo Cannabrava Filho, "introduziu no Brasil o *marketing* eleitoral".[64] Isto ocorreu em 1957 quando, ao lançar-se candidato à prefeitura de São Paulo, sua campanha foi planejada e realizada por profissionais da propaganda. Homem de ação, gostava de aventuras e criar factóides, o que eletrizava os jovens repórteres. Nas caravanas eleitorais procurava fazer-se acompanhar de jornalistas.

Aos poucos, Adhemar se deu conta de que os dispositivos simbólicos (e tea-

---

61 Depoimento de Mário Beni *apud* SAMPAIO, Regina. *Op. Cit.*, p. 45.

62 Entre outras investidas na construção da imagem de Adhemar como a de uma espécie de "bandeirante moderno" está a marchinha "Invencível bandeirante", de autoria de João Guttemberg de Paula Piloto, cujas letra e partitura se encontram no acervo Adhemar de Barros, sob a guarda do AESP. Documento AP 647.01.004.

63 Sobre o cinejornal o *Bandeirante da Tela*, ver ARCHANGELO, Rodrigo. *Um bandeirante nas telas de São Paulo: o discurso ademarista em cinejornais (1947-1956)*. Dissertação (Mestrado em História Social), Faculdade de Filosofia, Letras e Ciências Humanas, Universidade de São Paulo, 2007.

64 CANNABRAVA FILHO, Paulo. *Adhemar de Barros: trajetória e realizações*. São Paulo: Terceiro Nome, 2004, p. 89.

trais) eram um instrumental eficaz para influenciar e orientar a sensibilidade coletiva, no sentido de impressionar e eventualmente manipular as massas. Talvez se inspirando na famosa frase: "Governar é fazer crer", ele apostava nas "aparências", nos "ritos" e na "linguagem dos signos", que "falariam mostrando" e que teriam, deste modo, uma influência muito especial sobre o "imaginário social" – este lugar de expressão das expectativas e aspirações populares latentes, mas também lugar de lutas e conflitos no sistema de representações produzido por cada época e no qual o "verdadeiro" e o "ilusório" não estão apartados e sim unidos, por meio de um complexo jogo dialético.[65] Adhemar teria sido um dos precursores a visitar os vários bairros da periferia paulistana e as casas de apoiadores e eleitores em geral, inaugurando uma prática que seria acompanhada por outros políticos. Andava "em mangas de camisa", algo incomum para os aspirantes a cargos eletivos no período, abraçava os moradores nas ruas e praças, confraternizava com os populares em botecos, sempre esbanjando simpatia e bom humor. A presença dele em "localidades simples, consideradas pelos habitantes como abandonadas e esquecidas pelas autoridades, causava grande impacto".[66]

Começava a ser esculpido o mito Adhemar de Barros. À imagem do administrador audacioso, eficiente e dinâmico, acresciam-se as do benfeitor e protetor dos excluídos, responsável por colocar o Estado para amparar diretamente os mais humildes e sem acesso às estruturas formais de poder. Na retaguarda dessa mística emergia a figura de sua esposa Leonor Mendes de Barros, dirigindo trabalhos assistencialistas junto à população infantil e vulnerável[67] e se convertendo em símbolo da bondade da mulher brasileira. Em termos de comunicação Adhemar tinha a capacidade de despertar o entusiasmo das massas populares, apresentando-se com sagacidade e liderança para viabilizar suas aspirações, fossem materiais ou emocionais. No entanto, as críticas ao seu governo não eram poucas. Foi acusado de provocar endividamento e desvios das finanças públicas, irregularidades envolvendo a contratação de firmas particulares para a realização de obras estatais e, por fim, suborno político – compra de aliados pelo apoio à sua administração.

Na opinião de Maria Victoria Benevides, a figura de Adhemar de Barros amal-

---

65 BACZKO, Bronislaw. Imaginação social. In: *Enciclopédia Einaudi. Anthropos-Homem*. Lisboa: Imprensa Nacional/Casa da Moeda, v. 5, 1985, p. 301-303.

66 FONTES, Paulo. *Um Nordeste em São Paulo: trabalhadores migrantes em São Miguel Paulista (1945-66)*. Rio de Janeiro: Fundação Getúlio Vargas, 2008, p. 243.

67 *Jornal de Notícias*. São Paulo, 18/11/1947, p. 5.

gamava-se com a de seu partido. Era mago dos conchavos, das articulações e das conciliações improváveis.[68] Nas eleições para governador em 1947 costurou o apoio do Partido Comunista do Brasil (PCB) à sua candidatura. Depois de um longo período de entendimentos e especulações, Luís Carlos Prestes – presidente do PCB – assumiu o compromisso publicamente com o PSP, pouco antes de se encerrar o prazo para o registro dos candidatos.[69] O apoio comunista a Adhemar caiu como uma bomba no meio conservador. Esposas de fazendeiros mandaram rezar missas e havia boatos de que algumas de suas tias cogitaram exorcizá-lo, pois só um possuído pelo Demo poderia selar semelhante pacto.[70] Apesar de uma renhida campanha, Adhemar, que assumira uma retórica anticlassista em favor do "povo" e explorara temas relativos à justiça social e fraternidade, consagrou nas urnas a vitória, o que possibilitou a consolidação de seu partido em nível estadual e sua elevação definitiva à condição de interlocutor privilegiado no quadro político nacional.

Sua gestão continuou se notabilizando pela realização de obras públicas "faraônicas" e pela ampliação das políticas assistencialistas, na perspectiva do bem-estar social. E, mais uma vez, não ficou isento de críticas e acusações. Aliás, sua reputação de administrador arrojado e dinâmico cresceu paralelamente às denúncias de corrupção em seus governos. Famoso pela pecha de peculatário – fenômeno sintetizado popularmente no *slogan* "rouba, mas faz" –, seus opositores o responsabilizava por desvio sistemático de recursos públicos, superfaturamento nos contratos de obras e serviços e cobrança de propinas de procedências variadas – de empresas envolvidas em projetos governamentais a "banqueiros" do jogo do bicho.[71] As im-

---

68   BENEVIDES, Maria Victoria. *O PTB e o trabalhismo: partido e sindicato em São Paulo (1945-1964)*. São Paulo: Brasiliense; Cedec, 1989, p. 33.

69   Em 4 de janeiro de 1947, "tornou-se pública a notícia sensacional de que fora firmado um acordo entre o PSP e o PCB. Os partidários de Prestes indicaram Adhemar como seu candidato a governador, ao mesmo tempo que o PSP concordou com uma chapa conjunta para deputados federais e com a indicação de um comunista como um dos candidatos do PSP a senador. A aliança entre os dois partidos foi formalizada por uma troca pública de cartas em que Adhemar prometia defender a Constituição, respeitar a existência legal de todos os partidos e tomar medidas contra a carestia e a inflação. Esse acordo público foi complementado por diversas garantias secretas de cargos para o PCB em seu governo". FRENCH, John D. *O ABC dos operários: conflitos e alianças de classe em São Paulo, 1900-1950*. São Paulo: Hucitec; São Caetano do Sul: Prefeitura Municipal de São Caetano do Sul, 1995, p. 202-203.

70   CANNABRAVA FILHO, Paulo. *Op. Cit.*, p. 60.

71   ALVES FILHO, Francisco Rodrigues. *Um homem ameaça o Brasil: a história secreta e espantosa da "caixinha" de Ademar de Barros*. São Paulo: s/ed., 1954; COTA, Luiza Cristina Villaméa. *Adhemar de Barros (1901-1969): a origem do "rouba, mas faz"*. Dissertação (Mes-

probidades administrativas atribuídas a ele inspiraram até versos, como os da marchinha "Caixinha do Adhemar", de Herivelto Martins e Benedito Lacerda:

> Quem não conhece?
>
> Quem nunca ouviu falar?
>
> Na famosa caixinha do Adhemar?
>
> Que deu livro, deu remédio, deu estrada
>
> Caixinha abençoada...
>
> Já se comenta de Norte a Sul
>
> Com Adhemar tudo azul
>
> Deixa falar toda essa gente maldizente,
>
> Deixa quem quiser falar
>
> Esta gente que não tem o que fazer
>
> Faz discursos, mas não cumpre o seu dever
>
> Enquanto eles engordam tubarões
>
> A caixinha defende o bem-estar de milhões

O final da década de 1940 foi o período de maior ascensão do PSP. Usando a máquina governamental, o partido desenvolveu um sólido trabalho de base, propaganda e expansão, principalmente entre as massas urbanas. Sua estruturação em alguns bairros, como o da Mooca, deu-se a partir das organizações preexistentes – clubes de futebol, clubes de dança, associações culturais etc. –, as quais serviam de mediadoras entre o aparato partidário e os eleitores.[72] A agremiação mantinha

---

trado em História), FFLCH-USP, São Paulo, 2008.

72 DUARTE, Adriano Luiz; FONTES, Paulo. "O populismo visto da periferia: adhemarismo

alguns departamentos com funções específicas: departamento social, departamento feminino, departamento de assistência social e departamento trabalhista. Para transmitir credibilidade, apresentava-se como grupo independente, desvinculado das principais forças que disputavam a hegemonia do cenário político nacional.

Em 1949 Adhemar de Barros articulou a sua candidatura à presidente da República, nas eleições que se realizariam no ano posterior. Numa de suas declarações públicas teria se reivindicado "populista" e definido o termo com as seguintes palavras: "Ser populista, para nós, é dar à função social do Estado uma amplitude que não teve até agora. É governar dando oportunidade a todos e procurando elevar cada um de acordo com suas possibilidades". E continuou sua prédica: "Os que se separam do populismo, classificam-se, muito granfinamente, de democratas. Na verdade, porém, são apenas homens poderosos ou a serviço de grupos poderosíssimos que julgam que o Brasil deve continuar a ser das raras nações do mundo onde existe, de um lado, uma pequena minoria de milionários e, de outro, a grande maioria de paupérrimos e semi-pobres".[73] Portanto, populista seria um político sensível aos anseios populares e comprometido com a construção de um Estado de bem-estar social, capaz de gerar oportunidades e perspectivas de crescimento a "todos".[74] A despeito das especulações políticas, Adhemar de Barros não saiu candidato em 1950 e indicou Getúlio Vargas para presidente da República. A formação da aliança PTB e PSP – que ficou conhecida como "frente populista" – ampliou o prestígio de Adhemar "nos bairros operários de São Paulo ao associar seu nome ao mais popular e querido político entre os trabalhadores paulistas".[75]

---

e janismo nos bairros da Mooca e São Miguel Paulista, 1947-1953". *Cadernos AEL*, Campinas, v. 11, n. 20/21, 2004, p. 87-122.

73 Palestra radiofônica transcrita em *O Dia*, de 13 de maio de 1949 apud SAMPAIO, Regina. *Op. Cit.*, p. 68.

74 Em 1949 a SERP reeditou um livro de divulgação dos pontos fundamentais do pensamento político que norteava o governo de Adhemar de Barros. A publicação abordava, ainda, as ideias gerais contidas em suas alocuções e mensagens veiculadas na vida pública. *Adhemar de Barros e o Estado moderno*. 2ª. ed. São Paulo: Publicações Populares da SERP, 1949.

75 FONTES, Paulo. *Um Nordeste em São Paulo: trabalhadores migrantes em São Miguel Paulista (1945-66)*. Rio de Janeiro: Fundação Getúlio Vargas, 2008, p. 245. Sobre a campanha da "frente populista" de 1950 – aliança de Adhemar de Barros e Getúlio Vargas, ver SALZANO, Erlindo. *A campanha de 50: aliança Adhemar e Getúlio*. São Paulo: Editora das Américas, s.d.

Caderno de imagens

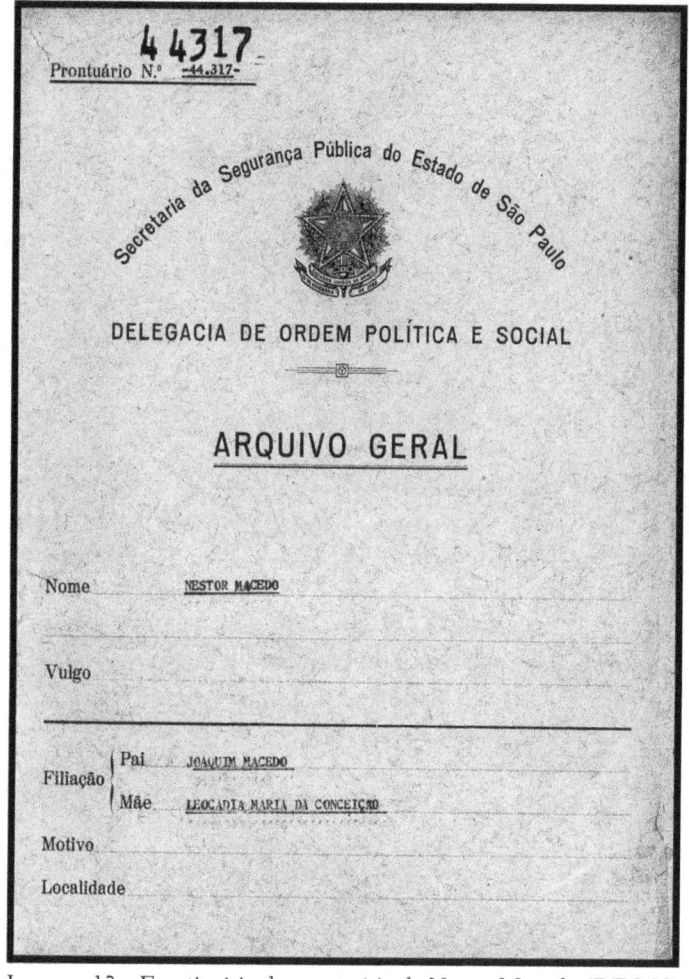

Imagem 13 – Frontispício do prontuário de Nestor Macedo (DEOPS, AESP).

T. G. I. - Mod. 38

POLICIA DO ESTADO DE SÃO PAULO
GABINETE DE INVESTIGAÇÕES
SERVIÇO DE IDENTIFICAÇÃO

REGISTO CRIMINAL DO ESTADO

N.º 18946
nqm.

São Paulo, 26 de abril de 1943.

Ilmo. Snr. Dr. Delegado de Ordem Política e Social
(Ordem Economica)
-: CAPITAL :-

FOLHA DE ANTECEDENTES

CERTIFICO que NESTOR MACEDO, aí legitimado em 26-10-942, para verificação de identidade, afim de ser processado como incurso na Lei de Ecohomia Popular,- - - - - - - - - - - - - - - - - -, figura no Registo Geral deste Serviço de Identificação sob n.º 319.441, registando o seu prontuário os antecedentes declarados no reverso desta folha.

OBS:- Em 14-3-933, foi identificado como guarda civil, tendo sido exonerado em julho de 1934, a bem da disciplina.- Em 19-10-934 e 22-4-935, foi identificado afim de ingressar na Força Pública, nada mais constando a respeito.- Em datas de 6-5-936, 10-5-938, 9-3-939, 17-7-939, 7-2-940 e 12-1-942, foi identificado afim de obter atestados de antecedentes.-

Em 4-12-939 foi instaurada sindicância, pelo Dr. Delegado de Costumes, contra o Centro Recreativo Soberano, do qual é presidente NESTOR MACEDO, por corrupção de menores, nada mais constando a respeito.-

-o-o-o-

CONFERIDO:
O CHEFE DO REGISTO CRIMINAL,

Saudações atenciosas

Chefe do Serviço de Identificação

Imagem 14 – Folha de antecedentes de Nestor Macedo (DEOPS, AESP).

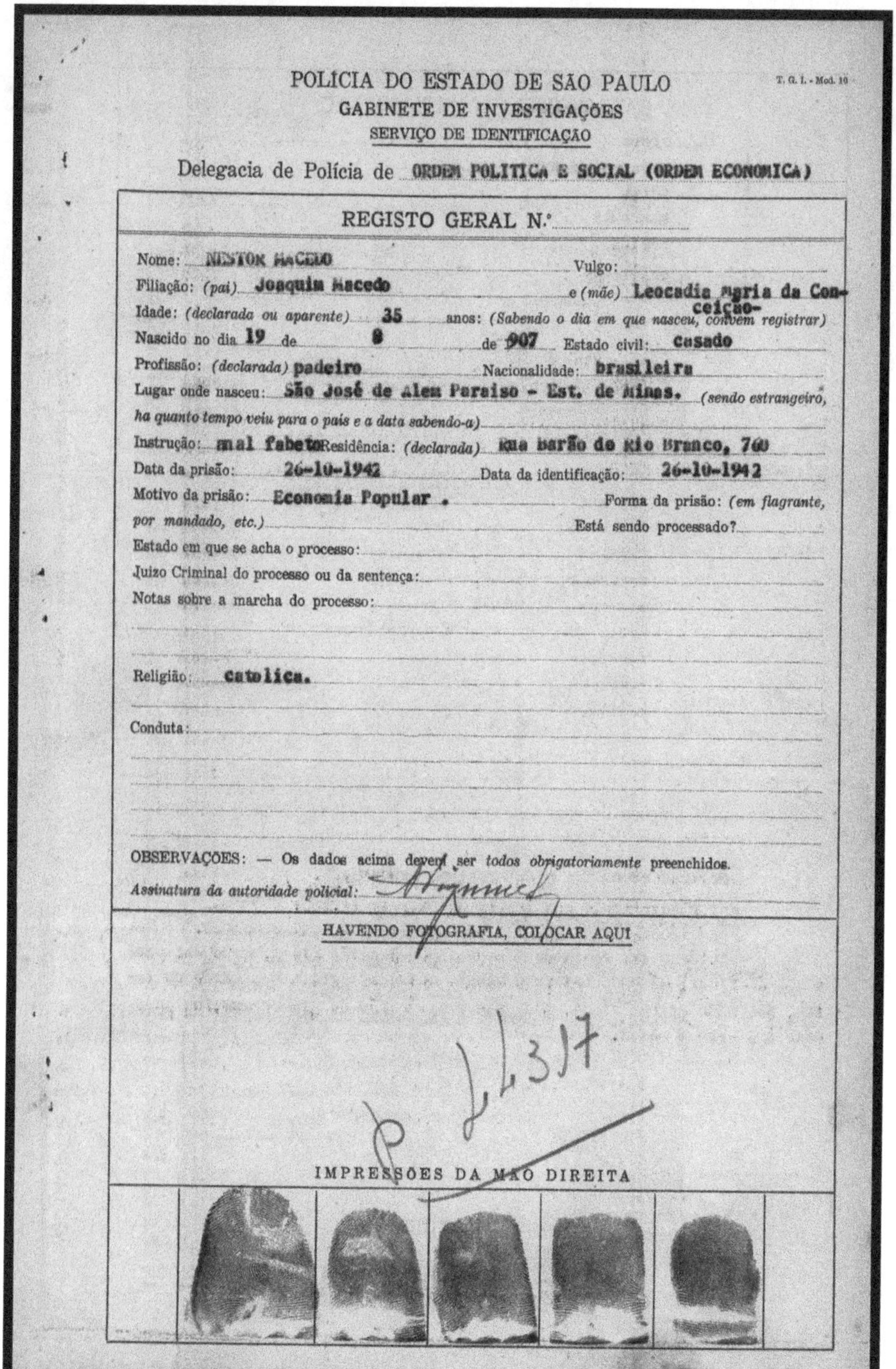

POLÍCIA DO ESTADO DE SÃO PAULO
GABINETE DE INVESTIGAÇÕES
SERVIÇO DE IDENTIFICAÇÃO

T. G. I. - Mod. 10

Delegacia de Polícia de ORDEM POLÍTICA E SOCIAL (ORDEM ECONÔMICA)

REGISTO GERAL N.º _____

Nome: NESTOR MACEDO Vulgo: _____
Filiação: (pai) Joaquim Macedo e (mãe) Leocadia Maria da Conceição
Idade: (declarada ou aparente) 35 anos; (Sabendo o dia em que nasceu, convém registrar)
Nascido no dia 19 de 8 de 907 Estado civil: casado
Profissão: (declarada) padeiro Nacionalidade: brasileira
Lugar onde nasceu: São José de Alem Paraíso – Est. de Minas. (sendo estrangeiro, há quanto tempo veiu para o país e a data sabendo-a)
Instrução: mal fabeto Residência: (declarada) rua barão do rio Branco, 760
Data da prisão: 26-10-1942 Data da identificação: 26-10-1942
Motivo da prisão: Economia Popular. Forma da prisão: (em flagrante, por mandado, etc.)
Está sendo processado? _____
Estado em que se acha o processo: _____
Juizo Criminal do processo ou da sentença: _____
Notas sobre a marcha do processo: _____

Religião: católica.

Conduta: _____

OBSERVAÇÕES: — Os dados acima devem ser todos obrigatoriamente preenchidos.
Assinatura da autoridade policial: _____

HAVENDO FOTOGRAFIA, COLOCAR AQUI

IMPRESSÕES DA MÃO DIREITA

Imagem 15 – Ficha de identificação de Nestor Macedo (DEOPS, AESP).

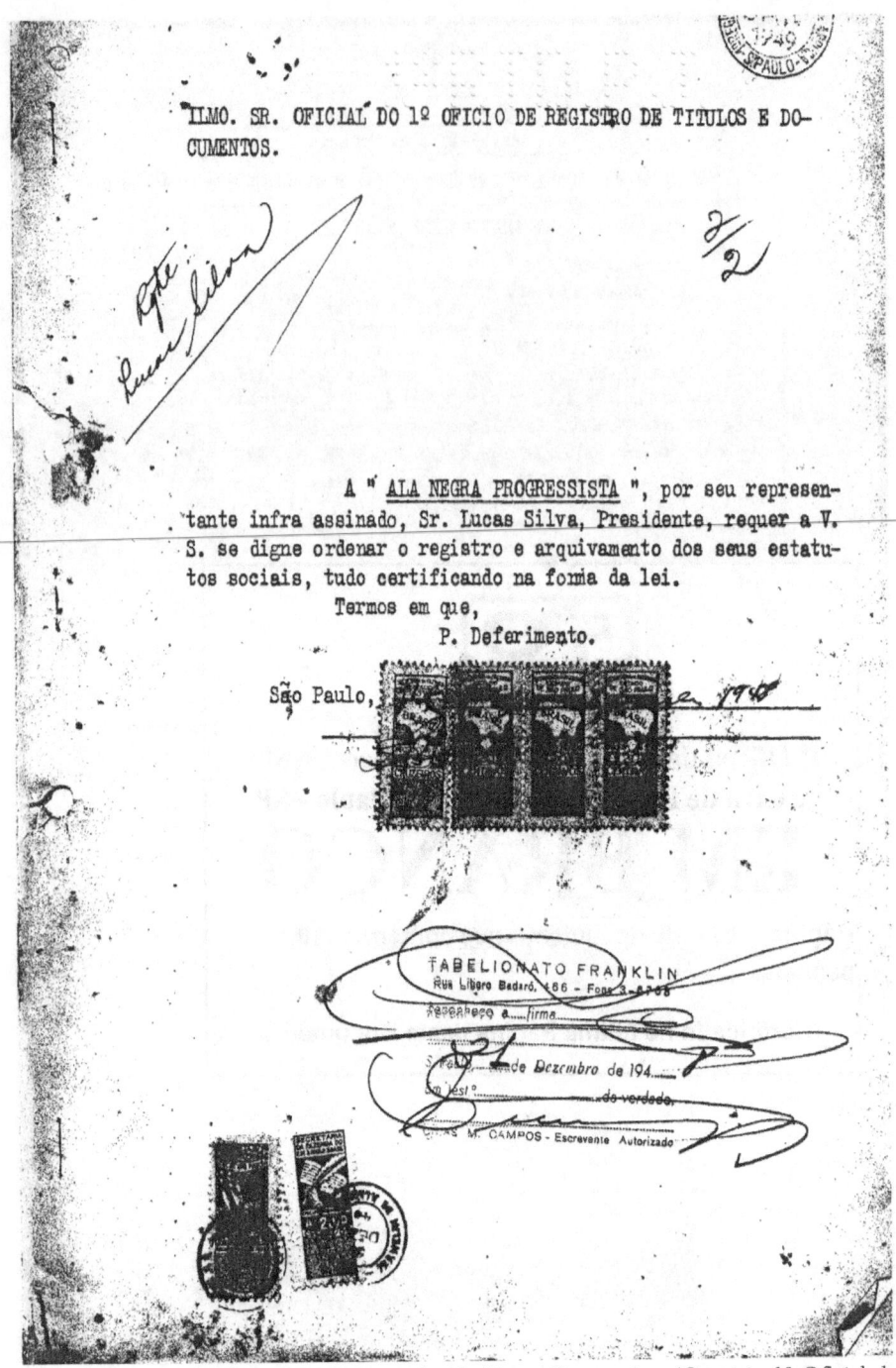

Imagem 16 – Frontispício dos estatutos da Ala Negra Progressista (Cartório 1º Oficial de Registro de Títulos e Documentos e Civil de Pessoa Jurídica).

Imagem 17 – Corpo diretivo do Clube Negro de Cultura Social (CPJCL).

Imagem 18 – Comissão feminina do Clube Negro de Cultura Social (CPJCL).

Imagem 19 – Edição comemorativa à abolição da escravidão
(Alvorada. São Paulo, 13/05/1946).

Imagem 20 – Homenagem à Mãe Negra (O Novo Horizonte. São Paulo, set./1954).

Imagem 21 – Jornal da Associação Cultural do Negro (O Mutirão. São Paulo, mai./1958).

Notícias de Ébano

ORGÃO NOTICIOSO DO "ÉBANO ATLÉTICO CLUBE"

Diretor Responsável: *Prof. Luiz Lobato*

| Num. 1 | Santos — Outubro de 1957 | Ano I |

Nossa Apresentação

Prof. LUIS LOBATO

NOTÍCIAS DE ÉBANO é uma das muitas tentativas que se tem feito e que estamos agora empreendendo no sentido de levar aos homens e mulheres do Brasil o possível do mundo, a palavra escrita sôbre as questões específicas, do elemento nacional e, particularmente do negro.

Não somos um periódico racista. Todavia, ninguém, em sã consciência, poderá negar certas peculiaridades intrinsecas ao negro e que sòmente nós, os negros, podemos entender. Desde a religião até aos costumes morais e sistema financeiro possuímos com maior ou menor acentuação normas e rumos diferentemente daqueles que nos foram ditadas e outorgados pela Europa.

O CANDOMBLÉ, que nossos antepassados trouxeram, continua e se alastra em todas as camadas sociais.

Outros cultos, já desvirtuados, que são um verdadeiro sincretismo religioso, onde se confunde as mais variadas religiões, desde o catolicismo até ao espiritismo são uma conquista do elemento negro. Tais fatos são notórios e sua disseminação criou uma verdadeira mistura, embora sadia, de cultos, que, muitas vezes, se perdem a origem dos mesmos na evocação aos Oxalás dos negros ou aos Deuses e Santos cristãos.

É, pois, necessário contar nossa história. Nossos percalços, nossas preterições e nossas lutas para vencer. Contá-la, sentindo-a, vivendo-a com os sofrimentos que ainda trazemos marcados em nossa carne e correndo em nosso sangue devido à condição de sermos descendentes de escravos. Uns têm a marca mais acentuada, outros menos. Uns porque não tiveram a felicidade de quebrar as barreiras, inclusive as intelectuais e financeiras; outros porque a custo de muita fome, miséria e suor puderam atingir a um pseudo lugar ao sol. Essa é realidade.

Acreditamos, porém, que contando a nossa história estaremos contando a história da sociedade brasileira.

A finalidade de «NOTÍCIAS DE ÉBANO» é trazer uma contribuição para a História do Brasil. A todos, portanto, negros e brancos, estarão franqueadas as colunas dêste periódico. Esperamos, dessa forma, com a ajuda dos estudiosos e daqueles que amam a esta Pátria, poder trazer alguma contribuição para a divulgação da verdadeira história do Brasil.

É uma audácia, porém, esperamos que levaremos ao fim.

Avante, pois, leitores de «NOTÍCIAS DE ÉBANO» e associados de «ÉBANO ATLÉTICO CLUBE», instituição que nos proporcionou esta publicação.

RUTH DE SOUZA, UMA DAS MAIS TALENTOSAS ARTISTAS NEGRAS DA AMÉRICA LATINA, DÁ O SEU APOIO ENTUSIÁSTICO À SEMANA JOSÉ DO PATROCÍNIO, PROMOVIDA PELO ÉBANO ATLÉTICO CLUBE

A fim de que os nossos leitores possam conhecer de perto a grande artista negra Ruth de Souza, vamos publicar alguns traços de sua vida de lutadora.

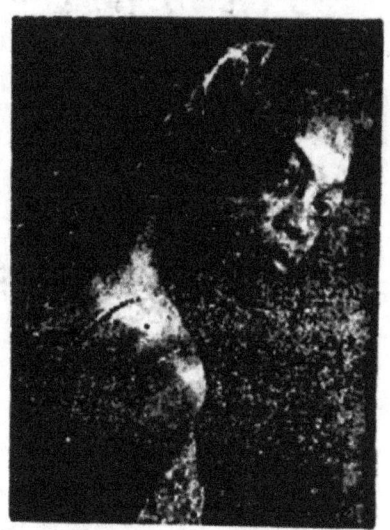

RUTH DE SOUZA

Desde criança Ruth de Souza sonhava em representar, mas no colégio a professora foi de opinião que "amor ao teatro não era boa coisa" não consentindo que ela tomasse parte em espetaculos infantis.

Mas o sonho e o "amor ao teatro" continuaram e, assim, ingressou no elenco do Teatro Experimental do Negro onde interpretou varias peças com grande sucesso, chamando a atenção da crítica para seu nome.

Nos "Comediantes" fez o papel de Joana na peça extraida do romance de Jorge Amado "Terras do Sem Fim" que foi transposta para o cinema onde recebeu o título de "Terra Violenta" e neste filme Ruth de Souza interpretou o mesmo personagem que criara no teatro.

Desde então vem dividindo duas atividades entre o palco e os estudios.

Ainda no Rio de Janeiro tomou parte nos seguintes

(Conclui à pag. 3)

Vide na 4.ª página — As fotografias da Rainha e das Princesas do ÉBANO ATLÉTICO CLUBE

Imagem 22 – Jornal do Ébano Atlético Clube (Notícias de Ébano. São Paulo, out./1957).

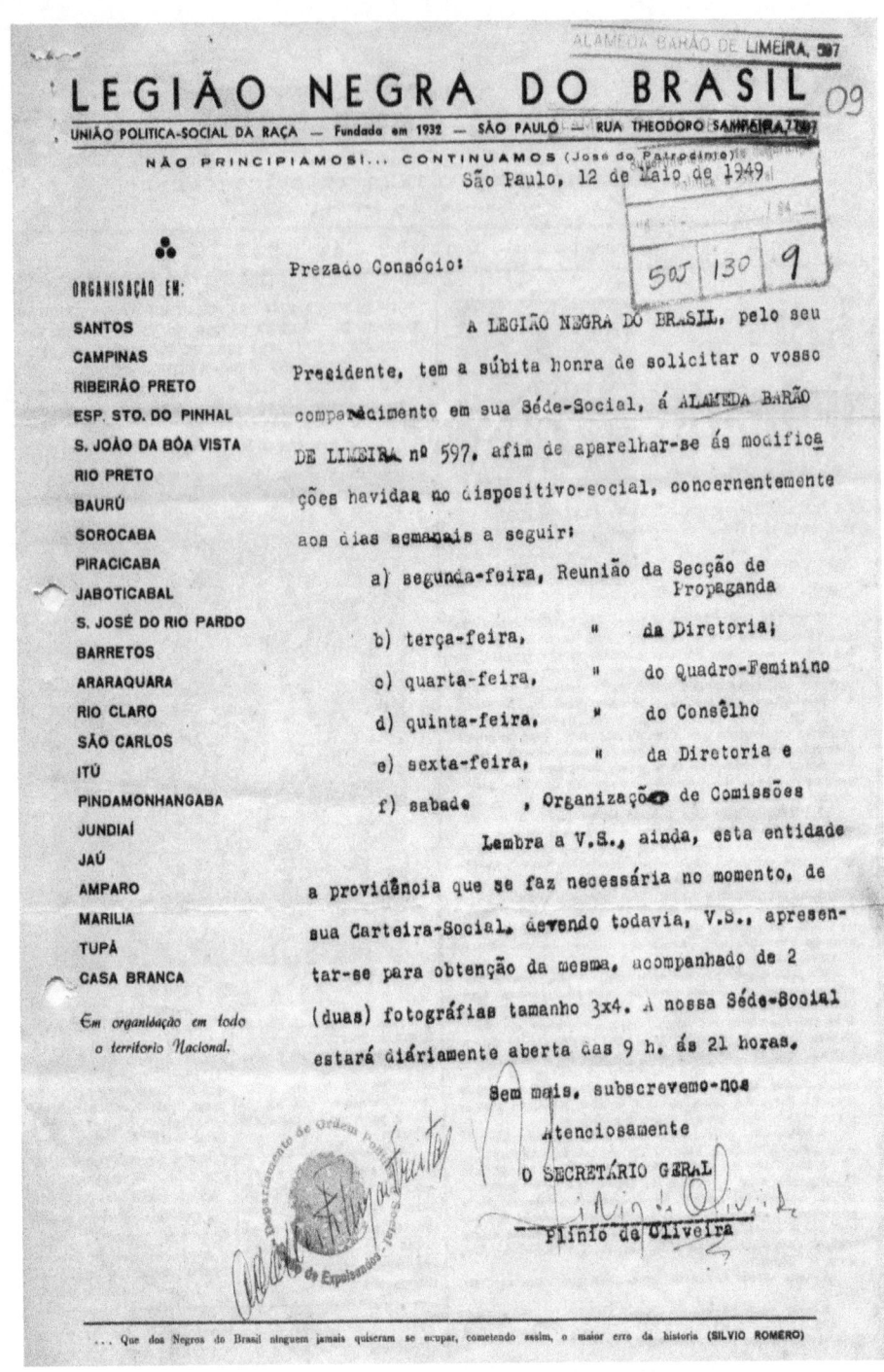

Imagem 23 – Mensagem da Legião Negra do Brasil (DEOPS, AESP).

Populismo: um conceito e várias controvérsias

De acordo com o sociólogo Francisco Weffort, o *ademarismo* medrou no interior de São Paulo e nos bairros centrais e mais antigos da capital, de pequena concentração operária. Consistiu numa resposta de uma "pequena burguesia" amedrontada com a ameaça de proletarização. A imagem do "chefe", no *ademarismo*, era valorizada em termos de promessa de "paz, amor e tranquilidade", sob o manto de um Estado protetor e assistencialista até o limite da corrupção. O *ademarismo* valia-se de práticas patrimonialistas e se contrapunha à ideia de uma burocracia racional, impessoal e universal. Abrangia classes e frações de classes sociais distintas, encorajando-as a recorrer ao poder para pedir não justiça, mas proteção social; não oportunidades de trabalho, mas favores. Explorando o sentimento popular, não deixou de bafejar a possibilidade de ascensão social e alimentar a esperança de um futuro melhor. Por esse viés, o *ademarismo* (a máquina político-eleitoral) constituía uma versão do populismo, daí a presença do carisma, da demagogia e da manipulação das massas.[76]

A avaliação que Weffort fez de Adhemar de Barros, na década de 1960 precisa ser contextualizada. Intelectual brasileiro que melhor procurou sistematizar o fenômeno do populismo consoante os padrões modernos de pesquisa científica, o sociólogo e professor da Universidade de São Paulo não nutria o mínimo de simpatia pelo corifeu do PSP. Com efeito, seu livro *O populismo na política brasileira* (1980) – que reunia uma série de artigos publicados anteriormente – foi um marco no mundo acadêmico, servindo de fonte de inspiração para muitas outras pesquisas e reflexões. É nele que Weffort define populismo como sendo um estilo de governo fundado na aliança entre o Estado (sociedade política) e a sociedade civil (particularmente a classe trabalhadora), que vigorou no país entre 1930 e 1964. Populismo era, em última instância, uma forma de controle social, que servia aos interesses, não dos trabalhadores, mas da classe dirigente ou da pequeno-burguesia.[77] Se o sistema populista era maquiavélico,

---

76 WEFFORT, Francisco. Raízes sociais do populismo em São Paulo. *Revista Civilização Brasileira*, Rio de Janeiro, ano 1, n. 2, 1965, p. 39-60.

77 Embora Weffort seja considerado o mais importante teórico do populismo entre as décadas de 1960 e 1980, não foi o primeiro. Coube ao grupo de intelectuais (Hélio Jaguaribe, Alberto Guerreiro Ramos, Cândido Mendes de Almeida, Hermes Lima, Ignácio Rangel, entre outros) que passou a se reunir na cidade de Itatiaia (RJ) em 1952, para discutir os grandes problemas nacionais, as primeiras incursões sobre o assunto. O "Grupo de Itatiaia", denominação pela qual o grupo ficou conhecido, criou, em 1953, o Instituto Brasileiro de Economia, Sociologia

por que então os trabalhadores se dispuseram a apoiar governos – como o de Getúlio Vargas, Jânio Quadros, Adhemar de Barros – em que eram enganados?

A chave para compreender o apoio de massa ao populismo, na concepção de Weffort, encontrava-se na modernização do país, processo marcado pela transição de uma sociedade agrária para industrial, que levou milhões de migrantes de ambientes rurais ou semi-rurais para cidades prósperas, como São Paulo, para serem utilizados como operários sem qualificação nas fábricas. Esses migrantes eram analfabetos, sem experiência de vida política ou associativa e desprovidos de tradição de luta sindical, por isso não conseguiam perceber o mundo de uma perspectiva de classe e foram prontamente seduzidos pela retórica demagógica de políticos populistas. Na verdade, os trabalhadores constituíam uma classe em si, mas não para si, pois lhes faltavam maturidade política e consciência de classe, mascarada ou deformada no processo que transformou camponeses em assalariados urbanos. Portanto, para compor as peças do sistema populista, haveria a necessidade de um líder carismático e charlatão, uma classe trabalhadora débil e manipulação das massas.[78] A paternidade desse sistema era atribuída ao

---

e Política (IBESP), responsável pela edição dos cinco volumes dos *Cadernos de Nosso Tempo*, de 1953 a 1956. Em seu segundo volume, o periódico publicou o sugestivo ensaio *Que é o ademarismo?*, em 1954. Sem autor identificado, o ensaio procurava responder à pergunta--título, tendo em vista à meteórica projeção de Adhemar de Barros na política brasileira e, naquele instante, potencial candidato à sucessão presidencial de 1955. Eis como o autor definia *ademarismo*: "O *ademarismo* é um populismo. O que ainda não se fez é a conceituação desse fenômeno e sua configuração, nas condições brasileiras. Por influência marxista, tem-se confundido os movimentos de base popular com os movimentos de esquerda. Presume-se que as posições reacionárias são unicamente assumidas pelos membros das classes dominantes. E há uma igual propensão a julgar que as manifestações políticas de ampla base popular têm um caráter progressista e inovador. Essa terá sido, possivelmente, a razão que levou o próprio Sr. Adhemar de Barros a chamar o seu partido de 'progressista', com o que não empregava um artifício para ocultar o caráter reacionário do movimento que fundava – caráter esse de que não tinha nem tem consciência e para o entendimento do qual lhe faltam as necessárias categorias de compreensão – mas incidia, ele mesmo, nessa identificação entre as manifestações de massa e o progressismo". O autor do ensaio enfatizava que "o populismo, de que o *ademarismo* é a expressão brasileira, constitui a manifestação política das massas que persistem como tais, por não terem seus membros logrados atingir a consciência e o sentimento de classe [...]. Analisando-se as bases infraestruturais do *ademarismo*, notaremos que elas são constituídas, nos meios rurais, pelas massas camponesas emancipadas da tutela clientelísticas dos fazendeiros e coronéis do interior, e, nos meios urbanos, pelas massas proletárias e pequeno-burguesas desprovidas de consciência e de organização de classe" apud SCHWARTZMAN, Simon (Org.). "Que é o ademarismo". In: *O pensamento nacionalista e os "Cadernos de Nosso Tempo"*. Brasília: UnB, 1981, p. 25-29.

78 WEFFORT, Francisco. *O populismo na política brasileira*. 3 ed. Rio de Janeiro: Paz e Terra, 1980.

governo de Getúlio Vargas, que teria combinado repressão estatal com engodos políticos, embora o fator decisivo de seu sucesso tenha sido o atendimento de algumas reivindicações históricas dos assalariados, como a Consolidação das Leis do Trabalho (CLT), em 1943.[79]

O conceito de populismo passou a ser questionado no mundo acadêmico na década de 1980[80] e mormente uma década mais tarde. Em lugar de populismo, Ângela de Castro Gomes propôs o conceito de trabalhismo para designar o pacto selado entre o Estado e as massas populares e sancionado por meio da legislação trabalhista. Seu argumento central é de que o populismo não foi mera manipulação das massas, de cima para baixo, uma vez que houve interlocução entre a estrutura governamental e a classe trabalhadora. Isto é, o projeto Vargas atendia parcialmente às demandas dos próprios trabalhadores, tanto do ponto de vista material como simbólico. Gomes postula que as classes populares cumpriram papel ativo no pacto trabalhista e jamais se comportaram como uma massa politicamente atrasada, amorfa e alienada, como lhes pintaram os adeptos da teoria do populismo.[81]

Centrado na região do ABC paulista, John David French investigou a problemática da classe operária, das relações industriais e do populismo do início até meados do século XX. Seu argumento é de que o populismo foi uma aliança entre classes sociais distintas, no entanto, em lugar das noções de manipulação, aliança deve ser entendida como sinônimo de troca, com cada qual das partes tendo um papel a cumprir, ainda que desigual, na fixação das condições da negociação, e que nenhuma delas conseguia ser atendidas em todas as suas vontades. As alianças dessa natureza não só teriam um caráter bilateral, como ainda fariam parte de um sistema de alianças de cada uma das classes. French assevera

---

79 Em maior ou menor escala, vários estudiosos beberam na matriz explicativa de Weffort. Ver, entre outros, José Álvaro Moisés e Octavio Ianni, para quem o populismo foi uma aliança nacional entre as classes, hegemonizada pela burguesia industrial e dirigida pelo Estado. Nesta aliança, haveria, de um lado, uma burguesia empreendedora, líderes carismáticos porém maquiavélicos, e, do lado dos trabalhadores, apenas massa de manobra. IANNI, Octavio. *O colapso do populismo no Brasil*. 5 ed. Rio de Janeiro: Civilização Brasileira, 1994 [1968]; MOISÉS, José Álvaro. Reflexões sobre os estudos do populismo no Brasil. *Cadernos Noel Nütels*, Rio de Janeiro, n. 5, 1976, p. 1-48.

80 FRENCH, John D. Workers and the rise of adhemarista populism in São Paulo, Brazil, 1945-1947. *The Hispanic American Historical Review*. Durham, v. 68, n. 1, 1988, p. 1-43.

81 GOMES, Angela de Castro. *A invenção do trabalhismo*. São Paulo: Vértice, Editora Revista dos Tribunais; Rio de Janeiro: IUPERJ, 1988, p. 2001.

que o conceito de aliança é fluido e dinâmico: "Podem estabelecer-se alianças mediante acordos expressos e formais, ou mediante ações não-reconhecidas, mas paralelas". Acresce que elas estão sempre sujeitas a renegociações que refletem oscilações de poder entre as partes envolvidas, influência de seus respectivos adversários ou o surgimento de novos aliados possíveis. E finalmente, "as alianças podem ser de natureza tática ou estratégica, efêmera ou duradoura – podem ser traídas, cumpridas de maneira incompleta, ou até mesmo impossíveis de cumprir".[82] Partindo dessa noção de aliança, o historiador estadunidense contesta que o operariado foi cegamente cooptado e manietado pelo populismo.

A tendência de crítica ao populismo foi se agudizando, com novas pesquisas apontando que, no interlúdio da era Vargas à experiência democrática, a classe trabalhadora não foi apenas um elemento submisso, imaturo ou vitimizado no cenário da política brasileira. Pelo contrário, entre ela e o "bloco no poder" estabeleceu-se uma relação de negociação e conflito por uma via de mão dupla. Os de cima detinham a hegemonia – à base da força, concessão e persuasão –, mas não eram impermeáveis às pressões dos de baixo. Reconhecer um espaço de influência mútua entre os trabalhadores e as agências do Estado populista não implica admitir a existência de um sistema político igualitário; "significa reconhecer um diálogo entre atores com recursos de poder diferenciados mas igualmente capazes não só de se apropriar das propostas político-ideológicas um do outro, como de relê-las".[83] Em vez de ter sido massa de manobra ou se desviado de sua missão histórica, a classe trabalhadora fez escolhas, a partir da correlação de forças sociais ou, antes, tendo em vista o campo de possibilidades. É à luz justamente dessa nova linha interpretativa para o fenômeno do populismo[84] que se inscreve o presente livro.

---

82 FRENCH, John D. *O ABC dos operários: conflitos e alianças de classe em São Paulo, 1900-1950*. São Paulo: Hucitec; São Caetano do Sul: Prefeitura Municipal de São Caetano do Sul, 1995, p. 255-256.

83 GOMES, Angela de Castro. *A invenção do trabalhismo*. São Paulo: Vértice, Editora Revista dos Tribunais; Rio de Janeiro: IUPERJ, 1988, p. 46.

84 Sobre as novas linhas interpretativas para o fenômeno do populismo, ver ainda JAMES, Daniel e John D. French. Pensar a América Latina: entrevista de Daniel James e John D. French. In: FORTES, Alexandre *et all*. *Na luta por direitos: estudos recentes em História Social do Trabalho*. Campinas, SP: Editora Unicamp, 1999, p. 181-210; FERREIRA, Jorge (org.). *O populismo e sua história: debate e crítica*. Rio de Janeiro: Civilização Brasileira, 2001; PEREIRA NETO, Murilo Leal. *A reinvenção da classe trabalhadora (1953-1964)*. Campinas, SP: Ed. Unicamp, 2011 e o número especial dos *Cadernos AEL* (Campinas, v. 11, n. 21, 2004), organizado por Antonio Luigi Negro.

Caderno de imagens

Imagem 24 – Adhemar de Barros em campanha para a Presidência da República, em 1960 – Fundo Adhemar de Barros (FAB, AESP).

Imagem 25 – Comício dos 100 mil no vale do Anhangabaú, na campanha de 1947, que elegeu Adhemar governador (FAB, AESP).

Imagem 26 – Adhemar e Getúlio visitam a Escola Técnica Getúlio Vargas, em 1940 (FAB, AESP).

Imagem 27 – Aliança entre Luís Carlos Prestes e Adhemar de Barros na campanha de 1947: o primeiro, à esquerda, candidato do PCB ao Senado; o segundo, à direita, candidato do PSP ao governo do Estado (FAB, AESP).

Imagem 28 – Adhemar e D. Leonor em comício durante a campanha para governador, em 1962 (FAB, AESP).

Imagem 29 – José Correia Leite e esposa (D. Benedita) sentados, em casa, com amigos e familiares (CPJCL).

Imagem 30 – Cerimônia de entrega de certificado para todas as pessoas que contribuíram para a criação da Associação dos Negros Brasileiros (CPJCL).

Imagem 31 – Mensagem da Associação dos Negros Brasileiros, com o fac-símile de seu título de honra (Alvorada. São Paulo, nov./1945).

Imagem 32 – Comunicados da Associação dos Negros Brasileiros (Alvorada. São Paulo, out./1945).

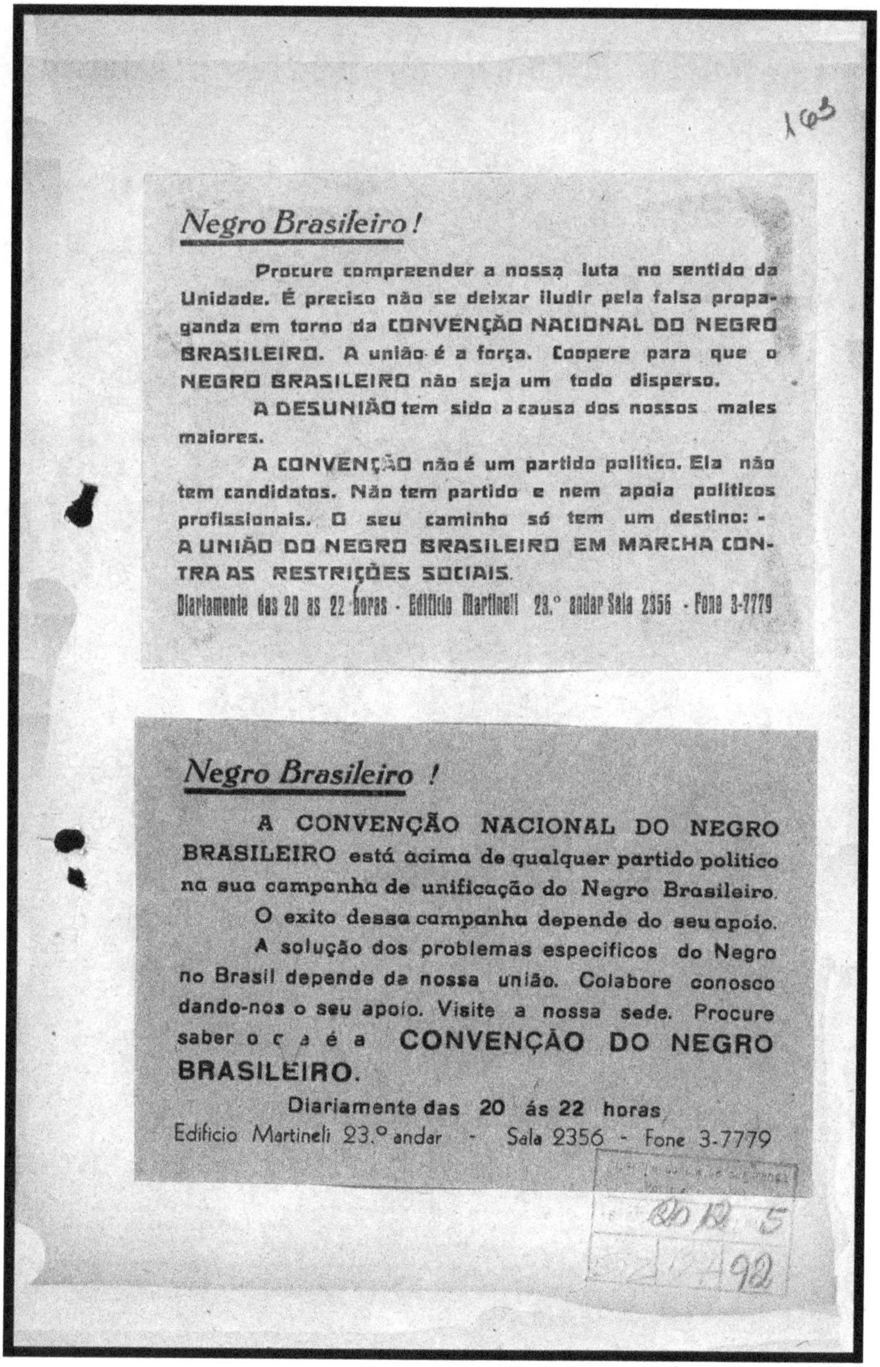

Negro Brasileiro!

Procure compreender a nossa luta no sentido da Unidade. É preciso não se deixar iludir pela falsa propaganda em torno da CONVENÇÃO NACIONAL DO NEGRO BRASILEIRO. A união é a força. Coopere para que o NEGRO BRASILEIRO não seja um todo disperso.

A DESUNIÃO tem sido a causa dos nossos males maiores.

A CONVENÇÃO não é um partido político. Ela não tem candidatos. Não tem partido e nem apoia políticos profissionais. O seu caminho só tem um destino: - A UNIÃO DO NEGRO BRASILEIRO EM MARCHA CONTRA AS RESTRIÇÕES SOCIAIS.

Diariamente das 20 ás 22 horas - Edifício Martineli 23.º andar Sala 2356 - Fone 3-7779

Negro Brasileiro!

A CONVENÇÃO NACIONAL DO NEGRO BRASILEIRO está acima de qualquer partido político na sua campanha de unificação do Negro Brasileiro.

O exito dessa campanha depende do seu apoio.

A solução dos problemas específicos do Negro no Brasil depende da nossa união. Colabore conosco dando-nos o seu apoio. Visite a nossa sede. Procure saber o c a é a CONVENÇÃO DO NEGRO BRASILEIRO.

Diariamente das 20 ás 22 horas
Edifício Martineli 23.º andar - Sala 2356 - Fone 3-7779

Imagem 33 – Panfletos da Convenção Nacional do Negro Brasileiro (DEOPS, AESP).

Imagem 34 – Assembleias da Convenção Nacional do Negro Brasileiro (Senzala, revista mensal para o negro. São Paulo, jan./1946).

2. O "Rei dos bailes populares"

A serra! Transpor a serra
Era vencer uma guerra!
Era livrar-se do mal!
Era quebrar o grilhão.
Conquistar a redenção!
A liberdade, afinal!

E fui, assim como um gato,
Embrenhando-me no mato...
Apoiado a minha taquara
Depois de rude caminho
Fui parar, triste e sozinho,
Nas matas do Jabaquara...

GUEDES, Lino. *Vigília de Pai João: poema dramático*. São Paulo: s/ed., 1938.

Não é uma tarefa fácil discorrer sobre o populismo no meio afro-brasileiro, pois este é um assunto pouco (ou indiretamente) pesquisado, as fontes são limitadas – pelo menos aquelas até agora compulsadas –, as abordagens e problemáticas desenvolvidas não contemplam a questão racial, sem falar da própria dificuldade intrínseca à temática. George Andrews bosquejou acerca do populismo no meio afro-paulista. À medida que ingressaram no emprego industrial, os negros teriam passado a fazer parte do movimento operário regulamentado pelo Estado, fórmula criada no governo de Getúlio Vargas na década de 1930 e irrigada com força no tempo da experiência democrática (1945/64). Mesmo reconhecendo não haver dados disponíveis sobre os "sindicalistas por raça", o autor sugere que os trabalhadores negros, bem como as organizações voltadas à questão racial, tiveram "recepção inesperadamente calorosa no movimento sindical". E foi esse movimento sindical que teria formado a base de sustentação eleitoral para os partidos políticos populistas, como o Partido Trabalhista Brasileiro de Getúlio Vargas e o Partido Social Progressista de Adhemar de Barros.

Estes partidos competiam de forma exacerbada pelo voto do operariado e, como arma da disputa no mercado eleitoral, dispuseram-se a chamar os trabalhadores negros a se inserirem no sistema político, sob as suas bandeiras. Diante do chamado, pondera Andrews, a maior parte dos "trabalhadores negros e brancos" teria apoiado os partidos populistas "em troca de benefícios, tanto materiais quanto psicológicos", o que constituía "algo muito novo na política brasileira".[1] A suposta capitulação dos trabalhadores afro-paulistas à plataforma populista no tempo da experiência democrática é uma hipótese instigante, todavia, o historiador estadunidense não apresenta fontes e dados suficientes para atestá-la. É escusado dizer, assim, que os estudos e as pesquisas sobre esse assunto encontram-se em estágio incipiente.

Populismo aqui é pensado como um campo de disputa, em que agências do Estado, autoridades públicas, lideranças e agremiações da sociedade civil estabeleciam alianças e permutas políticas, embates e correlações de forças ideológicas – e, quando necessário, coalizões fundadas em outros marcadores –, tendo em vista à conquista da hegemonia. Esse enfoque privilegia as estratégias adaptativas das lideranças e agremiações da sociedade civil, seja no tocante ao discurso ou às práticas políticas. Para investigar o populismo no meio afro-paulista, exploramos sobretudo a documentação produzida pelo Deops. Isto foi possível porque este departamento policial – cuja in-

---

1 ANDREWS, George Reid. *Negros e brancos em São Paulo (1888-1988)*. Trad. Magda Lopes. Bauru, SP: EDUSC, 1998, p. 292-293.

cumbência era de conter qualquer distúrbio político-social que representasse risco à ordem pública consignada pelas normas do poder vigente – monitorava as atividades da Ala Negra Progressista, por intermédio de seus investigadores, que se infiltravam na agremiação (ou participavam de suas atividades).

O Deops tornou-se sinônimo de arbitrariedade policial no trato do sistema político democrático e na vigilância dos modos de vida das camadas subalternas. Sua atuação, balizada mais pelas necessidades práticas do controle social e menos pela observação das normas legais, desnuda a face autoritária do Estado brasileiro diante das questões políticas e sociais. A documentação do Deops/SP, aberta para consulta pública em 1994, demonstra que a infiltração de espiões ligados à agência nas organizações vigiadas foi um recurso de investigação (e intimidação) amplamente utilizado. Os infiltrados, geralmente indivíduos recrutados nos círculos de sociabilidade considerada suspeita, rastreavam o movimento das organizações e as ações de seus principais militantes, relatando essas atividades aos policiais.

No início dos anos 1930 esses agentes foram agrupados numa seção específica, o Serviço Reservado (SR), que em 1938 foi renomeado Serviço Secreto (SS). Ao longo dos anos 1940 o serviço secreto adquiriu uma crescente importância na lógica de funcionamento do Deops.[2] Os espiões, costumeiramente chamados de "agentes reservados" ou "secretas", produziram milhares de prontuários, dossiês, relatórios e ofícios. Num deles – dirigido a João Guedes Tavares, "Ilmo. Sr. Dr. João Guedes Tavares", Delegado Especial de Ordem Política – José Teixeira, o "Inspetor-Chefe", anotou: "Cumpre-me informar a V. S. que esta Sub-Chefia determinou a ida do investigador Manoel Gomes de Oliveira à Rua Pérsio de Azevedo, nº 6, no bairro da Penha, onde se realizou uma sessão cinematográfica pela Ala Negra Progressista, à qual compareceram 2.000 pessoas. Tudo decorreu na mais perfeita ordem".[3]

A investigação dos movimentos sociais, culturais e políticos, em vista de elaboração dos inquéritos policiais – peça fundamental para instauração de um processo jurídico contra indivíduo ou associação –, tinha como prioridade culpabilizar e criminalizar os suspeitos. As elites no poder não reconheciam a ação autônoma dos grupos subalternos como legítima, "aliás legítimo nas práticas do poder era aniqui-

---

2 FLORINDO, Marcos Tarcísio. *O serviço reservado da Delegacia de Ordem Política e Social de São Paulo na Era Vargas*. São Paulo: Editora Unesp, 2006, p. 14.

3 Ofício de José Teixeira, Inspetor-Chefe de Ordem Política e Social, ao Sr. Dr. João Guedes Tavares, Delegado Especial de Ordem Política. Setembro de 1949. Prontuário 101 018, Ala Negra Progressista. DEOPS/SP, AESP.

lar as oposições oriundas das aspirações do 'populacho' das cidades", impedindo que os agrupamentos excluídos da política oficial manifestassem "outra percepção do funcionamento da sociedade diferente daquela monopolizada e determinada pelas elites dirigentes".[4] O Deops montou uma gigantesca rede clandestina de patrulhamento e repressão às pessoas e aos movimentos envolvidos em atividades "delituosas" ou procedimentos de "transgressão à ordem pública". Sua ação instaurou o medo e a desconfiança em diversos ambientes sociais.

A A.N.P. caiu nas garras do Deops, mas não só ela. Outros segmentos da sociedade civil – como sindicatos, partidos, clubes sociais, associações de bairro, entidades femininas, grupos estudantis, agremiações recreativas e culturais, líderes operários, trabalhadores rurais, artistas, intelectuais, jornalistas e políticos – também foram vigiados por esse órgão de repressão. Ironias de Clio. Se esse tipo de vigilância prestou um desserviço para o aprendizado e amadurecimento da democracia brasileira, legou um prestimoso material de pesquisa histórica.[5] É graças a esse material que ficamos sabendo da política de Adhemar de Barros de ampliar sua área de influência aos segmentos específicos da sociedade.

Um episódio sintomático, nesse sentido, foi sua aposta na criação de um partido negro. Em 1945, ao acompanhar as atividades daquela liderança do PSP e de seu assessor político, Telesforo de Souza Lobo, o "serviço secreto" do Deops constatou que o primeiro estava "trabalhando ativamente para conseguir o maior número possível de adesões à sua candidatura ao governo do Estado" e incumbiu o segundo de "arregimentar os negros de São Paulo, unindo-os em um partido, a fim de, sob a orientação

---

4 FLORINDO, Marcos Tarcísio. *O serviço reservado da Delegacia de Ordem Política e Social de São Paulo na Era Vargas*. São Paulo: Editora Unesp, 2006, p. 17.

5 Em sua maioria, os arquivos da repressão se compõem de registros elaborados ou incorporados a partir da ação policial cotidiana (fichas pessoais, depoimentos, prontuários, dossiês, relatórios, informações, ordens de busca e prisão etc.), mas também de documentos confiscados (livros, jornais, boletins, panfletos, correspondências, documentos de organizações etc.), ou de declarações tomadas em interrogatórios que violavam tanto os códigos penais (duração do interrogatório, horário em que eram feitos, presença de testemunhas etc.) quanto aos Direitos Humanos (torturas físicas e psicológicas). Em relação ao conteúdo dos documentos, as "informações que os compõem são conseguidas através de ações legais e ilegais, incluindo violência física e psicológica. São produto de situações-limite, onde a intolerância faz parte do sistema. Além disso, essa documentação está permeada por práticas difundidas e legitimadas pela cultura do autoritarismo, como a delação e os falsos testemunhos, o que, muitas vezes, gera informações imprecisas". GERTZ, René Ernaini e BAUER, Caroline Silveira. "Arquivos de regimes repressivos: fontes sensíveis da história recente". In: LUCA, Tania Regina de; PINSKY, Carla Bassanezi (orgs.). *O historiador e suas fontes*. São Paulo: Contexto, 2009, p. 177.

daquele prócer político, engajar-se no próximo pleito eleitoral". Telesforo de Souza Lobo procurou entrar em contato, primeiro, com o "negro de nome Guaraná Santana, mas como este faleceu há pouco, o que era ignorado por Telesforo, indicaram-lhe o advogado Paulo Lauro, descendente de homens de cor". Telesforo, porém, parece não ter ficado satisfeito com as ideias de Paulo Lauro, que seria "conservador", fato que estaria em desacordo com o partido a ser organizado. Por esse motivo, iria procurar outro "líder negro" para ser iniciado o "trabalho de arregimentação dos homens de cor. É pensamento do Dr. Adhemar de Barros denominar o partido de 'Partido Social Nacional' e julga poder contar com os votos de cerca de 200.000 negros".[6]

Este episódio é insuficiente para traçar uma radiografia de Adhemar de Barros, afinal, suas práticas políticas, suas escolhas e os acordos firmados tanto com o PSP quanto com outros grupos e agremiações políticas em tempos de eleições, ou mesmo com os diversos segmentos da sociedade civil (sindicatos de trabalhadores, associações de classe, movimento estudantil, sociedades de bairros, lideranças populares) da Capital e do interior, sempre foram circunstanciais, ambíguos e cambiantes. Consultando a documentação produzida pelos arapongas do Deops entre 1940 e 1950, Maria Blassioli Moraes notou que os relatórios descreviam Adhemar de Barros em várias situações: participando de comícios, coordenando reuniões (no Aeroporto de Congonhas e nas residências de militares, de políticos, de correligionários) e arquitetando acordos interpartidários, que se faziam e se desmanchavam nos períodos eleitorais. Dessa movimentação altissonante do líder populista, duas coisas tomaram mais espaço nos relatórios: a presença dele no interior de São Paulo e nas negociações políticas que ocorriam durante os pleitos eleitorais.[7]

De volta, porém, à tentativa de formação do partido negro. É relevante porque evidencia o empenho de Adhemar e de seu partido, o PSP, para agenciar a população afro-brasileira e nela realizar um trabalho de proselitismo. Cabe salientar que a intenção não era empreender um recrutamento dos negros no seio do PSP e sim promover a criação de um partido específico, talvez dedicado às questões raciais, ainda que sob a batuta do PSP. Ora, saber que um líder populista foi "perspicaz" o suficiente para

---

6 Comunicado do Serviço Secreto da Superintendência de Segurança Política e Social. Da Chefia J ao Chefe do "SS". São Paulo, 27 de março de 1945. Dossiê 50-K-21, 12. DEOPS/SP, AESP.

7 MORAES, Maria Blassioli. "Adhemar de Barros, o líder populista, e a política nacional através do DEOPS". In: AQUINO, Maria Aparecida de et all (orgs.). *A constância do olhar vigilante: a preocupação com o crime político. Famílias 10 e 20*. São Paulo: Arquivo do Estado, Imprensa Oficial do Estado, 2002, p. 68.

reconhecer o potencial político e eleitoral dos negros e investiu na formação de um partido de recorte racial em meados da década de 1940, é algo deveras significativo, principalmente quando percebemos que essa ideia não foi gestada subitamente, mas antes obra de algum plano mais elaborado, se não já não teria sido ventilado o nome da agremiação nem seu potencial para galvanizar votos.

O primeiro sujeito pensado para dirigir o virtual Partido Social Nacional, Joaquim Guaraná Santana, era um advogado afro-baiano radicado em São Paulo, que participava ativamente do movimento associativo dos "homens de cor", com passagens pela Frente Negra Brasileira e pela Legião Negra; já o segundo sujeito, Paulo Lauro, um bacharel pela Faculdade de Direito da Universidade de São Paulo, era um advogado afro-brasileiro bem sucedido;[8] no seu caso, chama a atenção o veto a ele imposto por ser considerado "conservador", não preenchendo, assim, o perfil desejado para dirigente da nova agremiação. Este provavelmente deveria ser alguém com boa circulação no meio afro-brasileiro, adepto das ideias progressistas e das práticas populistas.

De todo modo, o plano de montar um partido negro, lançado por Adhemar de Barros, naufragou.[9] Isto não impossibilitou que seu partido atraísse afro-bra-

---

[8] Paulo Lauro adquiriu notoriedade em 1938 ao assumir a causa de Arias Oliveira, um jovem negro que foi acusado de ter sido o autor do famigerado "crime do restaurante chinês", uma chacina que deixou quatro mortos num restaurante no centro de São Paulo, chocando a opinião pública da cidade. Lauro travou uma batalha homérica nas barras dos tribunais e, ao final da ação judicial, conseguiu a absolvição de seu cliente. Sobre o "crime do restaurante chinês" e a postura de Paulo Lauro na defesa de Arias Oliveira, ver FAUSTO, Boris. *O crime do restaurante chinês: carnaval, futebol e justiça na São Paulo dos anos 30*. São Paulo: Companhia das Letras, 2009.

[9] A questão relativa à criação de um partido negro retomou em 1946, mas, desta vez, a discussão ocorreu no interior da comunidade negra. A revista *Senzala* – cujo subtítulo (*Revista mensal para o negro*) indicava a especificidade do público para qual se destinava – abriu espaço em suas páginas, no primeiro trimestre daquele ano, para que as lideranças afro-brasileias manifestassem diferentes opiniões sobre o assunto. SOTERO, Edilza Correia. *Op. Cit.*, p. 88-89. Sobre a proposição de um partido negro, ver ainda "Opiniões cruzadas. Antônio Fraga afirma 'Sou favorável à organização de um partido dos negros'". *Diário Trabalhista*. Rio de Janeiro, 07/07/1946, p. 4; "Solano Trindade é contrário à organização de um partido de negros". *Diário Trabalhista*. Rio de Janeiro, 12/07/1946, p. 4; "A questão do negro no Brasil não é caso para partidos". *Diário Trabalhista*. Rio de Janeiro, 01/08/1946, p. 6. Em 1951 Jorge Prado Teixeira – uma jovem liderança negra vinculada à Associação José do Patrocínio, que se apresentava como estudante de Sociologia – atuou como secretário da Comissão para o Estudo das Relações Raciais durante a pesquisa UNESCO em São Paulo, encarregando-se de organizar as reuniões entre Florestan Fernandes e Roger Bastide e os militantes negros na Associação José do Patrocínio e na Faculdade de Filosofia, Ciências e Letras da Universidade de São Paulo. Tudo leva a crer que foi ele o autor do relatório "arregimentação eleitoral e politização no meio negro", no qual propôs a criação de um "movimento de opinião, especialmente dirigido

sileiros. Em 1951 Edgard Theotonio Santana, um médico negro, publicou um livro sobre as relações raciais em São Paulo e, aquilatando o comportamento dos "pretos" e "brancos" ante os partidos políticos, descreveu o PSP como "Núcleo populista onde os pretos mais se arregimentaram ultimamente, pela facilidade com que seus dirigentes lhes estenderam a mão, 'politicamente' ou por convicção".[10] Dentre os "pretos" arregimentados pelo PSP, encontravam os nomes de Narciso Gabino, Javolino Dias Toledo Piza, Manoel Antonio da Silva, Benjamim Silva, Ernestino Paladino e Nestor Macedo.

Este último se distinguiu nas lides da legenda partidária à medida que foi capaz de levar o projeto populista de Adhemar de Barros para as "associações dos homens de cor". Em declaração prestada ao Deops a respeito de suas atividades políticas, Macedo relatou que desde o início do Partido Social Progressista em 1945 – no prédio Glória, situado na Praça Ramos de Azevedo, centro da cidade de São Paulo –, acompanhava o "grande Chefe Dr. Adhemar Pereira de Barros", a principal liderança do partido. Sempre firme teria passado a trabalhar "sem interesse algum a não ser interesse da coletividade". Em nome do PSP teria tido 150 despachos assinados por Siqueira Campos, o ex-assessor de Adhemar de Barros, o que viabilizou a realização de diversas obras sociais, como instalação de água e luz para os bairros afastados, internamento de tuberculosos e crianças desamparadas, indicações de empregos a quem não tinha, além de ter conseguido sustar o despejo de favelados. No caso da favela da rua Bresser, "eu mesmo", afirmava Macedo, "fui lá e contei 52 crianças e 35 velhos já no fim da vida e ficando com compaixão daqueles infelizes que são desprotegidos da sorte, foi que intercedi em conjunto com o Sr. Governador", e este "bondoso coração de espírito humano e cristão sempre tomou as necessárias providencias, ainda mais se tratando da classe menos favorecida que

---

ao negro, de caráter político". Sua intenção era que esse "movimento de opinião" lançasse um candidato negro e participasse das próximas eleições. Esse candidato, afirmava ele, "não seria representante do negro, mas um representante nosso negro que se esforçaria com a nossa assistência por criar um motivo de estímulo para as nossas lutas específicas". Ao que parece, o "movimento de opinião" não passou do plano das intenções. [TEIXEIRA, Jorge Prado?]. Relatório – Arregimentação eleitoral e politização no meio negro. Fundo Florestan Fernandes. BCo/UFSCar, 02.04.4539, p. 5-6. A respeito da trajetória de Jorge Prado Teixeira e sua colaboração na pesquisa UNESCO sobre as relações raciais em São Paulo, ver CAMPOS, Antonia Junqueira Malta. *Interfaces entre sociologia e processo social: a integração do negro na sociedade de classes e a pesquisa Unesco em São Paulo*. Campinas, Dissertação (Mestrado), Universidade de Campinas, 2014, p. 96, 328.

10 SANTANA, Edgard Theotonio. *Relações entre pretos e brancos em São Paulo: estudo de cooperação à UNESCO*. São Paulo: Ed. do Autor, 1951, p. 27.

são os infelizes favelados, assim ele atendeu e estão todos bem". Macedo ainda dizia que se orgulhava de sempre procurar ajudar ao partido de forma impoluta, visto que "nunca desfrutei de bens dele e nunca desfrutarei para minha pessoa; meus trabalhos são para grandeza de S. Paulo e do Brasil ajudando os necessitados, pedindo para um para outro, por isso eu resido em uma favela, para estar junto ao sofrimento de meu povo, Favela Nossa Senhora da Conceição, antiga favela Abrão Ribeiro – Cambuci – Casa S – porta 5".[11]

Conforme assevera Antonio Luigi Negro, as classes subalternas partem de "condições objetivas comuns, que formatam a experiência", mas vivem "essas condições objetivas segundo valores culturais diversos e de acordo com o envolvimento nesta ou naquela rede interpessoal".[12] O efeito simbólico que o populismo causava na população negra ainda precisa ser dimensionado. Para uma população vezeira em passar por privações de toda ordem e que muitas vezes ficava à mercê do mandonismo das elites, a expectativa de receber um tratamento digno ou mesmo clientelista – baseado na oferta de serviços, cargos, favores, tráfico de influências, "apadrinhamentos" – era vista como algo auspicioso. A adesão a Adhemar de Barros trazia, no mínimo, benefícios psicológicos a Nestor Macedo: este possivelmente se sentia altivo, sobranceiro, orgulhoso de ter os seus companheiros de infortúnios ao menos lembrados pelo corifeu do PSP.

É interessante saber que, antes de fundar a Ala Negra Progressista em 1948, Macedo já perfilava na base de sustentação *ademarista*. Pela declaração prestada ao Deops, aquele afro-brasileiro sugeria não ser um militante inexpressivo, mas alguém relativamente bem posicionado, que teria sido um dos fundadores do PSP,[13] encaminhando reivindicações e pedidos dos moradores junto às repartições estaduais, realizando diversas tarefas políticas ou mesmo intermediando a execução de diferentes obras de assistência social na Capital paulista. Posando de autêntica liderança e agente multiplicador, teria despachado mais de uma centena de vezes com Siqueira Campos – um dos caciques do PSP –, tendo suas solicitações sido atendidas. Todo

---

11   Representação de Nestor Macedo, da Ala Negra Progressista, ao "Exmo. Sr. Dr. Lucas Nogueira Garcez, DD. Governador do Estado de São Paulo". São Paulo, s/d. Dossiê 50-J-125. DEOPS/SP, AESP.

12   NEGRO, Antonio Luigi. "Paternalismo, populismo e história social". *Cadernos AEL*, Campinas, v. 11, n. 20/21, 2004, p. 30-31.

13   Ao menos numa matéria do *Jornal de Notícias* de outubro de 1947 – a respeito da criação do novo diretório do PSP no bairro de Santa Ifigênia, na região central de São Paulo –, o nome de Nestor Macedo era mencionado como membro do Conselho Deliberativo do diretório. *Jornal de Notícias*. São Paulo, 09/10/1947, p. 3.

esse sacrifício e trabalho abnegado, em prol do partido, seriam sempre realizados de modo voluntário, almejando tão somente a "grandeza de S. Paulo e do Brasil".

O historiador Paulo Fontes explica que os diretórios municipais e distritais do PSP, de fato, intermediavam reivindicações e pedidos dos moradores junto aos vários órgãos estaduais e controlavam a nomeação de uma série de cargos públicos. Os diretórios assumiram um imenso poder de "influência na vida local e na própria máquina do Estado". Seus representantes desfrutavam de poder no bairro e auferiam uma "ampla rede de contatos e lealdade extremamente úteis para o partido em períodos eleitorais".[14] Sem embargo, quando examinamos alguns aspectos da trajetória de Nestor Macedo, não devemos fazer uma leitura romântica e linear dos fatos. A declaração que ele prestou ao Deops precisa ser problematizada. Afinal, Macedo é um personagem histórico controvertido, esquivo e complexo. Como nunca foi objeto de uma pesquisa histórica, paira uma névoa nebulosa sobre muitas passagens de sua vida, sobre muitos episódios dos quais ele foi o protagonista ou teve uma participação ativa.

Para que não se tenha dúvida a esse respeito, é melhor irmos aos fatos. Em 4 de dezembro de 1939 a Delegacia de Costumes instaurou sindicância contra o Centro Recreativo Soberano, do qual aquele afro-brasileiro era presidente, por corrupção de menores.[15] Não foi possível obter maiores detalhes dessa sindicância. Com efeito, importa observar que, antes de atuar na Ala Negra Progressista, Macedo já tinha incursionado pelo movimento recreativo da cidade de São Paulo, e não numa condição de dirigido, mas de dirigente, o que provavelmente contribuiu para ele adquirir bagagem no terreno do associativismo.

Nestor Macedo: o equilibrista

Dia 26 de outubro de 1942. Macedo foi preso por infringir a lei de "economia popular", sendo solto um dia depois. No "Gabinete de Investigação" do Deops havia registros de passagens dele por lá, registros de furto, roubo e chantagens. Em 1951 foi julgado e condenado a 7 meses e 15 dias de detenção. O juiz da 6ª Vara Criminal de São Paulo chegou a expedir mandato de prisão contra ele, mas não consta que

---

14 FONTES, Paulo. *Op. Cit.*, p. 242.

15 Folha de antecedentes de Nestor Macedo, do Chefe do Serviço de Identificação ao Delegado de Ordem Política e Social. Registro Criminal do Estado. São Paulo, 26 de abril de 1943. Prontuário 44 317, Nestor Macedo. DEOPS/SP, AESP.

tenha sido preso e tampouco cumprido a pena.[16] Uma vez "fichados" no Deops, os militantes das organizações monitoradas eram mais cedo ou mais tarde detidos e submetidos a interrogatórios e torturas (físicas ou psicológicas), cuja finalidade era dupla: formalizar a confissão do suspeito e arrancar-lhe novas informações sobre as atividades consideradas transgressoras da ordem pública.

Em 1949, Macedo foi interrogado nas dependências do Deops. Quando os investigadores Orlando e Marcondes questionaram se ele não tinha profissão definida e que, com a Ala Negra Progressista, andava "explorando os de sua raça", Macedo retorquiu energicamente: "isso é uma calúnia", já que era "comerciante", registrado na Junta Comercial do Estado de São Paulo e esse registro lhe autorizava a atuar no ramo de diversões públicas. Quanto à Ala Negra, declarou que as atividades dela, *per si*, comprovariam a improcedência de qualquer suspeita. A lisura da agremiação poderia ser constatada na sede central (na Estrada do Vergueiro, nº 2870, no bairro do Alto do Ipiranga) e nas suas filiais, situadas no Jardim da Saúde (na Rua 11, nº 36); na Penha (na Rua Pércio de Azevedo, nº 8); em Ermelino Matarazzo (na Rua Jardim Belém, nº 5); em Pirituba (na Rua das Andorinhas, nº 2), na Vila Brasiliana (Freguesia do Ó) e em "outras mais espalhadas não só no município da Capital como nos municípios vizinhos".[17]

Temos dúvidas se Macedo falava a verdade, pois ele não tinha uma atividade ocupacional fixa e a A.N.P. jamais adquiriu uma estrutura tão pujante, abrangendo cinco filiais na cidade de São Paulo e "outras espalhadas nos municípios vizinhos". Parece, portanto, que sua declaração era exagerada, derivada de alguém que precisava, diante das autoridades policiais, "vender" a imagem de um líder negro ilibado, bem sucedido e detentor de capital político. Não temos dúvidas é de que Macedo costumava frequentar delegacias e incorrer em práticas consideradas escusas ou mesmo ilícitas. Na fase de suas atividades à frente da Ala Negra Progressista, esse quadro não mudou. Foram vários os episódios, relacionados a essa agremiação, que viraram caso de polícia política e de ordem social e foram parar no Deops.

Em "Termo de declarações" assinado no dia 3 de agosto de 1949, Nestor Macedo confirmou os teores da petição endereçada ao Secretário de Segurança Pública

---

16   Informação n. 132/82-DSS à Delegacia de Polícia da "DI". Arquivo Geral. São Paulo, 30 de março de 1982. Prontuário 44 317, Nestor Macedo. DEOPS/SP, AESP.

17   Termo de declarações de Nestor Macedo ao Dr. Paulo Rangel, Delegado Adjunto do Departamento de Ordem Política e Social. São Paulo, 2 de agosto de 1949. Prontuário 44 317, Nestor Macedo. DEOPS/SP, AESP.

na qual relatava que, no dia 2 de fevereiro daquele ano, ele se encontrava sozinho na sede da A.N.P., quando por volta das 20h as luzes se apagaram. Certificou-se de que os fios condutores de energia elétrica do prédio haviam sido cortados na parte da rua, tendo o autor dessa "sabotagem" utilizado um pedaço de madeira para arrebentar o fio. Lembra-se de que, ao checar o que acontecera, viu defronte da sede um "grupinho, de cujo meio ouviu alguém dizer 'aí, hoje vocês não exploram os negros'". Nesse instante, passava uma pessoa na rua, a quem recorreu e pediu para chamar um guarda no Posto Policial. Antes de o guarda comparecer ao local, os quatro ou cinco elementos do "grupinho" se retiraram, porém foram detidos momentos depois, no Bar Chave de Ouro, e encaminhados à Polícia Central. Macedo declarava suspeitar que tais elementos agiram a mando de Carlos Francisco de Paula, o vulgo "Carlito" (ou "Gaúcho" ou "Gato de Espera"), um sujeito "achacador" e de "péssimos antecedentes", com várias passagens pelo Departamento de Investigações. Isto porque Carlos prometeu vingar-se dele ao ser proibido de entrar na sede da Ala Negra Progressista.[18]

Figura polêmica, Macedo agregava amigos e aliados e a um só tempo colecionava rivalidades pessoais e mesmo inimigos políticos. Para não ser prolixo, vamos sumariar mais alguns episódios. Em representação encaminhada ao "Excelentíssimo Senhor Doutor Adhemar Pereira de Barros", o então governador do Estado de São Paulo, o "dirigente da Ala Negra Progressista e da Sociedade Beneficente e Recreativa da Abolição" – ambas "sociedades que sempre batalharam em prol da recuperação do negro brasileiro, que sempre tiveram as melhores iniciativas no sentido de melhorar a situação dos infelizes que sofrem nas favelas e locais insalubres, que sugerem sempre aos poderes públicos campanhas que visem diminuir as vítimas do álcool" – solicitava-o que tomasse providências no sentido de evitar extorsões na "Estação Ermelindo Matarazzo, subúrbio da Capital". Neste local dois indivíduos – sendo um deles ex-subdelegado –, que respondiam pelos nomes de Leopoldo Martins e Luiz Corro, estariam exercendo atividades "as mais condenáveis possíveis"; eis que, "em nome de uma suposta autoridade, que absolutamente não têm", amedrontavam os pacatos moradores do local, obrigando a entregar-lhes dinheiro, valores e materiais. Os senhores Antonio Zampoli e Rosmilino Felix da Silva teriam sido forçados a entregar Cr$ 500,00 e mais 200 tijolos ao ex-subdelegado

---

18   Termo de declarações de Nestor Macedo ao Dr. Paulo Rangel, Delegado Adjunto do Departamento de Ordem Política e Social. São Paulo, 3 de agosto de 1949. Prontuário 44 317, Nestor Macedo. DEOPS/SP, AESP.

Leopoldo Martins, sob pena de ter que pagar uma multa de Cr$ 1.000.00. "Assim como esses", concluía a representação, "são muitos os casos de verdadeira extorsão e um paradeiro a esse estado de coisas, somente com providências enérgicas da parte da Segurança Pública é que será possível".[19]

O populismo no meio afro-brasileiro pressupunha a reciprocidade, a política da permuta. Se Nestor Macedo, por um lado, era um ardoroso prosélito de Adhemar de Barros, por outro se sentia no direito de a este fazer advertências e cobranças. Na verdade, o primeiro não perdia a oportunidade de tentar acionar um canal direto de ligação com o segundo, a fim de lhe ostentar os "bons" serviços prestados ao governo; todavia, nessa delação, o tiro saiu pela culatra, posto que a representação foi parar no Deops o qual, por sua vez, solicitou ao seu Serviço de Informações que investigasse o caso. Depois de diligências concluiu-se que aquele afro-brasileiro: primeiro, era um indivíduo que mantinha um salão de baile (na Estrada do Vergueiro, nº 2870, 2º andar, no ponto final do ônibus 22) num lugar denominado Clube Olímpia, tirando vantagens monetárias em seu proveito por meio de festivais, jogos de bochas e bailes realizados aos sábados, domingos e feriados. Ele extraía, assim, dinheiro dos "incautos" para formar a Ala Negra; segundo, o mesmo indivíduo intitulava-se diretor do citado Clube, onde se encontrava instalado um alto falante que funcionava todas as noites, perturbando o sossego dos vizinhos, os quais já haviam várias vezes reclamado contra o barulho excessivo e ouviram que fossem se queixar à polícia, pois ali ele era senhor absoluto, e outras respostas desse naipe; terceiro, o dito indivíduo também se intitulava investigador de polícia e tinha sob suas ordens outros indivíduos (Ernestino Paladino, Gerson de Jesus Bueno e Wilson Bueno), que também se diziam investigadores; quarto, a respeito das atividades de Macedo, existiam na 6ª Delegacia de Polícia dois prontuários, sob os números 25 089, do ano de 1950, e 1878 de 1951; quinto, foram vítimas de extorsão por parte deste indivíduo, entre outros, um irmão do sr. Antonio de Souza, comerciante, estabelecido na Estrada do Vergueiro, nº 2833. Macedo obtinha "donativos" intimidando suas vítimas, "arvorando-se em senhor absoluto do bairro [Alto do Ipiranga], por delegação do PSP, em nome de quem exigia importâncias, às vezes fabulosas, para a criação da Ala Negra Progressista; importâncias essas que ficavam em seu poder e das quais

---

19 Ofício de Nestor Macedo, da Ala Negra Progressista de São Paulo e Sociedade Beneficente e Recreativa da Abolição, ao "Excelentíssimo Senhor Doutor Adhemar de Barros, Governador do Estado de São Paulo". São Paulo, s/d. Dossiê 50-J-125, 3. DEOPS/SP, AESP.

não fornecia comprovantes".[20]

É verdade que aquele líder negro atuava em vários flancos. Além da A.N.P., fundou em 1947 e presidiu a Sociedade Recreativa e Beneficente da Abolição. Pouco se conhece da estrutura, da dinâmica de funcionamento e das atividades dessa agremiação. Porém, quando comemorou o seu segundo aniversário de fundação, o *Jornal de Notícias* reportou-se à efeméride. A comemoração ocorreu na sede da S. R. B. da Abolição e foi aberta com uma sessão de dicursos. Raul Joviano do Amaral, Ulisses Monteiro, Clóvis Carvalho, entre outros oradores, "ressaltaram a necessidade de o elemento negro atingir um nível cultural mais elevado", visto que, na opinião deles, até ali nada se tinha feito no Brasil nesse sentido. Terminando a sessão de discursos, *incontinenti* iniciou-se a "reunião-dançante", tendo os presentes prestados uma homenagem a Nestor Macedo, o presidente da agremiação.[21]

Em 4 de abril de 1949 os agentes infiltrados do Deops lavraram em relatório: "Realizou-se ontem, com início às 20h30, no local acima mencionado [Estrada do Vergueiro, n° 2 870], a anunciada reunião da Sociedade Recreativa Beneficente da Abolição, com a cooperação da Ala Negra Progressista". O assunto tratado pelo "sr. Nestor Macedo, com o seu secretário, não foi político e sim de interesse daquela sociedade. Nada de interesse a este Departamento foi presenciado pelos investigadores escalados".[22] Será que a S. R. B. da Abolição tinha um caráter apolítico? Ou seja, cuidava puramente das atividades de entretenimento, cultura e lazer?

Ao consultar outras fontes, não é o que fica evidenciado. No dia 29 de abril de 1950 o *Jornal de Notícias* informou a seus leitores que aquela agremiação realizaria no dia primeiro de maio um convescote no Jardim da Saúde, com ônibus especiais partindo da Praça Clóvis Bevilacqua às 7h. Do programa da "festa", que seria dedicada ao governador Adhemar de Barros e aos "patronos" da Ala Negra Progressista, ganharia destaque o baile, previsto para acontecer às 16h nos salões da S. R. B. da Abolição.[23] Em 7 de setembro de 1951, a agremiação

---

20   Relatório do Serviço de Informações – Seção de Arquivo e Fichários do "SS" – sobre a Ala Negra Progressista e Nestor Macedo. São Paulo, 6 de setembro de 1951. Dossiê 50-J-125, 6. DEOPS/SP, AESP.

21   *Jornal de Notícias*. São Paulo, 15/02/1949, p. 5.

22   Relatório dos investigadores "Antonio Jerônimo Filho e outros" dirigido ao Sr. Dr. Elpídio Reali, Delegado Auxiliar da 5ª Divisão Policial do Departamento de Ordem Política e Social. São Paulo, 4 de agosto de 1949. Prontuário 100 733, S. R. B. da Abolição. DEOPS/SP, AESP.

23   *Jornal de Notícias*. São Paulo, 29/04/1950, p. 7.

promoveria um "grande baile" em comemoração à Independência do Brasil, sob os auspícios do "Dr. Paulo Vieira, candidato do PSP à vereança municipal de São Paulo". A "festa" estava sendo "organizada pelo Rei dos Bailes Populares, Nestor Macedo".[24] Portanto, as atividades lúdicas da S. R. B. da Abolição pareciam imbricadas às questões políticas e articuladas numa mesma experiência de exercício da cidadania.[25]

Macedo elaborou uma estratégia de militância na qual não via uma diferença essencial entre uma agremiação com fins recreativos e outras de caráter político. Eis a razão pela qual os investigadores do Deops não deixavam de vigiar a S. R. B. da Abolição de perto. Talvez a suspeita não fosse gratuita. Para o dia primeiro de maio de 1952, por exemplo, ela marcou uma "grandiosa comemoração ao Dia do Trabalhador" e fez uma ampla divulgação do evento, distribuindo panfletos e convocando a "laboriosa população" à participação. Um dia depois da "grandiosa comemoração", o agente infiltrado do Deops apresentou o seguinte relato:

> Promovidas pela Sociedade Recreativa e Beneficente da Abolição, realizaram-se, ontem, dia 1º de Maio, diversas cerimônias, patrocinadas pelo sr. Adriano Augusto Xabregas, em regozijo pela passagem da data da confraternização do trabalho. Na parte da manhã, foi realizado um convescote no Parque Bristol, sendo que no regresso foi dado início a uma reunião dançante, na sede da Sociedade, à Estrada do Cursino, nº 2 515 – 1º andar. Constava do programa, além da inauguração dos retratos dos srs. Getúlio Vargas, Adhemar de Barros e Princesa Isabel, diversos discursos, que seriam promovidos por figuras de destaque, tais como: Cel. João de Melo de Oliveira ["Comandante Chefe do Estado Maior da Gloriosa Força Pública"], Dr. Joaquim Buller Souto ["Diretor da Divisão de Diversões Públicas], Raul Joviano Amaral e Clóvis dos Santos Aguiar ["figuras de alta projeção no meio negro"]. No en-

---

24 Panfleto "Alerta dia 7 de Setembro... Dia da Independência do Brasil". São Paulo, s/d. Prontuário 101 018, Ala Negra Progressista. DEOPS/SP, AESP.

25 Sobre as atividades culturais como expressão de cidadania, ver CUNHA, Olívia Maria Gomes de. Depois da festa: movimentos negros e políticas de identidade no Brasil. In: ESCOBAR, Arturo; DANIGNO, Evelina e ALVAREZ, Sonia E. (orgs.). *Cultura e política nos movimentos sociais latino-americanos: novas leituras*. Belo Horizonte: Ed. UFMG, 2000, p. 333-380; SOIHET, Rachel. O povo na rua: manifestações culturais como expressão de cidadania. FERREIRA, Jorge; DELGADO, Lucilia de Ameida Neves. *O Brasil republicano: o tempo do nacional-estatismo do início da década de 1930 ao apogeu do Estado Novo*. Rio de Janeiro: Civilização Brasileira, 2003, p. 287-321; OLIVEIRA, Kimberly F. Jones de. "The politics of culture or the culture of politics: afro-brazilian mobilization, 1920-1968". *Journal of Third Word Studies*, v. 20, n. 1, 2003, p. 103-120.

tanto, durante a realização do baile, não houve discursos, restringindo-se apenas ao divertimento dançante, as cerimônias programadas. Às 20h30, dentro da ordem, encerraram-se os festejos.[26]

Mesmo nas comemorações do "Dia do Trabalhador", a S. R. B. da Abolição buscava garantir a diversão de seus membros e da "laboriosa população". Percebe-se, mais uma vez, como a lógica política se abrigava sob as formas de entretenimento, cultura e lazer. Quem foi o arauto dessa estratégia? Nestor Macedo. Em algumas fontes, ele viu-se identificado como "representante e dirigente da Sociedade Beneficente e Recreativa da Abolição e da Ala Negra Progressista".[27] E, tanto em uma agremiação como na outra, se destacou como *promoter* das chamadas "reuniões dançantes". Aliás, Macedo tinha nos bailes, realizados aos sábados, domingos e feriados, seu principal meio de subsistência – por isso "Rei dos bailes", "Rei dos bailes populares", "Rei das organizações de São Paulo" ou "Organizador das festas populares" eram alguns dos epítetos com os quais ele se apresentava publicamente.[28] Quase que diariamente fazia propaganda da Ala Negra Progressista; gabava-se de ser a principal liderança do bairro onde morava e falava aqui e ali que era investigador.

Em 1949, ele protocolou um ofício no Deops e, em nome da A.N.P., denunciou Luiz Lobato, por "perturbar a nossa marcha progressista e a grandeza de nosso grandioso Brasil".[29] Para ficar de bem com as autoridades policiais e mostrar serviço para o *staff* do governo de Adhemar de Barros, Macedo até delatou alguns de seus companheiros dos movimentos populares. Inquirido dois anos depois, Luiz Lobato, de cor "preta", 34 anos, natural da cidade de São Bento – no estado do Maranhão –, "industriário", declarou para o Deops que a denúncia feita contra ele, de desempenhar atividades de caráter comunista, "acreditava ter partido de Nestor Macedo, seu inimigo particular, pessoa a quem tem reprovado por violências praticadas em

---

26 Relatório do investigador Alarico Carneiro Filho dirigido ao Dr. Paulo Rangel, Delegado de Ordem Política e Social. São Paulo, 2 de maio de 1952. Prontuário 100 733, S. R. B. da Abolição. DEOPS/SP, AESP.

27 Ofício de Nestor Macedo, da Ala Negra Progressista de São Paulo e Sociedade Beneficente e Recreativa da Abolição, ao "Excelentíssimo Senhor Doutor Adhemar de Barros, Governador do Estado de São Paulo". São Paulo, s/d. Dossiê 50-J-125, 3. DEOPS/SP, AESP.

28 Geralmente os epítetos de Nestor Macedo apareciam em folhas volantes, ao lado de sua efígie.

29 Ofício de Nestor Macedo, "representante geral da Ala Negra Progressista", ao Sr. Dr. Paulo Rangel, Delegado da Ordem Política e Social. São Paulo, 8 de agosto de 1949. Prontuário 101 018, Ala Negra Progressista. DEOPS/SP, AESP.

pacatos cidadãos, da localidade onde reside"; que tinha a informar, ainda, que Macedo chegou a "ameaçá-lo de morte; que se prevalecendo de ser elemento filiado ao Partido Social Progressista, vêm de há muito tempo cometendo arbitrariedades"; que julga ser a animosidade "fruto da recusa do declarante em ingressar no Partido Social Progressista". Lobato, por fim, informou ao Deops que era inscrito no Partido Socialista Brasileiro, desde sua fundação, contudo, há mais de um ano deixara de participar de qualquer atividade nessa agremiação partidária, "que não é comunista, nem simpatizante, sendo esta a primeira vez que se vê envolvido com a polícia".[30]

Esse episódio é significativo por vários aspectos. Induz a imaginar que Macedo era um capa. A racionalização – subordinada às demandas e expectativas de controle social almejado pelas elites encasteladas no poder – levou o Deops a recrutar indivíduos não ligados oficialmente à burocracia estatal, que, espalhados pelos cantos e recantos do corpo social, trabalhavam como informantes do órgão de segurança, avisando e prevenindo sobre os delitos e apontando os suspeitos e responsáveis. A delação era uma "engrenagem fundamental para colocar em movimento a máquina repressiva. Por seu turno, essa máquina permitia a imposição, via temor, do modelo de sociabilidade consignada e requerida pelas elites". Por dinheiro e outras benesses, muitos indivíduos tornaram-se alcaguetes, entregando amigos, confidentes, vizinhos, parentes e desafetos "à sanha da polícia política e de ordem social".[31]

A suspeita de que Nestor Macedo era um alcaguete é reforçada quando lembramos de que ele se vangloriava de ser investigador e temos acesso a outro relatório produzido pelo Deops, no qual consta que, às 15h do dia 7 de setembro de 1953, ele compareceu ao órgão da Secretaria de Segurança Pública "a fim de registrar queixa contra elementos que vêem conspirando contra o Governo. Foram tomadas por termo suas declarações".[32] Tudo indica que Macedo não se importava de colaborar com o Deops e tampouco tinha por isso crise de consciência. Pelo contrário, ser delator talvez lhe trouxesse vantagens: ao mesmo tempo que conquistava a confiança daquela agência e rendia uma provável remuneração pecuniária, de acordo com as informações prestadas, ser delator lhe permitia se livrar dos desafetos no meio afro-brasileiro.

---

30   Termo de declarações de Luiz Lobato ao Dr. Enzo Júlio Tripoli, Delegado Adjunto do Departamento de Ordem Política e Social. São Paulo, 12 de fevereiro de 1951. Prontuário 107 566, Luiz Lobato. DEOPS/SP, AESP.

31   FLORINDO, Marcos Tarcísio. *Op. Cit.*, p. 14, 133.

32   Representação de Nestor Macedo, da Ala Negra Progressista, dirigida ao Sr. Dr. Newton de Oliveira Quirino, Delegado de plantão do Departamento de Ordem Política e Social. São Paulo, 7 de setembro de 1953. Dossiê 50-Z-129, 1909. DEOPS/SP, AESP.

Caso Macedo integrasse a rede clandestina de vigilância, não seria de estranhar. Patriótica e ordeira – e por vezes governista –, a A.N.P. estabeleceu uma relação de parceria, se não de cumplicidade, com o Deops, sendo comum a agremiação comunicar ao órgão de segurança e repressão de suas atividades e realizações ou mesmo convidar os delegados e suas respectivas famílias para participarem dos eventos solenes. Há ofícios em que a A.N.P. solicita ao Deops o envio de "10 inspetores" para uma de suas atividades, de modo a evitar "abusos de indivíduos [in]escrupulosos".[33] Aqui, outro aspecto a ser assinalado: a colaboração da agremiação não era gratuita, antes fazia parte de uma política de barganha. Se ela delatava oposicionistas ao governo (ou ao regime), em troca esperava ser protegida, legitimada e reconhecida.[34] Foi tal parceria que inclusive permitiu ao subdiretório da agremiação da Penha pleitear junto ao delegado do Deops um cargo de investigador de polícia para Antônio Lourenço Marin, um associado e "ex motorista da Escola Técnica de Aviação".[35]

Seja como for, não fica sacramentado que Macedo fazia o jogo duplo continuamente; ele entregou Luiz Lobato ao Deops e este, "intimado", foi obrigado a prestar "esclarecimentos" de suas atividades políticas. Omitiu que, no dia 4 de janeiro de 1938, fora preso no centro do Rio de Janeiro, junto com outros sete "elementos extremistas", por participar de um movimento empenhado – pelas lentes da polícia políti-

---

33 Ofício de Nestor Macedo, "representante geral da Ala Negra Progressista", ao Sr. Dr. Paulo Rangel, Delegado da Ordem Política e Social. São Paulo, 8 de agosto de 1949. Prontuário 101 018, Ala Negra Progressista. DEOPS/SP, AESP.

34 Noutra ocasião, a Ala Negra Progressista já havia solicitado o envio de investigadores do DEOPS para salvaguardá-la de "elementos perniciosos". Em ofício dirigido ao Delegado Especializado daquela agência de contenção em julho de 1953, Nestor Macedo relatava que a A.N.P. provavelmente tinha "inimigos gratuitos", pertencentes a outras facções, que tudo faziam para "obstruir a marcha crescente desta entidade, encaminhando maus elementos, difíceis de identificar, ao seu salão de festas, com o intuito de provocar desordens para que a responsabilidade recaia sobre os diretores da 'Ala' e traga até a desagregação da mesma, pois a esse ponto chegarão as coisas, caso não sejam tomadas providências". Macedo finalizava o ofício solicitando, pois, que o Delegado do DEOPS determinasse a ida de investigadores à sede da Ala Negra nas "costumeiras reuniões dançantes", aos sábados e domingos, a fim de "desmascarar e prender esses elementos perniciosos, os quais, para conseguir o seu desiderato, serão capazes até de armar conflitos de enormes proporções". Ofício de Nestor Macedo, da Ala Negra Progressista, ao Ilmo. Sr. Dr. Delegado Especializado de Ordem Política e Social. São Paulo, 27 de julho de 1953. Prontuário 44 317, Nestor Macedo. DEOPS/SP, AESP.

35 Ofício de José Mazariolli – Presidente da A.N.P. (seção Penha), parte integrante do PSP – ao Sr. Dr. Paulo Rangel, Delegado da Ordem Política e Social. São Paulo, 22 de setembro de 1949. Prontuário 101 018, Ala Negra Progressista. DEOPS/SP, AESP.

ca – na "subversão do regime".[36] Lobato fazia parte, na época, dos quadros do Partido Operário Leninista (POL), uma organização marxista que seguia os ditames do líder revolucionário russo Leon Trotsky. O POL era formado por trotskistas experientes, como o reputado crítico de arte Mário Pedrosa, e ex-militantes do Partido Comunista do Brasil (PCB), que haviam rompido com a legenda por discordarem de sua linha política stalinista.[37] A prisão de Lobato fora feita no bojo de uma série de diligências que visava desarticular a "célula comunista", que estaria agindo no Brasil.[38] Julgado e condenado pelo Tribunal de Segurança Nacional, recebeu a pena de um ano de reclusão, pena que posteriormente foi reduzida para três meses.

Lobato também não contou ao Deops que, em 1940, participara do Partido Socialista Revolucionário do Brasil, que se arvorava a Seção Brasileira da IV Internacional – organização comunista fundada na França dois anos antes por Trotsky e seus seguidores.[39] Tampouco o negro maranhense aludiu a sua experiência como articulista do *Vanguarda Socialista*, um jornal fundado por Mário Pedrosa no Rio de Janeiro em 1946. Sua coluna, assinada sob o pseudônimo Imperador Jones, denomiava-se "O negro e o socialismo" e versava sobre várias questões relacionadas à população negra a partir da visão marxista.

No bojo da queda da ditadura do Estado Novo e do processo de redemocratização do país, Lobato mudou-se para São Paulo e aderiu ao amplo arco de núcleos

---

36 "Descoberta pela polícia uma célula comunista na rua Buenos Aires". *O Radical*. Rio de Janeiro, 14/01/1938, p. 4.

37 Sobre o Partido Operário Leninista e o movimento trotskista no Brasil nas décadas de 1930 e 1940, ver KAREPOVS, Dainis e MARQUES NETO, José Castilho. Os trotskistas brasileiros e suas organizações políticas (1930-1966). In: RIDENTI, Marcelo e REIS FILHO, Daniel Aarão (Orgs.). *História do marxismo no Brasil: partidos e organizações dos anos 20 aos 60*. vol. V, Campinas: Ed. Unicamp, 2002, p. 103-55 e LEAL, Murilo. *À esquerda da esquerda: trotskistas, comunistas e populistas no Brasil contemporâneo (1952-1966)*. São Paulo: Paz e Terra, 2004.

38 Em matéria publicada no *Diário da Noite*, sobre a prisão de Lobato e os sete "extremistas" que faziam parte de uma "articulação criminosa de divulgação subversiva" no Rio de Janeiro, foram aprsentadas algumas informações acerca do negro maranhense: "Luiz Hermenegildo Lobato – comunista confesso, com antecedentes na polícia do estado do Maranhão, onde respondeu a inquérito policial militar, ficando exuberantemente provada a sua responsabilidade nas tarefas subversivas da Juventude Comunista. Fez parte do Centro Estudantil Maranhanse e do Congresso da Juventude Estudantil e Proletária". "Polícia deu num foco de propaganda extremista na rua B. Aires". *Diário da Noite*. Rio de Janeiro, 13/01/1938, p. 5.

39 Relatório sobre as atividades do Partido Socialista Revolucionário do Brasil. Fundo polícias políticas do Rio de Janeiro, setor comunismo, notação 17, Dossiê 1, fls. 234, 236, 285. Arquivo Público do Estado do Rio de Janeiro - APERJ.

esquerdistas (ex-trotskistas, dissidentes do PCB, jovens e estudantes do movimento de resistência à ditadura do Estado Novo e intelectuais contestadores) que deu origem ao Partido Socialista Brasileiro (PSB), uma agremiação política que advogava a divisa *socialismo* e *liberdade*, qual seja, advogava um modelo de socialismo democrático e autônomo em relação tanto ao capitalismo liberal quanto ao comunismo soviético. O PSB manteve-se ao longo do tempo como um agrupamento vanguardista, cujo corpo franzino de militantes era formado, em boa parte, por estudantes, jornalistas, escritores, professores, profissionais liberais e artistas. Faltava ao partido penetração nas camadas populares da sociedade, quanto mais especificamente entre o operariado. Não é sem motivo que "durante muito tempo os socialistas de São Paulo adularam, no dizer de vários de seus militantes, o único operário – Luiz Lobato – que sempre se manteve fiel à agremiação".[40] O PSB sobreviveu até 1965 e tomou posição nos assuntos mais prementes da nação – no problema do petróleo, na questão agrária, na discussão acerca do imperialismo, na modernização da sociedade brasileira, nos debates (e embates) em torno das greves, nas relações com a Rússia, na defesa das liberdades internas etc. O mecanismo utilizado para a defesa de seus princípios era o da propaganda através de seus jornais (a *Folha Socialista* e a *Vanguarda Socialista*), do uso da tribuna do Congresso Nacional e Assembleias Estaduais, da realização dos congressos internos e da publicação das teses programáticas e "posições doutrinárias".[41]

De volta a Lobato. Em suas declarações para o Deops ele também não mencionou que, afora seu passado trotskista vinculado à Seção Brasileira da IV Internacional, atuava organicamente nos movimentos sociais negros: ele foi um "dos principais cabeças" de uma entidade negra chamada Jabaquara;[42] em 1946, compôs

---

40 HECKER, Alexandre. *Socialismo sociável: história da esquerda democrática em São Paulo (1945-1965)*. São Paulo: Editora Unesp, 1998, p. 229.

41 CARONE, Edgard. *Movimento operário no Brasil (1945-1964)*. Vol. II. São Paulo: Difel, 1981, p. XVII; VIEIRA, Margarida Luiza de Matos. O Partido Socialista Brasileiro e o marxismo (1947-1965). In: RIDENTI, Marcelo e REIS, Daniel Aarão (orgs.). *História do marxismo no Brasil: partidos e organizações dos anos 20 aos 60*. Campinas: Editora Unicamp, v. 5, 2002, p. 167-196.

42 Em registro memorialístico, José Correia Leite comenta sobre Luiz Lobato. Negro maranhense, seria um "dos principais cabeças" de uma entidade negra "meio clandestina" da época da ditadura Vargas. Chamada "Jabaquara", funcionava no bairro da Barra Funda, na cidade de São Paulo. Lobato seria ligado ao "Partido Comunista, depois se transferiu ao Partido Socialista". Orientava os negros "sempre no sentido de que não existia problema racial. Ele, como marxista, teórico marxista como ele se considerava, não acreditava que o problema tivesse um cunho racial. Para ele era um problema de classe, um problema econômico".

o Diretório Nacional da Convenção do Negro Brasileiro e ainda exerceu o cargo de diretor técnico do Instituto 13 de Maio. Ao ser entrevistado pelo *Diário Trabalhista* nessa época, Lobato falou o que pensava do problema do negro: "considerando que o negro brasileiro é, geralmente, pobre, o preconceito contra o negro toma um aspecto de classe social, não podendo jamais ser resolvido pelo prisma racial". O "preconceito de cor" estaria, pois, "ligado estritamente ao problema econômico do negro brasileiro". Quando interpelado a respeito dos "líderes negros que prentendiam resolver o problema do preconceito de cor formando partidos polícos da raça negra", Lobato ponderou:

> Os grandes partidos, pelos seus chefes inteligentes, "apoiam" economicamente essas organizações para obterem, por intermédio delas, o apoio do negro. Mas que benefício real existe nessa transação para o negro, como coletividade? Nenhum. Os benefícios concretamente serão para os partidos políticos em geral e para os seus cabos eleitorais, em particular. Que os negros se alertem, não me canso de dizer, contra esses líderes que, jogando com a condição econômica do negro e com seu sentimento de haver sido escravo, não fazem outra coisa senão resolver temporariamente sua situação pessoal.[43]

Aquele episódio, envolvendo Nestor Macedo e Luiz Lobato, evidencia como os movimentos sociais não constituíam um bloco monolítico; antes se caracterizavam pela pluralidade morfológica e ideológica. Ativistas e intelectuais de variadas clivagens políticas e assumindo diferentes discursos, práticas e concepções se emaranhavam nesses movimentos, ora trocando ideias, ora convergindo, ora divergindo entre si.[44] As diferenças, entre esses ativistas e intelectuais, catalisavam paixões

---

    Depois que terminou o Estado Novo, tornou-se "muito conhecido", mas teve que enfrentar divergências quando "quis ingressar no meio negro". Possivelmente uma das divergências de Lobato deu-se com Nestor Macedo. É importante frisar que Correia Leite produziu um registro memorialístico precioso, porém se equivoca ao relatar que Lobato fez parte do PCB – um partido comunista que, na época, seguia uma linha stalinista – antes de ingressar no Partido Socialista Brasileiro. O "negro maranhense" fora afiliado a organizações comunistas de vertente trotskista – e não stalinista. LEITE, José Correia. *...E disse o velho militante José Correia Leite: depoimentos e artigos*. Organizado por Cuti. São Paulo: Secretaria Municipal da Cultura, 1992, p. 139-140.

43 *Diário Trabalhista*. Rio de Janeiro, 18/07/1946, p. 4.

44 PEREIRA, João Baptista Borges. Aspectos do comportamento político do negro em São Paulo. *Ciência e Cultura*, São Paulo, v. 34, n. 10, 1982, p. 1286-1294; *Idem*. Parâmetros ideológicos do projeto político de negros em São Paulo: um ensaio da antropologia política. *Revista do Instituto de Estudos Brasileiros*, São Paulo, n. 24, 1982, p. 53-61; MAUÉS, Maria Angélica Motta. *Negro sobre negro: a questão racial no pensamento das elites negras brasileiras*. Rio de Janeiro, Tese (Doutorado em Sociologia), Instituto Universitário de Pesquisas do Rio de Janeiro

e nem sempre se resolviam com expedientes amistosos. Macedo possivelmente tentou arregimentar Lobato para sua agremiação política, mas, como não obteve êxito, partiu para represálias. Independentemente de essa versão ser ou não exata, vale sublinhar como os negros entabulavam disputas pessoais e refregas político-ideológicas por questões de agenciamento e visibilidade, por espaço de influência, por agendas e diretrizes de luta, em suma, por diferentes projetos emancipatórios.[45] Mesmo Lobato não admitindo ser comunista, reconhecia cerrar fileiras no campo da esquerda, fazendo parte do Partido Socialista Brasileiro, o que já era motivo suficiente para entrar em choque com o populismo do PSP de Macedo.

Outro episódio, em torno do ambivalente e contraditório relacionamento entre a Ala Negra Progressista e as correntes de esquerda, é ainda mais escuso. Em "Termo de declarações" assinado no dia 2 de agosto de 1949, Macedo relatou que, ao tomar conhecimento da prisão de Narciso Gabino – seu companheiro de diretoria na A.N.P., onde ocupava o cargo de vice-presidente –, tratou de ir à delegacia e providenciar a liberdade dele, e assim o fez em pouco tempo. Já longe da repartição policial, perguntou a Gabino as razões pelas quais foi preso, o que este contou que "há uns oito ou dez dias", mais ou menos, achava-se na Praça João Mendes (no centro de São Paulo), distribuindo boletins de propaganda da Ala Negra Progressista, nos quais estavam estampadas as efígies de Adhemar de Barros e a de Nestor Macedo. Então se encontrou com um indivíduo de nome Carlos – o vulgo "Gato da Espera" –, a quem pretendeu entregar um boletim. Carlos se recusou a recebê-lo e com ar *blasé* vociferou: "você é sujo, o Nestor é sujo e o Adhemar é sujo"; "o Adhemar traiu os comunistas e nós precisamos do [Luís] Carlos Prestes". Após proferir essas palavras, ainda disse que "ia dar uma cana" nele. Todavia, Gabino deu pouca importância a essa ameaça de Carlos, já que este, além de não ser policial, ainda era conhecido como ladrão, com várias passagens pelo Departamento de Investiga-

---

(IUPERJ), 1997; DOMINGUES, Petrônio. Esses intimoratos homens de cor: o associativismo negro em Rio Claro (SP) no pós-abolição. *História Social*, n. 19, 2010, p. 109-134.

45 Situação análoga operou-se com a experiência da classe trabalhadora afro-americana. Quando pesquisou a cultura política destes trabalhadores nos Estados Unidos durante parte do século XX, Robin Kelley verificou que o ativismo deles nunca foi puro, linear ou coerente, nem mantido por *slogans* formulados de fora para dentro do grupo. Isto, todavia, não impediu que consensos – ao lado de divergências, defecções e rearticulações – fizessem parte do dia a dia do grupo, amalgamando sua identidade. Geralmente os trabalhadores afro-americanos reconheciam suas clivagens internas, mesmo quando eles se solidarizavam em torno de objetivos comuns. KELLEY, Robin D. G. *Race rebels: culture, politics, and the Black Working Class*. New York: The Free Press, 1994.

ções. Por isso ficou surpreso quando, pouco depois, foi detido pelos investigadores Orlando e Marcondes, da Delegacia de roubos, ficando preso no Departamento de Investigações durante três dias. Gabino estava convencido de que os referidos investigadores foram influenciados por Carlos para o prenderem, uma vez que era um "rapaz direito e trabalhador".[46]

Como não há outras fontes para atestar o relato de Gabino, é melhor mantermos uma posição de prudência na análise deste episódio. É verdade que Adhemar de Barros recebeu ajuda de Luís Carlos Prestes e do partido comunista para se eleger governador de São Paulo em 1947 e, após a vitória, afastou-se do PCB sem honrar os supostos compromissos da aliança, por isso foi acusado de traidor.[47] Contudo não consta que Carlos – o vulgo "Gato da Espera", que já havia sido acusado de liderar uma ação de "sabotagem" contra a sede da A.N.P. – fosse "ladrão". Talvez se tratasse de um alcaguete, colaborador do Deops, mas isso é uma conjectura. O que não assume caráter conjectural, nesse episódio, é a atmosfera de tensão, provocação aberta e embate acirrado entre ativistas de facções distintas – um da A.N.P. e o outro, provavelmente, ligado à esquerda.[48]

---

46   Termo de declarações de Nestor Macedo ao Dr. Paulo Rangel, Delegado Adjunto do Departamento de Ordem Política e Social. São Paulo, 2 de agosto de 1949. Prontuário 44 317, Nestor Macedo. DEOPS/SP, AESP.

47   Logo após ter vencido as eleições para o governo de São Paulo em 1947, Adhemar de Barros declarou à imprensa o caráter meramente eleitoral de sua aliança com o PCB e negou a existência de quaisquer compromissos entre ele e os comunistas. Mais tarde, quando foi cancelado o registro do PCB, Adhemar omitiu-se em relação à medida, adotando uma posição de neutralidade. A partir daí os comunistas passaram a atacá-lo visceralmente, acusando-o de traidor e denunciando medidas repressivas por parte de sua polícia. SAMPAIO, Regina. *Adhemar de Barros e o PSP*. São Paulo: Global, 1982, p. 64; POMAR, Pedro Estevam da Rocha. *A democracia intolerante: Dutra, Ademar e a repressão do Partido Comunista (1946-1950)*. São Paulo: Arquivo do Estado/Imprensa Oficial do Estado, 2002.

48   Sobre a atuação dos comunistas nos movimentos sociais de São Paulo nas décadas de 1940 e 1950, por meio dos Comitês Democráticos e Populares e das Sociedades de Amigos de Bairro, ver DUARTE, Adriano Luiz. Em busca de um lugar no mundo: movimentos sociais e política na cidade de São Paulo nas décadas de 1940-1950. *Estudos Históricos*. Rio de Janeiro, vol. 21, n. 42, 2008, p. 195-219.

Caderno de imagens

SECRETARIA DA SEGURANÇA PÚBLICA
DEPARTAMENTO DE ORDEM POLÍTICA E SOCIAL

TÊRMO DE DECLARAÇÕES

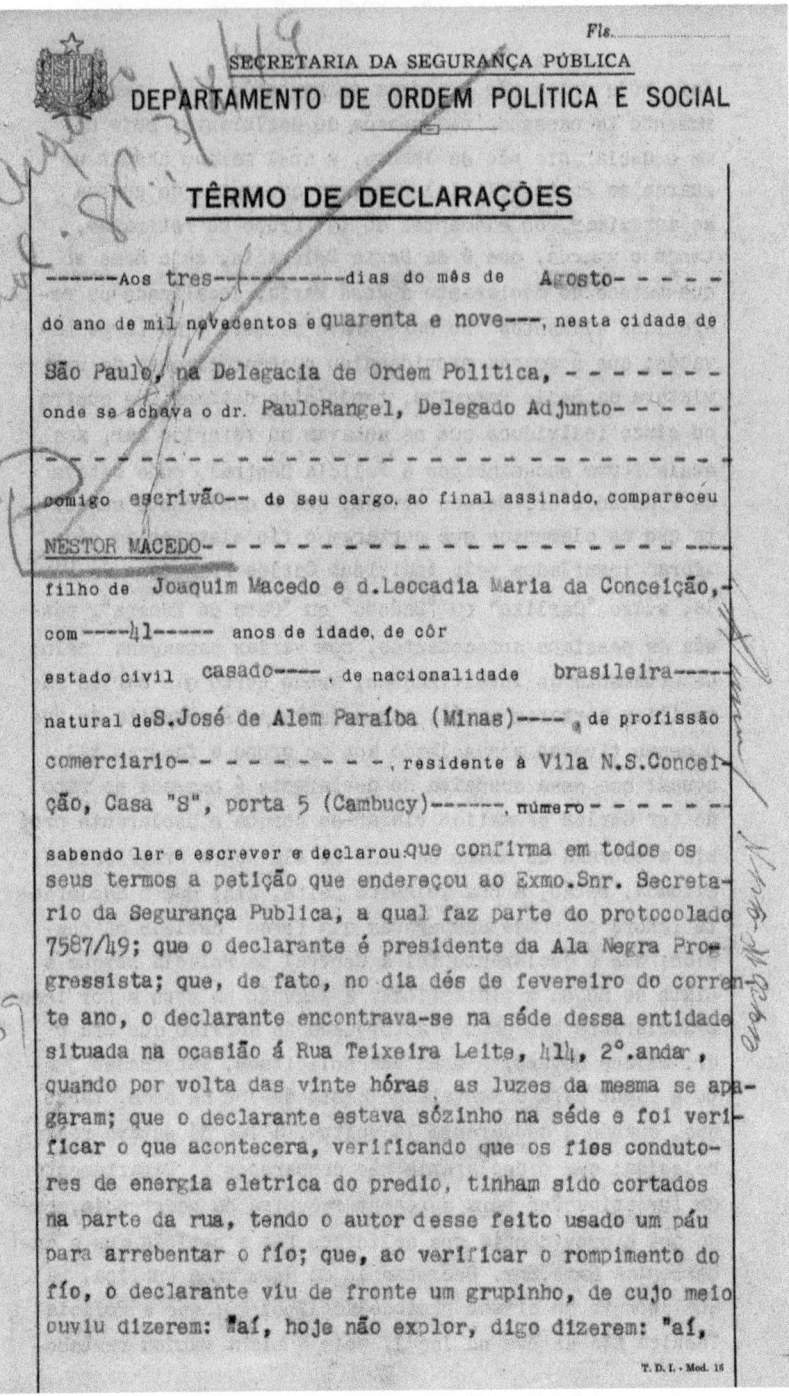

Aos tres dias do mês de Agosto do ano de mil novecentos e quarenta e nove, nesta cidade de São Paulo, na Delegacia de Ordem Política, onde se achava o dr. PauloRangel, Delegado Adjunto comigo escrivão de seu cargo, ao final assinado, compareceu NESTOR MACEDO filho de Joaquim Macedo e d. Leocadia Maria da Conceição, com 41 anos de idade, de côr estado civil casado, de nacionalidade brasileira natural de S.José de Alem Paraíba (Minas), de profissão comerciario, residente à Vila N.S.Conceição, Casa "S", porta 5 (Cambucy) número sabendo ler e escrever e declarou:Que confirma em todos os seus termos a petição que endereçou ao Exmo.Snr. Secretario da Segurança Publica; a qual faz parte do protocolado 7587/49; que o declarante é presidente da Ala Negra Progressista; que, de fato, no dia dés de fevereiro do corrente ano, o declarante encontrava-se na séde dessa entidade situada na ocasião á Rua Teixeira Leite, 414, 2°.andar, quando por volta das vinte hóras as luzes da mesma se apagaram; que o declarante estava sózinho na séde e foi verificar o que acontecera, verificando que os fios condutores de energia eletrica do predio, tinham sido cortados na parte da rua, tendo o autor desse feito usado um páu para arrebentar o fio; que, ao verificar o rompimento do fio, o declarante viu de fronte um grupinho, de cujo meio ouviu dizerem: "aí, hoje não explor, digo dizerem: "aí,

Imagem 35 – Termo de declarações de Nestor Macedo (DEOPS, AESP).

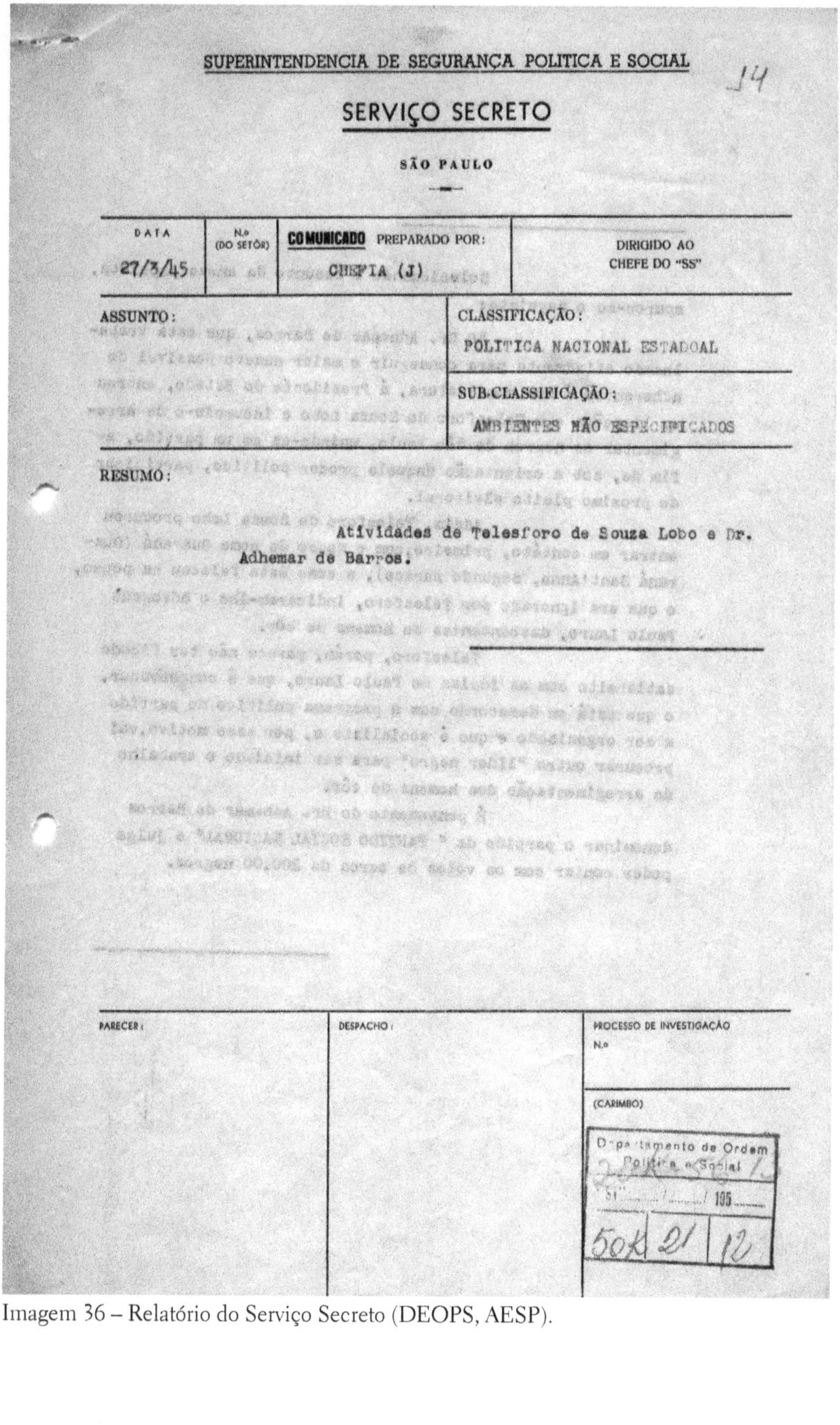

SUPERINTENDENCIA DE SEGURANÇA POLITICA E SOCIAL

14

SERVIÇO SECRETO

SÃO PAULO

DATA	N.º (DO SETÔR)	COMUNICADO PREPARADO POR:	DIRIGIDO AO CHEFE DO "SS"
27/3/45		CHEFIA (J)	

ASSUNTO:

CLASSIFICAÇÃO: POLITICA NACIONAL ESTADOAL

SUB-CLASSIFICAÇÃO: AMBIENTES NÃO ESPECIFICADOS

RESUMO:

Atividades de Telesforo de Souza Lobo e Dr. Adhemar de Barros.

PARECER: | DESPACHO: | PROCESSO DE INVESTIGAÇÃO N.º

(CARIMBO)

Departamento de Ordem Politica e Social

195

50K 21 12

Imagem 36 – Relatório do Serviço Secreto (DEOPS, AESP).

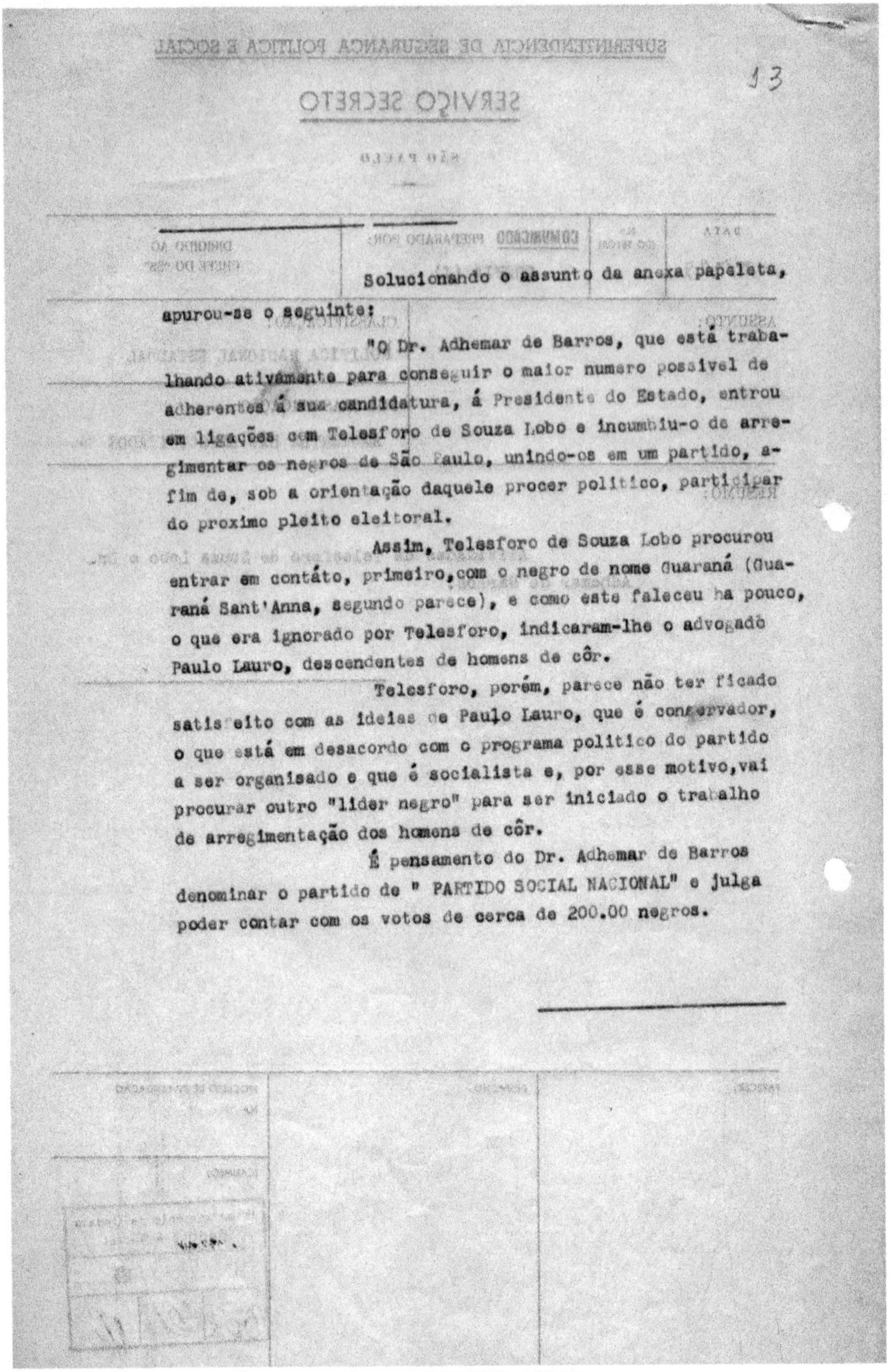

SUPERINTENDÊNCIA DE SEGURANÇA POLÍTICA E SOCIAL

SERVIÇO SECRETO

SÃO PAULO

Solucionando o assunto da anexa papeleta, apurou-se o seguinte:

"O Dr. Adhemar de Barros, que está trabalhando ativamente para conseguir o maior numero possível de adherentes á sua candidatura, á Presidente do Estado, entrou em ligações com Telesforo de Souza Lobo e incumbiu-o de arregimentar os negros de São Paulo, unindo-os em um partido, a-fim de, sob a orientação daquele procer politico, participar do proximo pleito eleitoral.

Assim, Telesforo de Souza Lobo procurou entrar em contáto, primeiro, com o negro de nome Guaraná (Guaraná Sant'Anna, segundo parece), e como este faleceu ha pouco, o que era ignorado por Telesforo, indicaram-lhe o advogado Paulo Lauro, descendentes de homens de côr.

Telesforo, porém, parece não ter ficado satisfeito com as ideias de Paulo Lauro, que é conservador, o que está em desacordo com o programa politico do partido a ser organisado e que é socialista e, por esse motivo, vai procurar outro "lider negro" para ser iniciado o trabalho de arregimentação dos homens de côr.

É pensamento do Dr. Adhemar de Barros denominar o partido de " PARTIDO SOCIAL NACIONAL" e julga poder contar com os votos de cerca de 200.00 negros.

Imagem 37 – Relatório do Serviço Secreto (DEOPS, AESP).

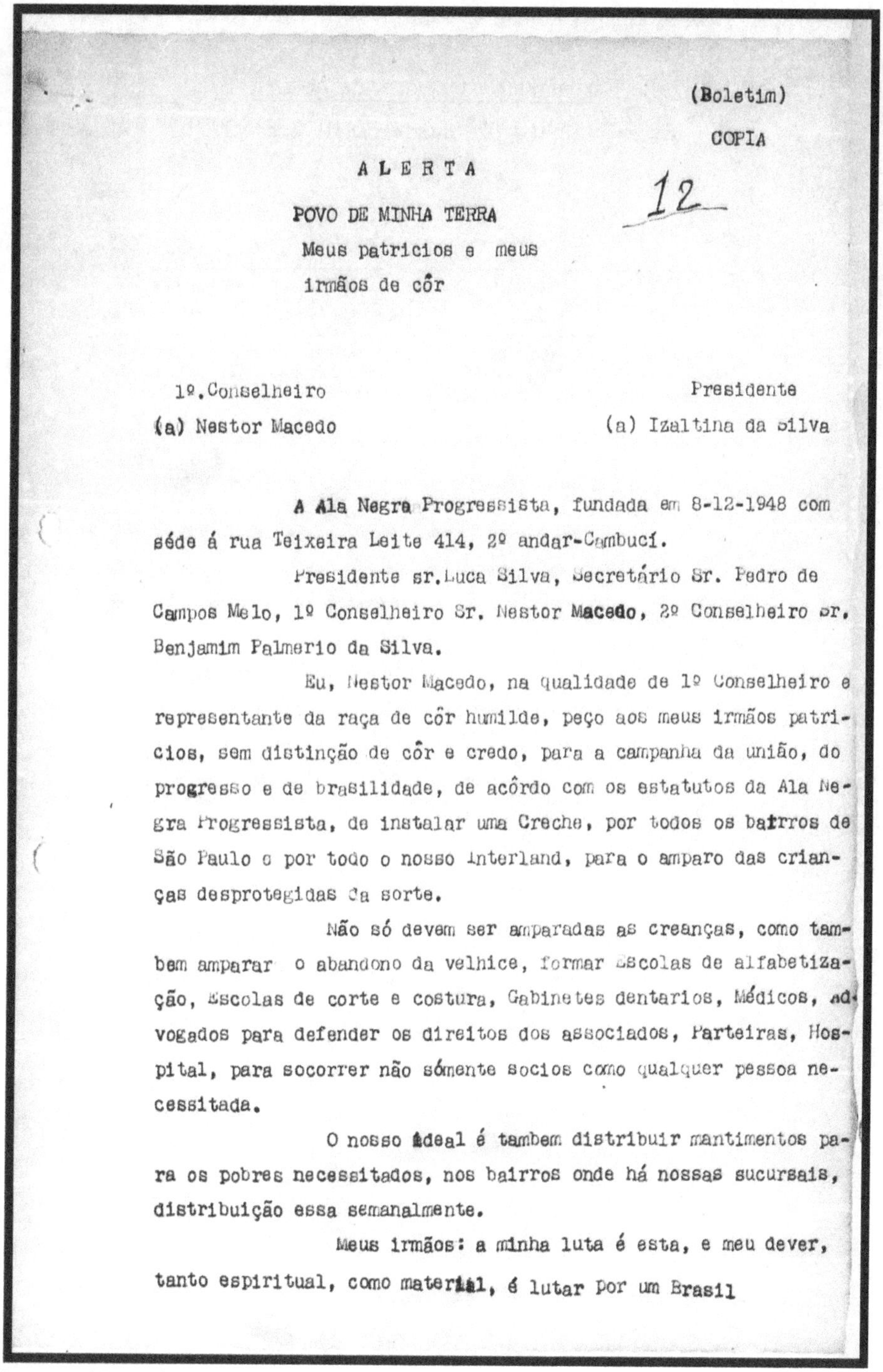

(Boletim)
COPIA

ALERTA

POVO DE MINHA TERRA

Meus patricios e meus
irmãos de côr

12

1º.Conselheiro   Presidente
(a) Nestor Macedo   (a) Izaltina da Silva

    A Ala Negra Progressista, fundada em 8-12-1948 com séde á rua Teixeira Leite 414, 2º andar-Cambucí.
    Presidente sr.Luca Silva, Secretário Sr. Pedro de Campos Melo, 1º Conselheiro Sr. Nestor Macedo, 2º Conselheiro Sr. Benjamim Palmerio da Silva.
    Eu, Nestor Macedo, na qualidade de 1º Conselheiro e representante da raça de côr humilde, peço aos meus irmãos patricios, sem distinção de côr e credo, para a campanha da união, do progresso e de brasilidade, de acôrdo com os estatutos da Ala Negra Progressista, de instalar uma Creche, por todos os bairros de São Paulo e por todo o nosso interland, para o amparo das crianças desprotegidas da sorte.
    Não só devem ser amparadas as creanças, como tambem amparar o abandono da velhice, formar Escolas de alfabetização, Escolas de corte e costura, Gabinetes dentarios, Médicos, Advogados para defender os direitos dos associados, Parteiras, Hospital, para socorrer não sómente socios como qualquer pessoa necessitada.
    O nosso ideal é tambem distribuir mantimentos para os pobres necessitados, nos bairros onde há nossas sucursais, distribuição essa semanalmente.
    Meus irmãos: a minha luta é esta, e meu dever, tanto espiritual, como material, é lutar por um Brasil

Imagem 38 – Boletim de autoria de Nestor Macedo (DEOPS, AESP).

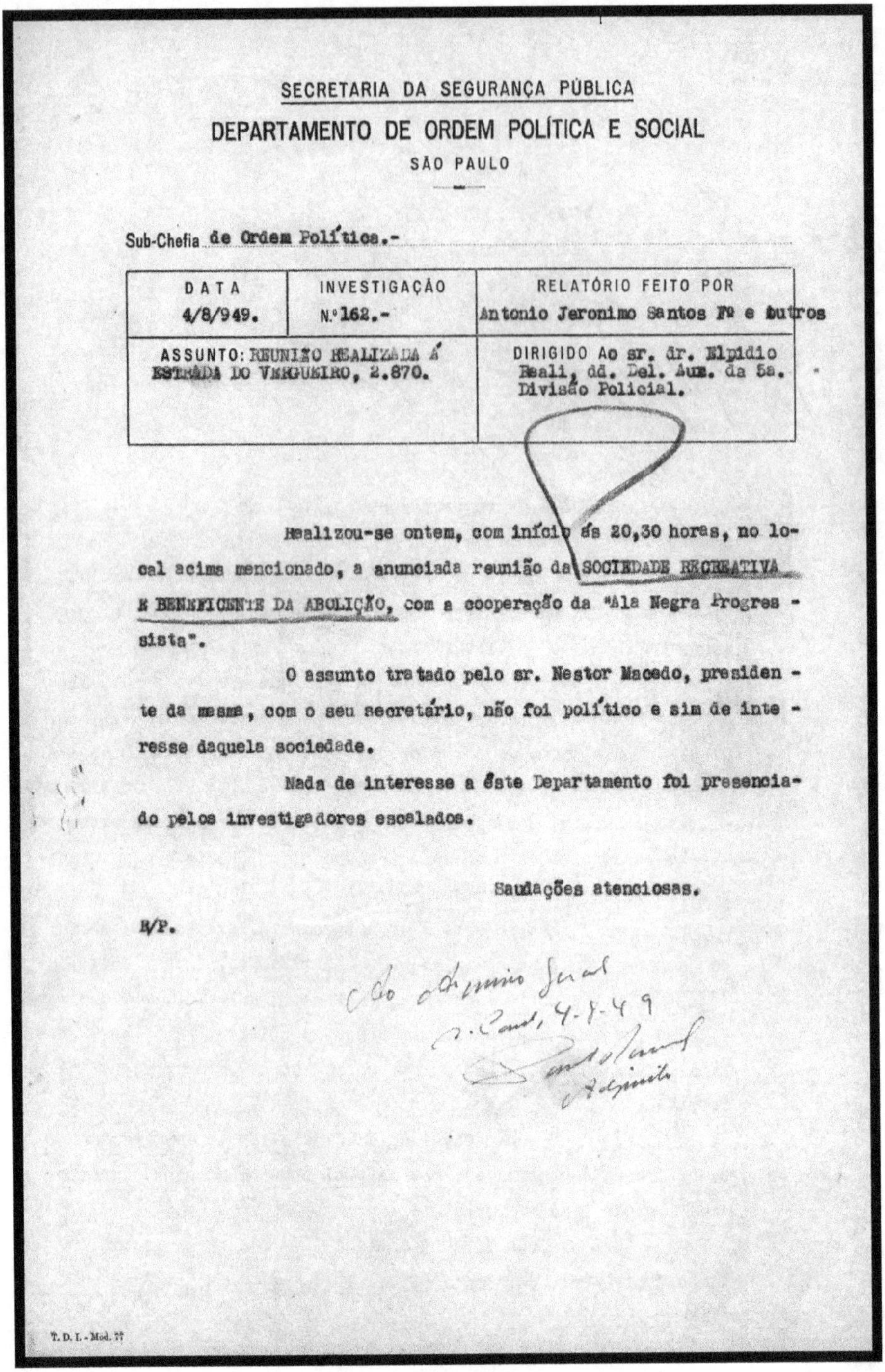

SECRETARIA DA SEGURANÇA PÚBLICA

DEPARTAMENTO DE ORDEM POLÍTICA E SOCIAL

SÃO PAULO

Sub-Chefia de Ordem Política.-

DATA	INVESTIGAÇÃO	RELATÓRIO FEITO POR
4/8/949.	N.º 162.-	Antonio Jeronimo Santos Fº e outros
ASSUNTO: REUNIÃO REALIZADA À ESTRADA DO VERGUEIRO, 2.870.		DIRIGIDO Ao sr. dr. Elpidio Reali, dd. Del. Aux. da 5a. Divisão Policial.

Realizou-se ontem, com início às 20,30 horas, no local acima mencionado, a anunciada reunião da SOCIEDADE RECREATIVA E BENEFICENTE DA ABOLIÇÃO, com a cooperação da "Ala Negra Progressista".

O assunto tratado pelo sr. Nestor Macedo, presidente da mesma, com o seu secretário, não foi político e sim de interesse daquela sociedade.

Nada de interesse a êste Departamento foi presenciado pelos investigadores escalados.

Saudações atenciosas.

R/P.

Ao Arquivo Geral
S. Paulo, 4-8-49
Adjunto

T. D. I. - Mod. 77

Imagem 39 – Relatório de investigação (DEOPS, AESP).

Alerta dia 7 de Setembro...
DIA DA INDEPENDENCIA DO BRASIL!
Grande Baile

GETULIO VARGAS  — PAULO VIEIRA  — ADHEMAR DE BARROS

ALERTA POVO de Vila Santa Izabel, Água Raza, Vila Formosa, Mãe do Céo, Vila Santo Estevam, Vila Carrão, Vila Manchester, Vila California e demais Bairros visinhos.

A Sociedade Recreativa Beneficente da Abolição, tem o prazer de comunicar ao povo em geral dos Bairros acima citados, que está convidado para o grande Baile que se realisará dia 7 de Setembro das 15 horas até às 24 horas, no Salão da Ala Negra Progressista e Trabalhista sita à Rua Torre de Pedra N.º 1, no antigo Salão do Olaria ponto final do Onibus Santa Izabel.

O Baile será patrocinado pelo Dr. Paulo Vieira, candidato a Vereança Municipal de São Paulo.

Estará presente a solenidade a grande figura do Ex. Governador Dr. Adhemar de Barros em companhia do patrocinador da festa e tambem o Presidente do Sindicato das Empregadas Domésticas do Estado de São Paulo e o Jornal "A TRIBUNA TRABALHISTA".

Os convidados terão o prazer de assistir a diversos films que serão exibidos ao ar livre.

A festa foi organisada pelo Rei dos Bailes Populares, Nestor Macedo.

A ENTRADA SERÁ FRANQUEADA AO PUBLICO
Condução: Onibus 185 no Largo São José do Belem

CUNHA LIMA  — NESTOR MACEDO

Imagem 40 – Prospecto da Sociedade Recreativa e Beneficente da Abolição (DEOPS, AESP).

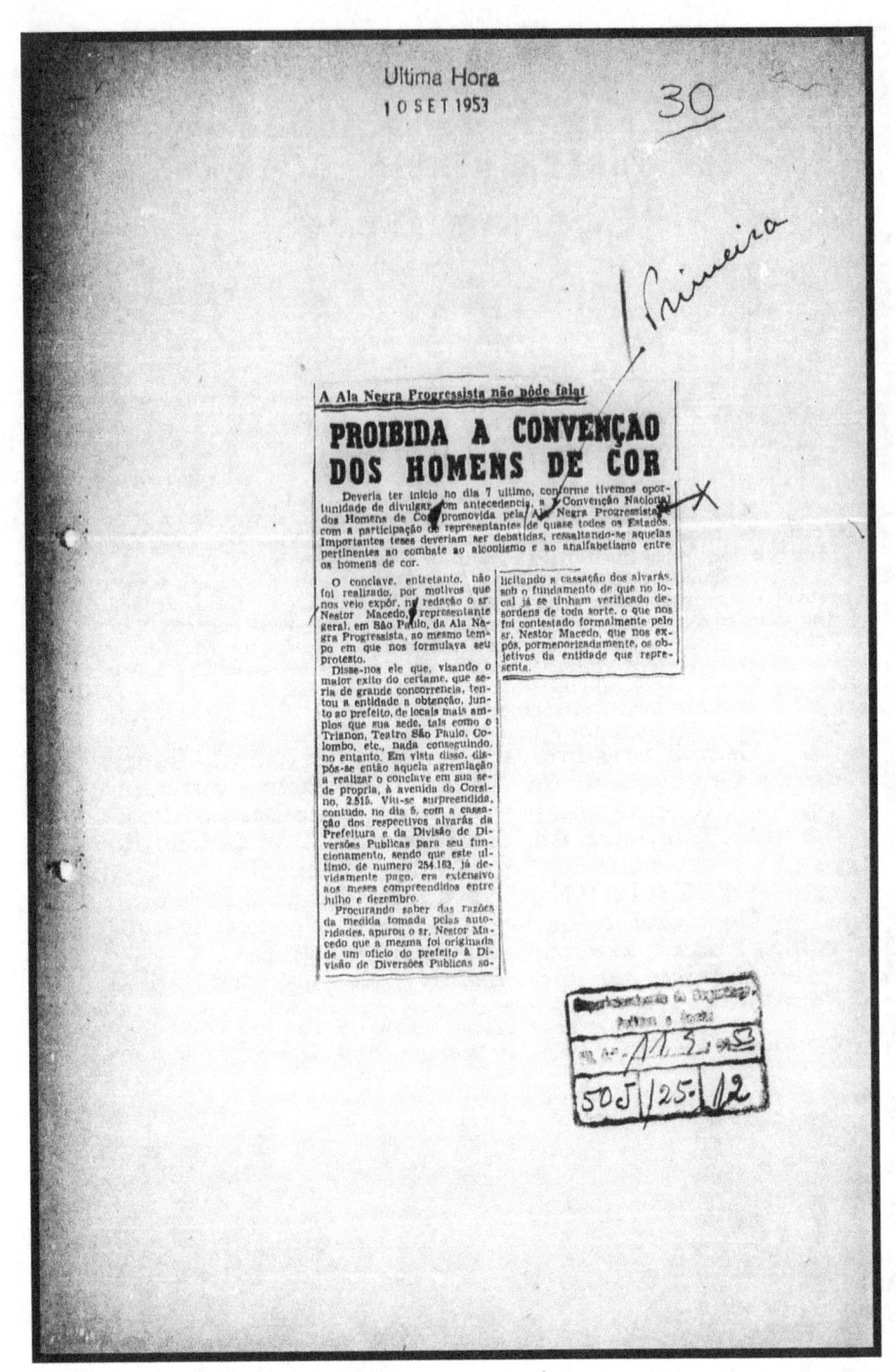

Imagem 41 – Notícia sobre a Ala Negra Progressista (Última Hora. São Paulo, 10/09/1953).

Convenção Nacional do Negro Brasileiro

MANIFESTO À NAÇÃO

PATRICIOS NEGROS:

No momento em que todas as forças vivas da nação se arregimentam e se articulam em prol de sua redemocratização, impõe-se, como dever sagrado trazermos, num trabalho de conjunto eficiente e construtivo a nossa despretensiosa palavra de fé e a exposição daquelas reivindicações para as quais nos devemos apresentar. Nesse sentido, os negros do Brasil, reunidos em Convenção Nacional, examinaram, escrupulosa e detidamente, a sua situação atual, não somente em face de sua existencia no passado, como, sobre tudo, das injunções do presente. Dessa análise verifica-se que mais do que nunca, no instante histórico que se vive, é imperioso realizarmos um trabalho de unificação e coordenação de todos os nossos esforços e anseios para que o ideal da Abolição se torne hoje em dia e para o futuro uma realidade expressiva sob todos os títulos. É e assim que urge formularmos princípios de reivindicações de direitos que, de fato, se nos foram outorgados por aquele magno acontecimento, não puderam, ser concretizados em consequência das condições particulares em que se verificou e dos prejuizos decorrentes não só nos dominios de ordem econômica, como de ordem moral e espiritual.

Temos consciencia de nossa valia no tempo e no espaço. O que nos faltou até hoje foi a coragem de nos utilizarmos dessa força por nós mesmos, e segundo a nossa orientação. Para tanto é mister, antes de mais nada, nos compenetrarmos, cada vez mais, de que devemos estar unidos a todo o preço, de que devemos ter o desassombro de ser, antes de tudo, negros, e como tais os unicos responsaveis por nossos destinos sem consentir que os mesmos sejam tutelados ou patrocinados por quem quer que seja. Não precisamos mais de consultar a ninguem para concluirmos da legitimidade dos nossos direitos, da realidade angustiosa de nossa situação e do acumpliciamento de várias forças interessadas em nos menosprezar e condicionar, mesmo, até o nosso desaparecimento! Eis porque conclamamos a todos vós, politicos ou religiosos, para cerrardes sem distinção de sexo, idade, credo, fileiras em torno deste Grupo de Pioneiros que se propõe conseguir dos poderes competentes, por todos os meios licitos e segundo os ditames da propria Conciencia Nacional, as seguintes reivindicações.

1 — Que se torne explicita na Constituição de nosso país a referência à origem etnica do povo brasileiro, constituido das três raças fundamentais: a indigena, a negra e a branca.

2 — Que torne materia de lei, na forma de crime de lesa-pátria, o preconceito de cor e de raça.

3 — Que se torne materia de lei penal o crime praticado nas bases do preceito acima, tanto nas empresas de carater particular como nas sociedades civis e nas instituições de ordem pública e particular.

4 — Enquanto não for tornado gratuito o ensino em todos os graus, sejam admitidos brasileiros, negros, como pensionistas do Estado, em todos os estabelecimentos particulares e oficiais de ensino secundario e superior do país, inclusive nos estabelecimentos militares.

5 — Isenção de impostos e taxas, tanto federais como estaduais e municipais, a todos os brasileiros que desejarem se estabelecer com qualquer ramo comercial, industrial e agricola, com o capital não superior a Cr$ 20.000,00.

6 — Considerar como problema urgente a adoção de medidas governamentais visando a elevação do nivel econômico, cultural e social dos brasileiros.

Auscultando a nossa realidade tiraremos de sua consideração o remedio necessario aos nossos males, negando atenção áqueles que querem "salvar-nos" contra as nossas tradições e contra o Brasil. Tenhamos fé, e esta fé nos indicará o caminho a seguir. Sejamos, cada um de nós, um obreiro desta reação contra o sonegamento dos direitos sagrados do negro e da efetivação dos mesmos; seja cada qual um soldado contra a decadencia de nossos costumes, contra a ignorancia e protérvia dos preconceitos existentes, embora muitos o queiram negar. Sobretudo, mais que tudo, contra a negação do que ha feito, pode fazer e quer ainda fazer o nosso sangue, cujo valor foi demonstrado nas artes, nas ciências, na politica e na guerra pela identidade do seu destino com o da própria nacionalidade.

São Paulo, novembro de 1945.

Dr. Abdias do Nascimento - Dr. Francisco Lucrecio - Tenente Francisco das Chagas Printes - Prof. Geraldo Campos de Oliveira - Dr. Salatiel de Campos - Prof. Luiz Lobato - Dr. José Bento Angelo Abatayguara - Sebastião Rodrigues Alves - Dr. Aguinaldo de Oliveira Camargo - Prof. Manuel Vieira de Andrade - Nestor Borges - José Hablar - David Soares - Sinval Silva - Dr. José Pompilho da Hora - Paulo Morais - Profa. Sofia Campos Teixeira - Prof. Sebastião Batista Ramos - Benedito Custodio de Almeida - Emilio Silva Araujo - Cilia Ambrosio - Geralcino de Souza - Mario Vaz Costa - Pedro Paulo Barbosa - Alfredo Sutherland White - Dr. Erneni Mertins Silva - René Rossi - José Soares.

Edificio Martinelli - 23.o andar - Sala, 2356 - Fone: 3-7779

Imagem 42 – Manifesto da Convenção Nacional do Negro Brasileiro (DEOPS, AESP).

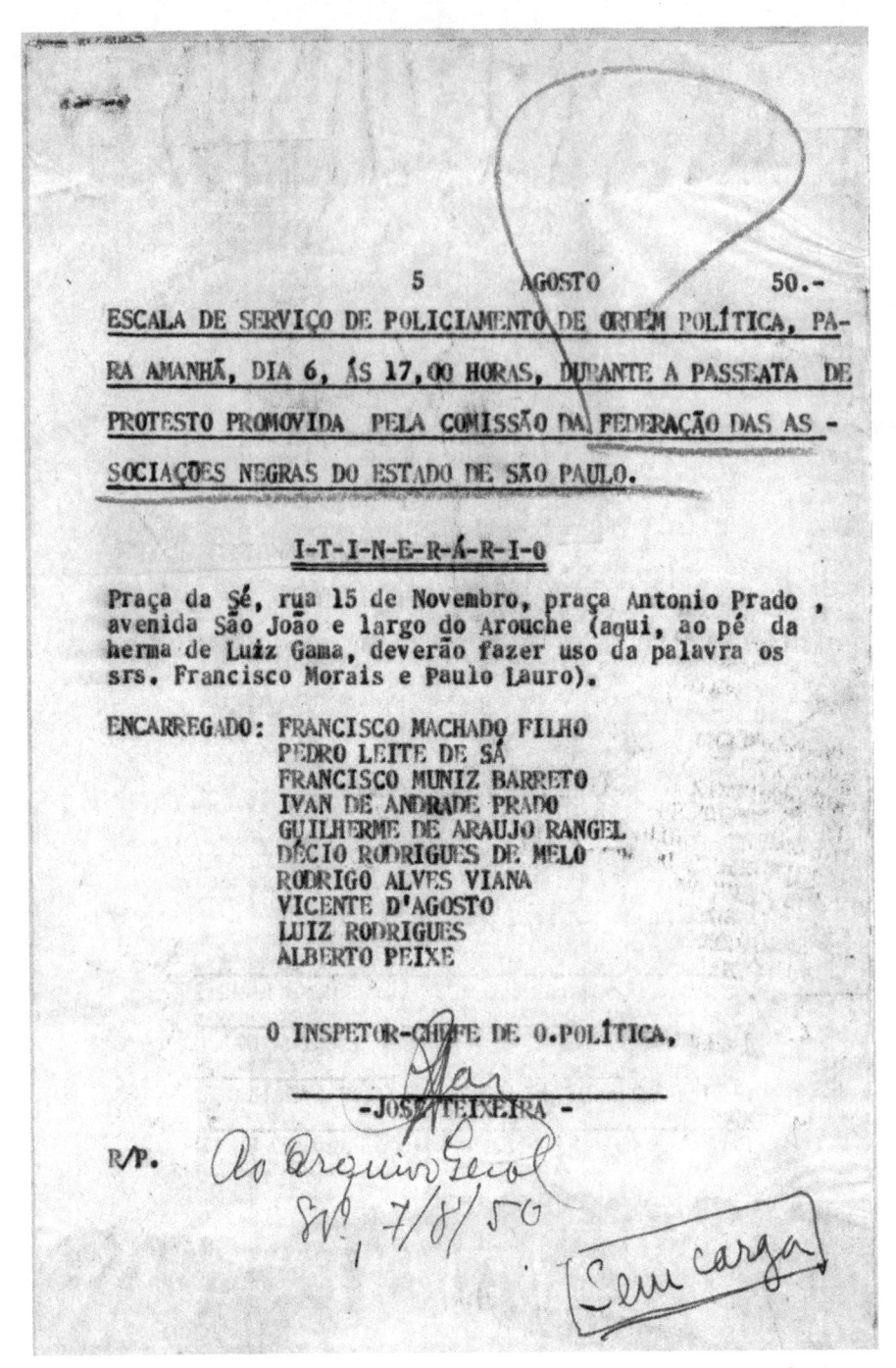

> 5   AGOSTO   50.-
> ESCALA DE SERVIÇO DE POLICIAMENTO DE ORDEM POLÍTICA, PA-
> RA AMANHÃ, DIA 6, ÁS 17,00 HORAS, DURANTE A PASSEATA DE
> PROTESTO PROMOVIDA PELA COMISSÃO DA FEDERAÇÃO DAS AS-
> SOCIAÇÕES NEGRAS DO ESTADO DE SÃO PAULO.
>
> I-T-I-N-E-R-Á-R-I-O
>
> Praça da Sé, rua 15 de Novembro, praça Antonio Prado, avenida São João e largo do Arouche (aqui, ao pé da herma de Luiz Gama, deverão fazer uso da palavra os srs. Francisco Morais e Paulo Lauro).
>
> ENCARREGADO: FRANCISCO MACHADO FILHO
>   PEDRO LEITE DE SÁ
>   FRANCISCO MUNIZ BARRETO
>   IVAN DE ANDRADE PRADO
>   GUILHERME DE ARAUJO RANGEL
>   DECIO RODRIGUES DE MELO
>   RODRIGO ALVES VIANA
>   VICENTE D'AGOSTO
>   LUIZ RODRIGUES
>   ALBERTO PEIXE
>
> O INSPETOR-CHEFE DE O.POLÍTICA,
>
> - JOSÉ TEIXEIRA -
>
> R/P.   Ao Arquivo Geral
>   SP, 7/8/50
>   [Sem carga]

Imagem 43 – Planejamento da vigilância na passeada organizada pela Federação das Associações Negras do Estado de São Paulo (DEOPS, AESP).

Um novo quiproquó

Dia 13 de janeiro de 1950. O "Rei dos bailes" redigiu um ofício e o remeteu ao Diretor do Deops, comunicando-o de uma ocorrência na sede da Ala Negra Progressista. Nos dias 31 de dezembro de 1949 (último dia do ano) e 1 de janeiro de 1950 a agremiação patrocinou a festa denominada "Mãe Preta", em homenagem a Adhemar de Barros. Tendo comparecido "cerca de 1.500 associados", tudo transcorria na maior normalidade, até que no dia primeiro "surgiram vários elementos reconhecidos como verdadeiros perturbadores da ordem pública" – inclusive um sujeito conhecido pela alcunha de "Tenente Filho". Além de "depredarem" a agremiação, "gritaram em altos brados: 'MORRA A DEMOCRACIA', 'ABAIXO ADHEMAR'", o que teria obrigado a Macedo dirigir-se de "táxi até uma viatura mais próxima, sendo atendido pela viatura de Rádio Patrulha n° 28, localizada no Largo do Sacomã". Para que não se repetissem tais ocorrências, o representante da Ala Negra Progressista solicitava ao Deops o fechamento do "bar e bilhares 'Paz e União'", residência do tal "Tenente Filho", por "tratar-se de um foco de maus elementos, inimigos da Pátria e destruidores do nosso meio social no nosso grande Estado de São Paulo e do Brasil".[49]

Quando recebeu o ofício, o Diretor do Deops ordenou que um dos investigadores do órgão de contenção, José Alves Cardoso, apurasse os fatos. Menos de um mês depois este chegou a uma conclusão. Houve, sim, uma briga entre alguns frequentadores do baile que se realizava na sede da Ala Negra Progressista e um filho menor de Manoel Francisco de Oliveira, um 2° Tenente reformado do Exército. O menor, após o ocorrido, conseguiu fugir, tendo se dirigido ao bar "Paz e União", de propriedade de seu irmão Antonio Francisco de Oliveira. Então Nestor Macedo se comunicou com a Rádio Patrulha, tendo a viatura n° 28 comparecido ao local da ocorrência e dali se deslocado, em companhia de Macedo e de outros elementos, ao bar "Paz e União", a fim de efetuar a detenção do menor, porém seu pai, o militar reformado Manoel de Oliveira, se opôs. Em seguida, este se dirigiu à Central de Polícia, com o intuito de pedir "providências". Neste intervalo de tempo, foi detido o proprietário do bar "Paz e União", o irmão do menor. O investigador é enfático ao final do seu relatório: "Ninguém ouviu as frases citadas no ofício anexo: 'Morra a democracia' e 'Abaixo Adhemar'".[50]

---

49   Ofício de Nestor Macedo, representante da Ala Negra Progressista, ao Excelentíssimo Senhor Diretor da Ordem Política e Social. São Paulo, 13 de janeiro de 1950. Prontuário 101 018, Ala Negra Progressista. DEOPS/SP, AESP.

50   Relatório de Amador Braga Filho, encarregado da seção de investigações, ao Sr. Dr. João Guedes Tavares, Delegado Especial de Ordem Política e Social. São Paulo, 9 de fevereiro de

Esta conclusão é importante porque indica como devemos ser ciosos ante a retórica de Macedo; não era raro ele exagerar, distorcer ou mesmo faltar com a verdade nas versões dos fatos em que se via envolvido. Liderança ardilosa, procurava capitalizar em cima de situações adversas; transformando mesmo desavenças pessoais – ou quiçá problemas de bairro – em malquerenças políticas. Também é importante destacar, neste caso, como o salão de baile da A.N.P. dava origem a atividades tanto sociais e culturais quanto políticas, que muitas vezes se confundiam. A festa denominada "Mãe Preta" exercia certo magnetismo sobre os afro-brasileiros, sendo amiúde revertida em imã de uma mobilização racial.[51]

Às 10h20 da manhã do dia 10 de setembro de 1950, o "Rei dos bailes" voltou a comparecer ao Deops. Desta vez, para denunciar um pretenso atentado à sede da A.N.P. Declarou que às 8h30 daquele dia, quando foi abrir a sede central da Ala Negra, encontrou-a com as vidraças quebradas; a fachada do prédio repleta de cartazes de propaganda eleitoral de Hugo Borghi e as faixas de propaganda do Sr. Lucas Nogueira Garcez completamente sujas de barro. Dentro da sede foi encontrado um bilhete escrito a lápis, onde se dizia que uma bomba explodiria no prédio à noite. Presumia Macedo que os autores da "depredação" eram os filhos do proprietário de um bar – o Paz e União –, onde também funcionava o comitê do Partido Trabalhista Nacional. Alegava que o referido bar era um "foco de ladrões e vagabundos" e, mais ou menos, há seis meses dirigira um ofício ao Secretário de Segurança Pública comu-

---

1950. Prontuário 101 018, Ala Negra Progressista. DEOPS/SP, AESP.

51 Num panfleto intitulado "Brasileiros, alerta. Festa da Mãe Preta", a Ala Negra Progressista informava que "as festas da Mãe Preta, que se realizarão a partir de 1º de janeiro a 28 de fevereiro de 1950, todos os sábados e todos os domingos no Salão da Abolição, [...] serão em homenagem ao ilustre Governador do Estado de São Paulo, Dr. Adhemar Pereira de Barros, homenagem essa pelos seus grandiosos empreendimentos: amparo à infância – Campanha contra a tuberculose – Hospitais – Estradas de rodagem – Escolas – Parques infantis – Retificação do Tietê inclusive das porteiras do Brás, cujas obras estão à vista de todos, graças ao dinamismo e a ação intrépida do novo Bandeirante, que é o Dr. Adhemar Pereira de Barros – obras essas que são a própria legenda do Progressismo". Panfleto "Brasileiros, alerta. Festa da Mãe Preta". São Paulo, dezembro de 1949. Prontuário 101 018, Ala Negra Progressista. DEOPS/SP, AESP. Sobre a "Mãe Preta" e as narrativas e comemorações à sua memória, ver SEIGEL, Micol. Mães pretas, filhos cidadãos. In: GOMES, Flávio dos Santos e CUNHA, Olívia Maria Gomes da (orgs.). *Quase-cidadão: histórias e antropologias da pós-emancipação no Brasil*. Rio de Janeiro, Editora FGV, 2007, p. 315-346; ___ *Uneven encounters: making race and nation in Brazil and The United States*. Durham, NC: Duke University Press, 2009, particularmente o sexto capítulo e ALBERTO, Paulina L. A Mãe Preta entre o sentimento, ciência e mito: intelectuais negros e as metáforas cambiantes de inclusão racial, 1920-1980. In: GOMES, Flávio e DOMINGUES, Petrônio (orgs.). *Políticas da raça: experiências e legados da abolição e da pós-emancipação no Brasil*. São Paulo: Selo Negro, 2014, p. 377-401.

nicando-o do fato. Diante dessa situação, solicitava um policiamento na sede da Ala Negra, onde à noite haveria uma "reunião dançante".⁵² Como se percebe, um novo quiproquó. Nova necessidade de apuração dos fatos. Como isto não ocorreu – já que o Deops manteve uma postura de reticência –, fica difícil acreditarmos plenamente na versão de Macedo. Não se deve, porém, descartar a hipótese de que a A.N.P. fora alvo de ataques, orquestrados por grupos políticos hostis ao populismo de Adhemar de Barros e do PSP, especialmente quando atentamos para o clima de tensão e rivalidade no qual transcorreram as eleições de 1950. Vejamos por que.

O político mencionado por Macedo, Hugo Borghi, era um dirigente do PTB, mas, como não conseguiu obter a indicação do partido para disputar a eleição do governo paulista em 1947, lançou a sua candidatura pelo Partido Trabalhista Nacional (PTN). Foi derrotado por Adhemar de Barros. Lançou-se candidato a governador novamente em 1950, para enfrentar, desta vez, Lucas Nogueira Garcez (PSP). Durante a campanha eleitoral uma polêmica acirrou os ânimos. O caso teve início quando o *Jornal do Comércio* do Rio de Janeiro, em sua edição de 24 e 25 de julho, publicou as supostas declarações que Hugo Borghi – um empresário descendente de italianos e conhecido como "marmiteiro"⁵³ – deu durante entrevista à imprensa:

> Sei o que dizem de mim por aí. Repare, porém: as acusações partem sempre dos aristocratas que pensam que ainda podem mandar em São Paulo, como se isto aqui fosse até agora uma terra de ricos fazendeiros e pobres negros caboclos. Esquecem eles que, nos últimos cinquenta anos, recebemos imigrantes europeus, que com seus descendentes são hoje milhões de paulistas, principalmente ítalo-paulistas. Estes é que trouxeram técnica e cultura para uma terra antes semibárbara: nós é que civilizamos São Paulo. Como nos querem negar o direito de governá-lo? Devo declarar que desprezo profundamente esses aristocratas. São netos de degredados portugueses, que o Reino mandou para cá para se ver livre de malfeitores, e netos também de bugres e negros, duas raças inferiores que ainda degeneram na mestiçagem. Em toda a parte, nos Estados Unidos como na Austrália, o selvagem recua ante o branco. Em São Paulo há de acontecer o mesmo: ante o imigrante europeu, o mestiço, seja mulato, mameluco ou cafuso, tende a desaparecer inferiorizado pela

---

52 Declarações de Nestor Macedo prestadas no Departamento de Ordem Política e Social. São Paulo, 10 de setembro de 1950. Prontuário 101 018, Ala Negra Progressista. DEOPS/SP, AESP.

53 Quando dirigente do PTB, Borghi adotou a marmita como seu símbolo eleitoral, por isso ficou conhecido como o "marmiteiro". Multidões compareciam aos seus comícios carregando no peito broches em forma de marmita, utensílio símbolo do orgulho de ser trabalhador. Assim, o vocábulo "marmiteiro" era utilizado como metáfora de homem do povo, rude e sofredor.

vadiagem e pela sua inépcia. Nosso triunfo está assegurado por inflexíveis leis da natureza. Da minha parte, não preciso de votos de negros e caboclos, nem de japoneses, judeus, turcos ou outros levantinos. Os ítalo-brasileiros, aliados a outros filhos de imigrantes europeus, me darão votos suficientes para a vitória. E a minha vitória será a do São Paulo civilizado por nós sobre o São Paulo dos portugueses degredados, dos bugres americanos e dos negros africanos, que não têm nada e estão com prosa![54]

As declarações atribuídas a Hugo Borghi repercutiram nos jornais da grande imprensa do eixo Rio-São Paulo, soando como uma bomba na opinião pública, especialmente no seio da comunidade negra. Os asseclas do candidato "marmiteiro" se apressaram em sair em sua defesa, negando que ele tenha proferido aqueles insultos racistas. Em entrevista ao *Diário da Noite* Paschoal Luiz Caetano, membro do Diretório Estadual do PTN e candidato a deputado federal pelo mesmo partido, resolveu colocar os pingos nos iis. Borghi nunca teria concedido entrevista alguma, a quem quer que fosse, para falar sobre questões raciais. O que o matutino carioca publicou teria sido um "A pedidos", uma notícia paga e escrita por interessados em incompatibilizar o "leader marmiteiro" com as massas trabalhadoras. Caetano assegurava, para desmentir aquela "calúnia insidiosa", que os diretórios nacional, estadual e municipal do PTN possuíam "negros e mulatos" em funções diretivas. Questionado a citar algum exemplo, ele respondeu: "Eu sou mulato. E isso não impediu ao meu amigo Borghi de me ter ao seu lado, como membro do Diretório Estadual e de me haver indicado para representar o PTN na Câmara Federal, pois sou candidato a deputado". Na opinião de Caetano, as declarações racistas de Borghi eram apócrifas e não passavam de "intriga" da oposição, fruto do "pavor" que a vitória do candidato "marmiteiro" estaria provocando nas "hostes adversárias".[55]

Realmente, as afirmações contra negros, mulatos e caboclos, atribuídas a Borghi, foram publicadas na seção de "A pedidos" do *Jornal do Comércio*. Tal seção, de anúncios ou notícias variadas, era paga, por isso o matutino carioca não se responsabilizava pela veracidade das informações nela veiculadas. Não menos suspeito é o fato

---

54   *Jornal do Commercio*. Rio de Janeiro, 24 e 25/07/1950, p. 13.

55   *Diário da Noite*. Rio de Janeiro, 08/08/1950, p. 2. Um articulista do *Jornal de Notícias*, que assinava pelo codinome Monsieur Bergeret, também não acreditava que Borghi tivesse pronunciado as "tolices que lhe atribuem a respeito de negros, judeus e japoneses". Tudo isso seria invenção de contrapropaganda, ou seja, tratava-se de manobra de adversários no meio da campanha eleitoral. "É lamentável", dizia Bergeret, "que a presente campanha venha descambando para rumos desprimorosos e argumentos ridículos". *Jornal de Notícias*. São Paulo, 08/08/1950, p. 3.

de que o jornalista da suposta entrevista com Borghi ter se mantido no anonimato e omitido dados importantes como, por exemplo, o local onde o candidato a governador pelo PTN teria sido "ouvido pela imprensa". As presumíveis declarações racistas de Borghi, embora nunca comprovadas, foram tomadas como verdade por parte da opinião pública, provocando reações diversas. A comunidade negra da capital paulista, por meio de suas associações e imprensa, sentiu-se ofendida e, com alarde, resolveu convocar uma passeata em desagravo ao "leader marmiteiro".

"A comissão da Federação das Associações Negras do Estado de São Paulo", divulgou o *Jornal de Notícias*, "convida os negros e o povo em geral que se orgulha de sua nacionalidade brasileira, para uma passeata, em sinal de protesto às palavras insultuosas aos negros e brasileiros pelo sr. Borghi". A passeata, que ocorreu no dia 6 de agosto, um domingo, teve início na Praça da Sé, às 18h, e percorreu as ruas do centro de São Paulo. Ao pé da herma de Luiz Gama, no Largo do Arouche, usaram da palavra os oradores "patrícios".[56] Já em algumas cidades do interior, a reação da comunidade negra não foi diferente. Em Ribeirão Preto, a Frente Negra, com o "concurso de todas as entidades de cor da terra do café, após uma reunião realizada, deliberou organizar uma passeata-monstro em protesto às invectivas do sr. Hugo Borghi, publicadas no *Jornal do Comércio*, do Rio de Janeiro".[57]

O *Jornal de Notícias* classificou aquele episódio como o mais "infeliz" da campanha eleitoral do candidato a governador pelo PTN. Suas palavras "cheias de desprezo tocaram profundamente, e com razão, as vítimas a que foram dirigidas, e de tal forma que reações vivas se levantaram e contiuam a levantar-se, protestando contra o gesto impatriótico do 'marmiteiro de ouro'". O periódico, na mesma edição, abriu espaço para Galdino Ferreira Santos, o então presidente da Legião Negra do Brasil, manifestar sua revolta e indignação: "Não poderia deixar de dizer algo que condensasse o meu sentir e o de todos os meus companheiros, ante o insulto com que nos feriu Hugo Borghi". Seus comentários "infelizes", motivados por "paixões inferiores" e "maus propósitos", revelariam sua "verdadeira vocação moral e política". Na avaliação de Galdino Santos, os negros, já tendo formado uma "consciência cívica", sabem tomar posição contra aqueles que, "meros aventureiros megalomaníacos, sonham governar para melhor tripudiar sobre este solo, calcando sob o tacão de sua índole nazista as legítimas expressões de brasilidade". A

---

56 *Jornal de Notícias*. São Paulo, 05/08/1950, p. 1; *Jornal de Notícias*. São Paulo, 08/08/1950, p. 3.

57 *Jornal de Notícias*. São Paulo, 05/08/1950, p. 1.

resposta àquela "insolência" seria dada nas urnas. "Os homens de cor de São Paulo" – concluiu o presidente da Legião Negra – "estão unidos, mais do que nunca, para apoiar Lucas Nogueira Garcez – este grande amigo nosso, que tão bem nos sabe compreender e que levará, para o governo de São Paulo, uma vigorosa capacidade de trabalho e uma não menos vigorosa garantia de honestidade e honradez".[58]

Durante a campanha Lucas Nogueira Garcez, o candidato do PSP apadrinhado por Adhemar de Barros, explorou politicamente a polêmica relacionada aos supostos comentários racistas do seu adversário. Em 13 de setembro, a *Folha da Manhã* estampou na sua primeira página a foto de Lucas Garcez apertando fraternalmente a mão de um homem negro. Acompanhava a foto um texto, cujo título era bem sugestivo ("Garcez não tem preconceitos raciais"), informando que o candidato do PSP era "bastante democrata e cristão", não nutrindo "mesquinhos preconceitos raciais". Em vez disso, tratava todas as pessoas como cidadãs, reconhecendo, por sinal, a contribuição de negros e imigrantes para a construção da "nossa raça e engrandecimento da nossa terra".[59]

As eleições de 3 de outubro se aproximavam. Investir nas lideranças locais, sobretudo populares – das associações cívicas, beneficentes, recreativas, culturais, desportivas e de moradores – para conseguir penetrar nos bairros da Capital e nas cidades do interior, promover comícios, incorrer em discursos de cunho assistencialista, fazer promessas de políticas públicas em benefício do "povo", estabelecer contato direto com o eleitor a fim de conquistá-lo pela base, veicular material de propaganda, deram a tônica da disputa acirrada travada entre o PSP e o PTN pelo Palácio dos Campos Elíseos. No final Adhemar conseguiu fazer o seu sucessor, Lucas Nogueira Garcez, que venceu nas urnas a disputa com Hugo Borghi. O mandato do novo Governador se iniciou em 31 de janeiro de 1951, num ambiente de entusiasmo e promessas ruidosas. O sistema populista foi preservado, assim como a correlação de forças político-sociais.

Nessa conjuntura não tardou para Nestor Macedo preparar uma representação e remetê-la ao "Exmo. Sr. Dr. Lucas Nogueira Garcez", reclamando que estava sendo caluniado pela Secretaria de Segurança Pública, por indivíduos "sem escrú-

---

58 *Jornal de Notícias*. São Paulo, 23/08/1950, p. 4.
59 *Folha da Manhã*. São Paulo, 13/09/1950, p. 1. Sobre o episódio dos comentários de Borghi e seus desdobramentos, ver também LOPES, Maria Aparecida de Oliveira. *História e memória do negro em São Paulo: efemérides, símbolos e identidade (1945-1978)*. Tese (Doutorado) – Universidade do Estado de São Paulo, 2007, p. 42-43.

pulos, despeitados, invejosos", que procuravam colocá-lo "em má situação com o Secretário de Segurança, fazendo assim intriga", chegando ao ponto de dizer que ele havia sido "condenado há várias vezes". Macedo não mencionava nomes e falava com "abundância" de si próprio e de suas "virtudes". Insistia que tudo aquilo não passava de "uma perseguição" e solicitava a Lucas Garcez que fizesse justiça, de modo que aqueles indivíduos fossem punidos na forma da lei.[60]

Por ordem do próprio Governador, a representação foi enviada a Elpídio Reali, o Secretário de Segurança Pública. Este, por sua vez, mandou o documento à 4ª Divisão Policial, ficando a cargo de Benedito de Carvalho Veras, um dos Delegados de Repressão e Vadiagem, tomar as providências cabíveis. Nestor Macedo foi convocado a prestar "declarações" e, na oportunidade, já não alegava mais perseguições por parte da Secretaria da Segurança Pública. Apontava indivíduos do partido político adversário que lhe vinham ameaçando. Mencionava nomes mas não exibia elementos de provas. Como sempre falava de suas "virtudes" e repetia a "sua baralhada habitual". Depois de ouvir Macedo e tomar conhecimento dos relatórios produzidos sobre ele pelo Serviço de Informações do "SS", o delegado Carvalho Veras concluiu: "trata-se de pessoa sem idoneidade. Prevalecendo-se da política procura tirar proveitos próprios. Faz uma representação confusa ao Senhor Governador, queixa-se de não sei quem, e não apresenta responsáveis". Convidado para "esclarecer, dá uma versão completamente diferente da queixa anterior". Por esses motivos, a representação daquele líder afro-brasileiro foi denegada.[61]

Não desperdiçando a oportunidade de se credenciar junto às autoridades do Estado, Macedo se reportava diretamente ao "Exmo. Sr. Dr. Lucas Nogueira Garcez". Isto é um indicador de como, no sistema populista, as camadas subalternas não utilizavam – ou procuravam não utilizar – de intermediários na sua via de acesso aos chefes políticos.[62] Quem dera. As denúncias apresentadas pelo "Rei dos bailes" eram infundadas, o que compeliu o serviço de inteligência da polícia a formular um con-

---

60 Representação de Nestor Macedo, da Ala Negra Progressista, ao "Exmo. Sr. Dr. Lucas Nogueira Garcez, DD. Governador do Estado de São Paulo". São Paulo, s/d. Dossiê 50-J-125. DEOPS/SP, AESP.

61 Relatório de Benedito de Carvalho Veras, Delegado de Repressão e Vadiagem da 4ª Divisão Policial, ao Delegado de Ordem Política e Social. São Paulo, 31 de outubro de 1951. Dossiê 50-J-25, 6A. DEOPS/SP, AESP.

62 DEBERT, Guita Grin. *Ideologia e populismo*: A. de Barros, M. Arraes, C. Lacerda, L. Brizola. São Paulo: T. A. Queiroz, 1979.

ceito depreciativo dele, sem direito a qualquer tipo de indulgência.[63] Não obstante, devemos desconfiar dessas ilações apressadas. Talvez aquele líder negro fosse alguém cuja idoneidade pudesse ser colocada em xeque, mas de confuso – no sentido de padecer de delírios ou ideias desorganizadas – não tinha nada. Astucioso, sabia muito bem onde pisar no campo movediço do populismo, procurando tirar vantagens das situações as mais diversas. Isto não significa que ele fosse coerente ou desprovido de um ideal, mesmo porque a vida "talvez seja um feixe de contradições, e a tentativa de impor coerência a ela seja um equívoco".[64] Ambíguo, eis o predicado mais apropriado para defini-lo. Quando se filiou ao PSP e tornou-se um aguerrido prosélito de Adhemar de Barros, Macedo compactuava (e mesmo se inspirava) das práticas assistencialistas, patrimonialistas e clientelistas do partido, porquanto não parece que sua militância almejava, *tout court*, "tirar proveitos próprios"; ele quiçá acreditasse no projeto político do mago do populismo, por entender que fosse a melhor alternativa para os negros. Senão, ele dificilmente protagonizaria tantas pelejas em nome do PSP.

Dia 7 de agosto de 1951. Nestor Macedo compareceu à Delegacia de Repressão e Vadiagem para prestar declarações. Ratificou a representação feita ao Governador do Estado, na qual pedia providências diante dos fatos que narrava. O prédio onde estava instalada a sede da Ala Negra Progressista – agremiação da qual era a principal liderança – pertencia a Francisco dos Santos Batista Filho. A sede ocupava o andar superior do edifício, já no andar inferior funcionava um bar e uma padaria. Devido às dificuldades de arcar com o valor do aluguel, a agremiação iria mudar-se para outro endereço, mas o proprietário do imóvel autorizou que ela continuasse instalada no mesmo local gratuitamente. Para oficializar a autorização, Macedo pediu a Francisco Batista Filho que lavrasse um contrato de locação, o que foi feito pelo prazo de três anos. Entretanto, este, a partir das eleições de outubro de 1950, passou a perseguir aquele por questões político-partidárias. Macedo contava que, a

---

63 O comportamento de Nestor Macedo parecia corresponder ao "fenômeno" novo apontado pelo relatório da Comissão para o Estudo das Relações Raciais durante a pesquisa UNESCO em São Paulo, que era o "aparecimento de elementos inescrupulosos que, em nome da raça, se abeiram nos partidos e nas portas dos políticos mais abastados, constituindo-se em líderes, possuidores de cem, duzentos e até quinhentos mil votos arregimentados, vendendo o voto negro. É um caso de polícia a atividade desses picaretas em vésperas de eleições". [TEIXEIRA, Jorge Prado?]. Relatório – Arregimentação eleitoral e politização no meio negro. Fundo Florestan Fernandes. BCo/UFSCar, 02.04.4539, p. 5. Tudo indica que este relatório foi escrito no ano de 1951 por Jorge Prado Teixeira, um militante negro, ligado à Associação José do Patrocínio, que prestou construtiva colaboração à Comissão para o Estudo das Relações Raciais durante a pesquisa UNESCO em São Paulo.

64 DARTON, Robert. *Op. Cit.*, p. 200.

dois meses das eleições, Batista Filho conversou diretamente com ele e o ofereceu a importância de cinquenta mil cruzeiros, para que ele e a Ala Negra deixassem de apoiar o PSP e trabalhassem na campanha de Hugo Borghi. A proposta foi recusada. O proprietário então passou a fazer referências desabonadoras a Adhemar de Barros e a Lucas Nogueira Garcez e, em contrapartida, exaltava a figura de Hugo Borghi. Inconformado com a vitória do partido de Macedo, o PSP, Batista Filho intensificou a perseguição com calúnias e ameaças de morte. Houve ocasião em que o irmão deste chegou a procurar aquele na sede da Ala Negra, de revolver em punho, para matá-lo. A sede da agremiação, aliás, já teria sido apedrejada várias vezes. Para dar um basta nessas ameaças do proprietário e de seus capangas, Macedo solicitava que o Governador do Estado tomasse as devidas providências.[65]

Mais um episódio da coleção de quiproquós nos quais o "Rei dos Bailes" se viu envolvido. Suas declarações prestadas na Delegacia de Repressão e Vadiagem, evidentemente, podem ser questionadas. Dificilmente Francisco dos Santos Batista Filho, um comerciante, seria tão generoso a ponto de isentar um inquilino do pagamento do aluguel do imóvel durante três anos – sobretudo se esse inquilino fosse um desafeto político-partidário –, exceto se se quisesse, com tal gesto, "comprá-lo" politicamente. Seja como for, cumpre salientar como Macedo era visto como uma referência do PSP no bairro onde atuava ou, antes, um caudatário dos interesses eleitorais de Adhemar de Barros; e a Ala Negra Progressista, por sua vez, tida como uma espécie do comitê dos negros daquele partido.

As análises sobre a política paulista no período de 1945 a 1964 têm sublinhado o carisma e a capacidade de manipulação das lideranças populistas como fator do seu sucesso. Entrementes, faz-se necessário não se descuidar do papel desempenhado por uma rede de contatos e alianças locais, estabelecida e fomentada por tais políticos. Era essa rede que no "cotidiano defendia e lutava por essas lideranças e, nos períodos eleitorais, era amplamente acionada para comandar as campanhas locais de seus candidatos".[66]

---

[65] Termo de declarações de Nestor Macedo ao Dr. Antonio Lotito Salvia, Delegado Adjunto de Repressão e Vadiagem. Delegacia de Repressão e Vadiagem. São Paulo, 7 de agosto de 1951. Dossiê 50-J-125. DEOPS/SP, AESP.

[66] FONTES, Paulo. *Op. Cit.*; PEREIRA NETO, Murilo Leal. *Op. Cit.*

Caderno de imagens

Imagem 44 – Edição comemorativa à Mãe Negra – (Alvorada. São Paulo, set./1945).

SECRETARIA DA SEGURANÇA PÚBLICA
DEPARTAMENTO DE ORDEM POLÍTICA E SOCIAL
SÃO PAULO

Sub-Chefia de Ordem Política.-

DATA	INVESTIGAÇÃO	RELATÓRIO FEITO POR
10/9/949.	N.º 221.-	Atila Gonçalves Orsi e outros
ASSUNTO: FESTEJOS EM COMEMORAÇÃO Á DATA DE 7 DE SETEMBRO.		DIRIGIDO A o sr. dr. João Guedes Tavares, dd. Del. Esp. de Ordem Política.-

 A "ALA NEGRA PROGRESSISTA" fez realizar no dia 7 p.-passado, em Mogi das Cruzes, diversos festejos em comemoração áquela data, aos quais compareceram 500 pessoas, mais ou menos.

 No páteo do cine Urupema foi oferecido um churrasco aos convidados, com início ás 13,00 horas. Mais tarde, no mesmo local, houve baile que se prolongou até ás 5,00 horas do dia seguinte.

 Tudo decorreu na mais perfeita ordem.

 Saudações atenciosas.

B/P.

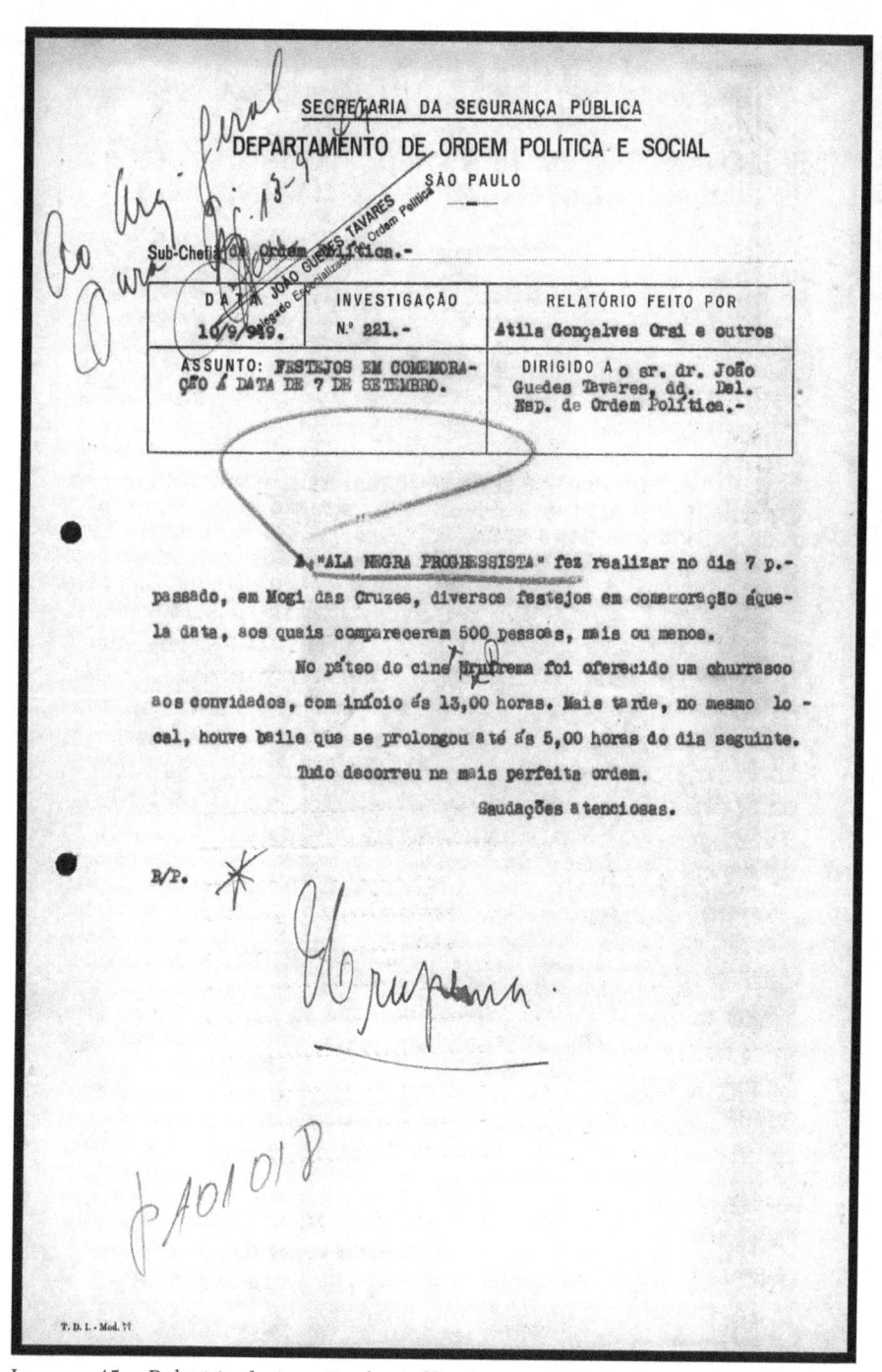

Imagem 45 – Relatório do investigador infiltrado em atividade promovida pela Ala Negra Progressista (DEOPS, AESP).

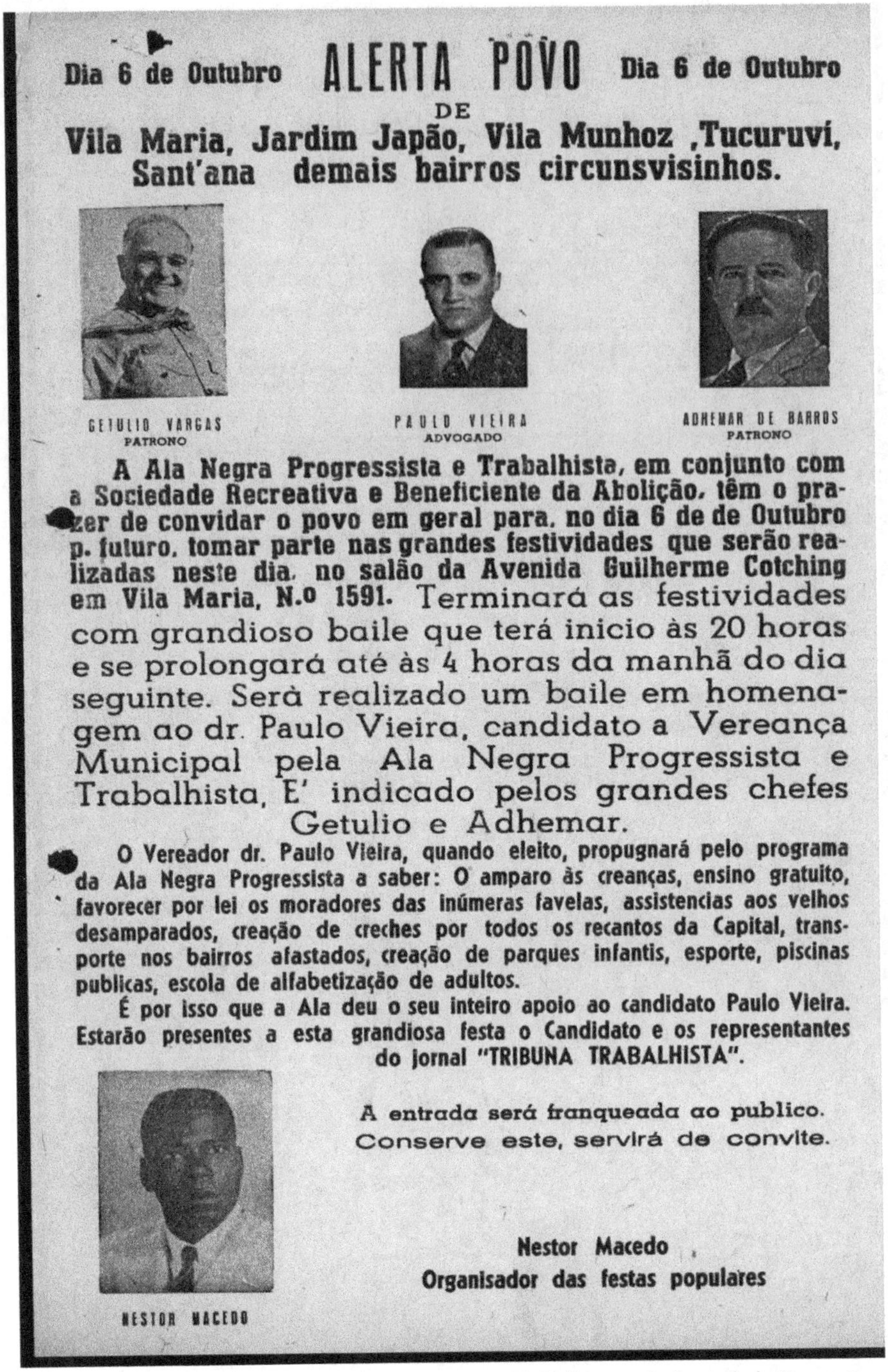

Imagem 46 – Prospecto da Ala Negra Progressista e Trabalhista e da Sociedade Recreativa e Beneficente da Abolição (DEOPS, AESP).

Imagem 47 – Folheto da festa da Mãe Preta (DEOPS, AESP).

> **Alerta para os dias 28 e 29 de Junho de 952**
> ALERTA PARA A GRANDE FESTA DA CHITA!
>
> O GRUPO ADHEMARISTA toma á liberdade de convidar o povo em geral para assistir as festividades em homenagem ao Doutor Adhemar de Barros, Professor Lino de Mattos, Coronel Ribamar e gloriosos paraquedistas da Força Publica de São Paulo, que tão bem se houveram na arrancada humanitaria contra as selvas bravias!
>
> Adhemar
> A esperança do povo do Brasil
>
> Nestor Macedo
> soldado adhemarista
>
> No decorrer das festividades haverá churrasco de vitelo, quentão, fogos de artificio, danças á caipira e será o Professor Lino de Mattos aclamado o **HEROI DAS SELVAS**.
> Esta homenagem é organizada por Adriano Augusto Chabrega e Nestor Macedo, representante da Sociedade Recreativa e Beneficente da Abolição, sita á Estrada do Cursino n. 2515, - Salão Pavuna, na Vila Moraes, com onibus na porta com partida no Largo Guanabara, onde se desenrolarão as festividades.
> Dia 28 das 21 ás 4 horas da manhã e dia 29 das 15 ás 24 horas.
> ──────── Não percam estas grandiosas festas familiares. ────────

Imagem 48 – Flyer da festa da Chita (DEOPS, AESP).

Imagem 49 – Folheto de propaganda eleitoral de Adélio Alves da Silveira (UEIM-UFSCar).

Imagem 50 – Notícia sobre a mobilização dos "homens de cor" contra Hugo Borghi, candidato a governador em 1950 (*Jornal de Notícias*. São Paulo, 23/08/1950).

PASSEATA POLITICA DE HOMENS DE CÔR

O caso das afirmações atribuidas ao sr. Borghi — Declarações atribuidas ao sr. Adhemar

Domingo, ás 18 horas, realizou-se nas ruas centrais da cidade uma passeata de homens de côr, em desagravo a declarações atribuidas ao sr Hugo Borghi, candidato do Partido Trabalhista Nacional a governador do Estado, sobre os votos de cidadãos brasileiros pertencentes a varios grupos etnicos não procedentes da Europa mediterranea.

Varios oradores falaram todos eles na pressuposição da autenticidade das declarações citadas, condenando-as.

DECLARAÇÕES INDEVIDAMENTE ATRIBUIDAS A ADHEMAR

A proposito das declarações atribuidas ao governador Adhemar de Barros, pelas quais o presidente do Partido Social Progressista teria dito, em S. Luís do Maranhão que repudiaria os votos dos filhos de italianos de São Paulo, o sr. Ernesto Sepe, membro do PSP e descendente de italiano, prestou-nos as seguintes declarações:

— "A origem de tais declarações nosso partido já conhece com plena certeza. Trata-se de manobra de adversarios, com redação no Rio de Janeiro e passado para esta Capital por telefone. O sr. Adhemar de Barros não diria uma incoerencia de tal quilate, pois seu partido há uma maioria de cidadãos brasileiros descendentes de velhas famílias italianas. Eu proprio descendo de italianos, bem como os candidatos Erlindo Salzano ou o presidente do gremio, sr. Barone Mercadante. Tão inconsistente é a mentira assacada contra o chefe populista, que o povo saberá perfeitamente repudiá-la. Não nos preocupa, simplesmente".

Imagem 51 – Notícia sobre a passeata dos "homens de cor" contra Hugo Borghi (*Jornal de Notícias*. São Paulo, 08/08/1950).

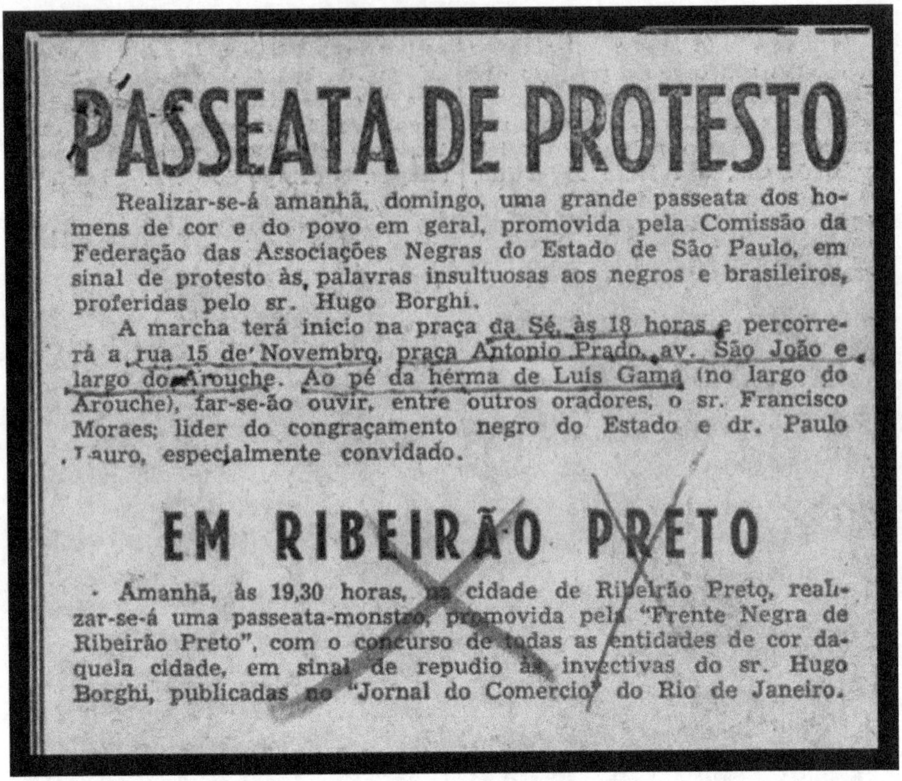

PASSEATA DE PROTESTO

Realizar-se-á amanhã, domingo, uma grande passeata dos homens de cor e do povo em geral, promovida pela Comissão da Federação das Associações Negras do Estado de São Paulo, em sinal de protesto às palavras insultuosas aos negros e brasileiros, proferidas pelo sr. Hugo Borghi.

A marcha terá início na praça da Sé, às 18 horas e percorrerá a rua 15 de Novembro, praça Antonio Prado, av. São João e largo do Arouche. Ao pé da herma de Luís Gama (no largo do Arouche), far-se-ão ouvir, entre outros oradores, o sr. Francisco Moraes, líder do congraçamento negro do Estado e dr. Paulo Lauro, especialmente convidado.

EM RIBEIRÃO PRETO

Amanhã, às 19,30 horas, na cidade de Ribeirão Preto, realizar-se-á uma passeata-monstro, promovida pela "Frente Negra de Ribeirão Preto", com o concurso de todas as entidades de cor daquela cidade, em sinal de repudio às invectivas do sr. Hugo Borghi, publicadas no "Jornal do Comercio" do Rio de Janeiro.

Imagem 52 – Nota sobre a manifestação organizada pela Federação das Associações Negras do Estado de São Paulo (DEOPS, AESP).

Duas mãos estendidas

A Ala Negra Progressista funcionou como centro de agitação político-eleitoral do PSP de Adhemar de Barros. Seu logotipo – que aparecia nos papéis oficiais, panfletos e boletins – era duas mãos estendidas e entrelaçadas, cumprimentando-se mutuamente: uma negra e outra branca, tendo como imagem de fundo as siglas iniciais do Partido Social Progressista, estampadas em letras garrafais. Simbolicamente, tal logotipo encerrava o ideal de fraternidade racial da agremiação, para a qual negros e brancos deveriam ficar irmanados em clima de paz e harmonia, no mesmo projeto de união nacional, sob a égide do PSP. Em alguns documentos a A.N.P. é apresentada como "parte integrante do Partido Social Progressista" ou simplesmente como "Ala Negra Progressista de Adhemar de Barros".

Quando a agremiação patrocinou na sua sede uma solenidade de posse da Diretoria Feminina em 1949, havia a expectativa de que ele, então governador do Estado, e Leonor Mendes de Barros, a sua esposa, comparecessem ao evento, mas, por causa de um imprevisto, acabaram enviando representantes. Na sessão de discursos o primeiro orador foi Mário Birol, que pediu a "todos e à nova diretoria a colaboração máxima em prol da candidatura do Dr. Adhemar de Barros à presidência da República". Em seguida José Augusto Rosa e Alcina Junqueira fizeram uso da palavra, limitando-se a "elogiar o governador do Estado, dizendo que o mesmo, em três anos de governo, muito fez em benefício do povo paulista e muito fará quando for eleito presidente da República". Às 23h foi encerrada a solenidade, momento em que teve início o baile em regozijo às mulheres negras.[67]

O subdiretório da Penha da A.N.P. realizava todas as quintas-feiras à noite uma sessão de cinema ao ar livre, frequentada "em média por 2.500 pessoas". As exibições dos filmes eram feitas no pátio externo, durante as quais se irradiavam, pelo microfone, mensagens que enalteciam o nome de Adhemar de Barros.[68] Consi-

---

67 Ofício de Nestor Macedo, "representante geral da Ala Negra Progressista", ao Sr. Dr. Paulo Rangel, Delegado da Ordem Política e Social. São Paulo, 8 de agosto de 1949. Prontuário 101 018, Ala Negra Progressista. DEOPS/SP, AESP. Relatório do investigador Antonio Jerônimo Filho ao Sr. Dr. João Guedes Tavares, Delegado Especial de Ordem Política e Social. São Paulo, 11 de agosto de 1949. Prontuário 101 018, Ala Negra Progressista. DEOPS/SP, AESP. Ver também Dossiê 50-J-125, 6.

68 Ofício de Nestor Macedo – "representante geral da Ala Negra Progressista, parte integrante do PSP" – e José Mazariolli – "Presidente da Ala Negra Progressista (sub-diretório da Penha), parte integrante do PSP" – ao Sr. Dr. Paulo Rangel, Delegado de Ordem Política e Social. São Paulo, s/d. Prontuário 101 018, Ala Negra Progressista. DEOPS/SP, AESP.

derando que o cinema constituía uma das fontes de recreação mais cobiçadas da capital paulista nas décadas de 1940 e 1950,[69] as sessões de filmes convertiam-se em chamarizes da "patuléia" dos bairros periféricos da Zona Leste da cidade.

A Ala Negra canalizava seu aparato, seus recursos (humanos e financeiros) e sua influência para fazer propaganda daquele político populista. Antes, porém, de qualquer avaliação precipitada, convém dizer que a postura da A.N.P. não era de puro oportunismo, nem de desvio de sua "autêntica" vocação. Nestor Macedo nunca ocultou que a agremiação era vinculada ao PSP de Adhemar de Barros. Pelo contrário, ele procurou amiúde estreitar os laços de aliança e cooperação entre ambas as partes, instrumentalizando a A.N.P. para promover no meio afro--brasileiro aquele cacique político, de quem, por sinal, declarava ser um grande admirador. A prova disso é que Adhemar foi várias vezes homenageado pela agremiação. No dia 12 de fevereiro de 1950 ela realizou a "Festa Progressista" na Vila Moraes, em homenagem a ele, então governador do Estado. Para maior comodidade, foi oferecido ônibus gratuitamente para fazer o transporte dos "convidados e do povo em geral", percorrendo da localidade do evento ao Largo Guanabara – no atual bairro do Paraíso. Na programação estava prevista "uma partida de futebol", logo após, um "formidável churrasco", sendo que a "festa" contaria com a presença do "digníssimo governador".[70]

Infelizmente não foi possível saber se Adhemar de Barros compareceu ao evento; certo é que a Ala Negra Progressista não perdia a oportunidade para celebrá-lo e manifestar o seu apoio ao PSP. Nas eleições para a Câmara Municipal de 1951 ela assumiu o papel de "correia de transmissão" desse partido, engajando-se de forma ostensiva na campanha dos candidatos *ademaristas* e fazendo uso político-eleitoral dos eventos que organizou. As evidências, nesse sentido, são muitas e incontestes. Para começar, vale a pena fazer alusão ao panfleto distribuído na Zona Leste paulistana entre final de agosto e início de setembro de 1951, no qual se fazia uma convocação geral para um "grande baile" no dia da independência do Brasil:

---

69 MARCONDES, José Vicente Freitas. "Aspectos do trabalho e do lazer em São Paulo". In: MARCONDES, José Vicente Freitas e PIMENTEL, Osmar. *São Paulo: espírito, povo, instituições.* São Paulo: Pioneira, 1968.

70 Ofício de Nestor Macedo, 2º representante da Ala Negra Progressista, ao Sr. Dr. Elpídio Reali, Diretor da Ordem Política e Social. São Paulo, fevereiro de 1950. Prontuário 101 018, Ala Negra Progressista. DEOPS/SP, AESP.

Alerta dia 7 de setembro...

Dia da independência do Brasil!

Alerta povo de Vila Santa Isabel, Água Rasa, Vila Formosa, Mãe do Céu, Vila Santo Estevão, Vila Carrão, Vila Manchester, Vila Califórnia e demais bairros vizinhos. A Sociedade Recreativa Beneficente da Abolição tem o prazer de comunicar ao povo em geral dos bairros acima citados, que está convidado para o grande baile que se realizará dia 7 de setembro das 15 até às 24 horas, no salão da Ala Negra Progressista e Trabalhista sita à Rua Torre de Pedra, nº 1, no antigo salão do Olaria, ponto final do ônibus Santa Isabel. O baile será patrocinado pelo Dr. Paulo Vieira, candidato à vereança municipal de São Paulo. Estará presente à solenidade a grande figura do Ex. Governador Dr. Adhemar de Barros em companhia do patrocinador da festa e também o presidente do Sindicato das Empregadas Domésticas do Estado de São Paulo e o jornal 'A Tribuna Trabalhista'. Os convidados terão o prazer de assistir a diversos filmes que serão exibidos ao ar livre. A festa será organizada pelo Rei dos Bailes Populares, Nestor Macedo. A entrada será franqueada ao público.[71]

Além do panfleto, foi possível ter acesso ao relatório produzido pelo agente do Deops que acompanhou essa atividade "recreativa". Sintetizando: ele descrevia que, no dia 7 de setembro de 1951, a Ala Negra Progressista realizou uma "reunião dançante" em seu salão, situado na Rua Torre de Pedra, nº 1. Iniciou-se "às 20 horas, perante uma assistência de mais ou menos cento e cinquenta pessoas". Durante o evento, o Presidente do Sub-Diretório do Partido Social Progressista de Vila Formosa ocupou o microfone. Fez a apresentação do "Dr. Paulo Vieira" e *incontinenti* lhe deu a palavra. Este "inicialmente agradeceu a presença de todos, focalizando na sequência a data de nossa independência. Abordou a questão racial, mostrando aos presentes que a Constituição brasileira não admitia a diferenciação das raças". Depois de elogiar o governo progressista de Adhemar de Barros, solicitou da Ala Negra o "apoio à sua candidatura". Finalizando a parolagem, o Presidente do Sub-Diretório de Vila Formosa ocupou mais uma vez o microfone, reiterando os pedidos de apoio à "candidatura do Dr. Paulo Vieira. Prontamente foi reiniciada a reunião dançante, que se prolongou até às 24 horas".[72]

---

71 Panfleto "Alerta dia 7 de Setembro... Dia da Independência do Brasil". São Paulo, s/d. Prontuário 101 018, Ala Negra Progressista. DEOPS/SP, AESP.

72 Relatório do investigador Almério Gonçalves Amorim Jr. ao Dr. Paulo Rangel, Delegado de Ordem Política e Social. São Paulo, 8 de setembro de 1951. Dossiê 50-J-125, 8. DEOPS/SP, AESP.

A estratégia da A.N.P. era quase sempre a mesma. Para mobilizar a comunidade negra, patrocinavam-se programas recreativos, festivos e de lazer (apresentações musicais, sessões de cinema, piqueniques, partidas de futebol, almoços, churrascos e bailes dançantes), envoltos numa atmosfera de alegria, euforia e descontração. Convidavam-se os apaniguados políticos de Adhemar de Barros do PSP e, no meio da programação, fazia-se um intervalo, quando estes subiam ao palco, eram apresentados ao público e discursavam ao microfone. Enquanto alguns deles evocavam a questão racial em seus discursos, todos faziam promessas, pediam votos e conclamavam as pessoas presentes a apoiarem Adhemar.

Estudando bairros populares de São Paulo nesse período, Maria Célia Paoli e Adriano Duarte verificaram que as atividades festivas e sociais funcionavam como uma espécie de polo aglutinador de interesses díspares. O que as organizações políticas (os comitês democráticos, as sociedades amigos de bairro, as uniões de moradores e os vários partidos políticos) fizeram, efetivamente, foi apropria-se da tradição de sociabilidade disseminada pelas várias comunidades dos bairros, pois eram elas que davam suporte para a ação político-partidária. De modo geral "as festas não apenas davam forma, conteúdo e amálgama às comunidades, como produziam o *locus* da constituição da identidade de cada uma delas". As várias formas de "lazer eram, simultaneamente, a expressão simbólica e a materialização de um sentido concreto de comunidade, resultado da conjunção de experiências sociais e políticas compartilhadas".[73]

No que concerne a São Miguel Paulista – bairro da extrema Zona Leste da Capital –, Paulo Fontes identificou no mundo da política uma "forte presença musical e cultural". Os comícios ali eram quase sempre acompanhados por apresentações de músicos e bandas locais. No período de "grande popularidade do Partido Comunista na região, logo após a II Guerra, marchinhas e chorinhos foram compostos pelos moradores locais para homenagear o partido e seu líder, Luís Carlos Prestes".[74] Os bailes e festas dançantes também fizeram parte da cultura política de São Mi-

---

73 PAOLI, Maria Célia e DUARTE, Adriano. "São Paulo no plural: espaço público e redes de sociabilidade". In: PORTA, Paula (org.). *História da cidade de São Paulo: a cidade de São Paulo na primeira metade do século XX (1890-1954)*. vol. 3. São Paulo: Paz e Terra, 2004, p. 93.

74 FONTES, Paulo. *Op. Cit.*, p. 156. Para a atuação dos comunistas no segmento da cultura popular no Rio de Janeiro na segunda metade dos anos 1940, destacando aí a relação entre o PCB e o mundo do samba, consultar GUIMARÃES, Valéria Lima. *O PCB cai no samba: os comunistas e a cultura popular, 1945-1950*. Rio de Janeiro: Arquivo Público do Estado do Rio de Janeiro, 2009.

guel Paulista. Possibilidade de diversão comum para homens e mulheres, os bailes potencializavam momentos de voluptuosa convivência entre os setores populares do bairro, sendo utilizados por vezes com fins políticos.

*****

Dia 15 de setembro de 1951. O comício da Ala Negra Progressista iniciou-se por volta das 22h, com um baile em recinto fechado, localizado na Estrada Velha de São Miguel, n° 261. Notou-se "a presença de mais ou menos seiscentas pessoas, na maioria elementos de cor". Às 23h15 Paulo Vieira – então candidato a vereador pela legenda do Partido Social Progressista – chegou ao local. Fez uso da palavra, tecendo elogios ao governo de Adhemar de Barros, bem como expressando sua confiança em ser um "legítimo representante do povo no nosso legislativo municipal". Às 24h10 retirou-se do salão, "sendo reiniciado o baile, que durou até às 4 horas da madrugada".[75]

Geralmente realizados em algum bairro da periferia paulistana, os programas de lazer, sob os auspícios da A.N.P., eram concorridos e aguardados com expectativas. Entrada gratuita, muita música, dança, conversa animada, oportunidade de paquera e, principalmente, entretenimento, eis a fórmula do sucesso. Momentos em que a população negra e da periferia quebravam a rotina e se desvencilhavam das tensões raciais e sociais cotidianas – investindo na sociabilidade, esmerando-se na lábia, no charme e na beleza –, os bailes conferiam a cada um dos participantes uma confortável sensação, quase sempre traduzida através da expressão "estar à vontade".[76] Era justamente nesse clima de descontração que a A.N.P. buscava incidir no meio afro-brasileiro e cooptá-lo politicamente. Dos candidatos a vereador pelo Partido Social Progressista, ela abraçou a campanha de Paulo Vieira. Em panfleto-convite distribuído com alarde, em setembro de 1951, isso ficava patente:

---

75 Relatório do investigador Moacyr de Oliveira ao Sr. Dr. Paulo Rangel, Delegado de Ordem Política e Social. São Paulo, 17 de setembro de 1951. Prontuário 101 018, Ala Negra Progressista. DEOPS/SP, AESP. Nestor Macedo costumava superdimensionar a estrutura da Ala Negra Progressista. Em ofício enviado ao DEOPS, ele afirmava que o salão da festa em prol da candidatura de Paulo Vieira era uma sub-sede da agremiação. Ofício de Nestor Macedo, "representante da Ala Negra Progressista e Trabalhista", ao Sr. Dr. Paulo Rangel, Delegado da Ordem Política e Social. São Paulo, 28 de agosto de 1951. Prontuário 101 018, Ala Negra Progressista. DEOPS/SP, AESP.

76 GIACOMINI, Sonia Maria. *A alma da festa: família, etnicidade e projetos num clube social da Zona Norte do Rio de Janeiro – o Renascença Clube*. Belo Horizonte: Ed. UFMG, 2006, p. 33. Ver ainda MOREIRA, Renato Jardim. Brancos em bailes de negros. *Anhembi*. São Paulo, v. 24, n. 71, 1956, p. 274-288; MAUÉS, Maria Angélica Motta. Negros em bailes de negros: sociabilidade e ideologia racial no meio negro em Campinas (1950-1960). *Revista de Antropologia* (USP). São Paulo, v. 52, 2010, p. 705-734.

> Alerta trabalhadores dos bairros de Vila Espanhola, Vila Menino, Cachoeirinha, Vila Santa Maria, Bairros do Limão, Casa Verde, Parque Peruche e demais bairros circunvizinhos. A Ala Negra Progressista e Trabalhista e a Sociedade Beneficente e Recreativa da Abolição, têm o grande prazer de convidar o povo em geral, sem distinção de qualquer espécie, a fim de tomar parte na grandiosa festa recreativa que farão realizar, no próximo dia 22 de setembro de 1951, no salão da Rua Carmem, nº 71, ponto final do ônibus Cachoeirinha, perto do Centro Zacarias. A festa terá início às 20 horas, terminando às 4 horas do dia seguinte. Este grandioso baile será patrocinado pelo grande candidato populista de Getúlio e Adhemar, Dr. Paulo Vieira, e controlado pelo companheiro, Sr. Ariosto Lafiandra. O Dr. Paulo Vieira, se eleito, defenderá o programa da Ala Negra Progressista e Trabalhista, por isso tem o apoio da referida agremiação. Creche, direito das favelas, velhice desamparada, assistência social, transporte para os bairros afastados, água, luz. A entrada será franqueada ao público. Organização de Nestor Macedo, o popular "Rei dos Bailes".[77]

O panfleto-convite traz algumas questões relevantes da estratégia populista da A.N.P. Embora fosse uma "festa recreativa", a agremiação não escamoteava o caráter político da tertúlia, propalando o nome do político patrocinador (Paulo Vieira) e divulgando parte do programa eleitoral dele. A festa estava marcada para ocorrer em Cachoeirinha, um bairro afastado da Zona Norte, o que permite supor como a A.N.P. privilegiava a periferia da cidade de São Paulo – com toda sua carência de transporte, equipamentos de saúde, escolas e serviços públicos – como raio de ação. Talvez porque a periferia atraía um crescente adensamento populacional, transformando pobres moradores – muitos dos quais negros, migrantes e trabalhadores – em novos cidadãos sedentos por uma vida cotidiana mais digna na maior metrópole do Brasil. Ou porque a A.N.P. pressupunha, assim como alguns políticos populistas, que as *massas* da periferia eram apáticas e formadas em grande parte por cidadãos ignorantes, *bestializados*, incapazes de tomar decisões competentes por conta pró-

---

[77] Panfleto "Alerta dia 22 de setembro de 1951". São Paulo, setembro de 1951. Prontuário 101 018, Ala Negra Progressista. DEOPS/SP, AESP. Em outro panfleto de convocação do "povo em geral" para uma "grande festividade" no dia 6 de outubro de 1951, Paulo Vieira era apresentado como um candidato a vereador que, se eleito, propugnaria pelo "programa da Ala Negra Progressista, a saber: o amparo às crianças, ensino gratuito, favorecer por lei aos moradores das inúmeras favelas, assistência aos velhos desamparados, criação de creches por todos os recantos da Capital, transporte nos bairros afastados, criação de parques infantis, esporte, piscinas públicas, escola de alfabetização de adultos". Panfleto "Alerta Povo Vila Maria, Jardim Japão, Vila Munhoz, Tucuruvi, Santana e demais bairros circunvizinhos". São Paulo, outubro de 1951. Prontuário 101 018, Ala Negra Progressista. DEOPS/SP, AESP.

pria e que precisavam ser teleguiados no caminho das urnas de votação por uma elite política "esclarecida" e seus planos de desenvolvimento.[78]

Nas eleições municipais de 1951 foi mantida a "frente populista", oriunda da coligação PSP e PTB. Houve até o esboço de uma tentativa de fusão dessas duas siglas partidárias – e isso se refletiu na Ala Negra, que nessa fase passou a se identificar pela nomenclatura "Progressista e Trabalhista" –, mas as tratativas não prosperaram.[79] Getúlio Vargas era o então Presidente da República e aliado de Adhemar de Barros. Nesse contexto a A.N.P. não hesitava em associar a imagem de seu candidato, Paulo Vieira, a esses eminentes políticos populistas, mas, aqui, faz-se mister uma posição de cautela e não cometer anacronismos. Em 1951, o termo *populista* não tinha uma conotação negativa – sinônimo de demagogia ou manipulação das massas –, sendo empregado para adjetivar as figuras carismáticas, que sabiam se comunicar com o "povo" (especialmente com o povo trabalhador, organizado ou não em sindicatos e associações voluntárias) e desfrutavam de alto índice de aceitação popular. É nesse sentido, aliás, que deve ser interpretado o "título" conferido a Nestor Macedo: o "popular 'Rei dos Bailes'". Tudo indica que esse "título" não era obra do acaso. Conjugado à "parolagem habitual", ao dinamismo impetuoso e à facilidade de transitar entre os segmentos dos bairros periféricos, ele organizou mais de 15 bailes reunindo em média 300 pessoas – isto considerando tão somente a campanha eleitoral de 1951. Em outro panfleto-convite distribuído em setembro daquele ano, o "Rei dos bailes populares" novamente entrava em cena:

> Alerta.
>
> Grande Festa Recreativa.
>
> O Club Esportivo Zacarias em conjunto com a Ala Negra Progressista tem o prazer de convidar o povo em geral de Vila Espanhola, Cachoeirinha, Mirim, Casa Verde, Vila Santa Maria, Bairro do Limão e Freguesia do Ó, para tomar parte nos festejos deste dia, das 15 às 24 horas, à rua Carmino, n° 15, no

---

78 HOLSTON, James. *Cidadania insurgente*: disjunções da democracia e da modernidade no Brasil. São Paulo: Companhia das Letras, 2013, p. 321-322.

79 A ideia de fundir o PTB e o PSP teria partido de Adhemar de Barros. Seu objetivo era conquistar o controle político do campo trabalhista em São Paulo. Embora não tenha passado de conversações, "o fato foi amplamente explorado pela imprensa, surgindo insistentes notícias a respeito de um conflito entre Danton Coelho – Ministro do Trabalho e presidente em exercício do PTB – e Adhemar, com o primeiro acusando o segundo de pretender desagregar o PTB em benefício de seu próprio partido". SAMPAIO, Regina. *Op. Cit.*, p. 77.

ponto final de ônibus Cachoeirinha e Santa Maria, festejos esses organizados pelo rei dos bailes populares Nestor Macedo. Estarão presentes às festividades os candidatos à vereança da Capital – Dr. Paulo Vieira e Anaxilio Evangelista Barbosa, o presidente do Sindicato das Empregadas Domésticas do Estado de São Paulo, Dr. Marcelo Boesg e o representante do jornal *Tribuna Trabalhista*. A entrada é franca.[80]

Era comum a A.N.P. estabelecer parcerias com outras associações para levar a efeito tais "festas recreativas", sem contudo abrir mão da organização geral do evento, que ficava a cargo de Nestor Macedo, o "Rei dos bailes populares". Novamente, é possível observar como a agremiação priorizava sua atuação nos bairros que na época eram tipicamente periféricos da cidade de São Paulo – Vila Espanhola, Cachoeirinha, Mirim, Casa Verde, Vila Santa Maria, Bairro do Limão e Freguesia do Ó. Todos bairros da Zona Norte. Isto não impediu que a A.N.P. tentasse expandir o seu trabalho para outras regiões, inclusive para a extrema Zona Oeste. O panfleto de convite para uma "grandiosa festa", marcada para ocorrer no então distante bairro de Osasco no final de 1951, é uma evidência disso:

> A Ala Negra Progressista em conjunto com a Sociedade Rec[reativa] e Beneficente da Abolição, toma a liberdade de convidar o povo em geral para tomar parte numa grandiosa festa no salão Travessa da Paia, nº 35, na Vila Iara em Osasco, em homenagem aos candidatos coligados do P.S.P. e P.T.B., srs. Paulo Vieira e Maxil Evangelista Barbosa, candidatos únicos populistas de Getúlio e Adhemar. Será oferecido um churrasco pelo sr. Waldomiro M. de Godal. Haverá um comício com a presença dos candidatos, prolongando-se a festa, que terá início às 15 horas, até às 24 horas.[81]

Chama a atenção saber que os candidatos apoiados pela A.N.P. – Paulo Vieira e Maxil Evangelista Barbosa – eram definidos como sendo os "únicos populistas". Mais uma vez, o termo *populista* não se referia a um político que se valia da empulhação, da demagogia ou da má fé. Revestindo-se de outro significado, referia-se ao que na linguagem corrente se chama de político popular, alguém que representa, efetivamente, as aspirações e expectativas políticas do "povo". Em vez de depreciativa, a adjetivação *populista* era evocada como atributo positivo, denotando ao termo, portanto, o sentido de elogio, enaltecimento. Isto corrobora a assertiva segundo a

---

80   Panfleto "Alerta. Dia 23 de setembro. Grande Festa Recreativa". São Paulo, setembro de 1951. Prontuário 101 018, Ala Negra Progressista. DEOPS/SP, AESP.

81   Panfleto "Alerta 2 de setembro". São Paulo, agosto de 1951. Prontuário 101 018, Ala Negra Progressista. DEOPS/SP, AESP.

qual o termo populismo nasceu como uma virtude, tendo sido ressignificado no imaginário popular somente depois do golpe de 1964, quando passou de virtude para pecha, da qual todos os políticos querem se livrar.[82]

Não foi somente nas eleições de 1951 que a A.N.P. colocou-se a serviço do PSP. No pleito de 1958 para a Assembleia Legislativa, a Câmara dos Deputados Federais e o Senado, a agremiação tornou a desfraldar a bandeira dos candidatos daquele partido. E qual foi o estratagema utilizado para divulgá-los no meio afro--brasileiro? Fomentar programas recreativos, festivos e lúdicos. Na segunda quinzena de setembro de 1958 a A.N.P. organizou um piquenique na distante Represa Velha – Parque Guarapiranga (em Santo Amaro), na extrema zona Sul de São Paulo. Um agente secreto do Deops se infiltrou no evento e produziu o seguinte relatório: "Às 8 horas teve início a realização do *pic-nic*, com um número de 1.500 pessoas aproximadamente. Às 13 horas, foi apresentado aos presentes o Sr. Edson Batista Andrade, como candidato a deputado estadual pelo Partido Social Progressista". Logo depois, o "Sr. Edson Batista indicou o nome do Sr. Adhemar de Barros para o governo, Porfírio para vice, Frota Moreira para o senado e João Batista Ramos para deputado federal". Às 17 horas chegaram ao local os "Srs. Deputado João Batista Ramos; Dna. Carmem – secretária de Dna. Leonor, sendo sua representante. Os mesmos, tendo sido apresentados aos presentes, dirigiram algumas palavras". As manifestações foram "em parte muito simples e com pouca importância. Encerraram--se as festividades às 17:30 horas, sem anormalidade".[83]

Observa-se como recorrer a programas recreativos, "fisgando" milhares de negros e negras, foi um mecanismo utilizado pela A.N.P. para angariar votos em prol dos candidatos *ademaristas*. Nota-se, igualmente, a presença do Deops. Seus agentes secretos elaboravam relatórios minuciosos das atividades "suspeitas" (como os festivais, as con-

---

82 FERREIRA, Jorge. "O nome e a coisa: o populismo na política brasileira". In: FERREIRA, Jorge (org.). *O populismo e sua história*: debate e crítica. Rio de Janeiro: Civilização Brasileira, 2001, p. 115-121. Em outras palavras, foi no contexto do regime militar que a categoria "populismo" se difundiu no meio acadêmico, na imprensa e na sociedade brasileira, ganhando um sentido pejorativo e "transformando-se em arma de combate estigmatizadora", de desqualificação. A partir de então, "ninguém, principalmente todos os que fazem política (parlamentar ou não), quer ser identificado como populista, o que significa que há um conhecimento e um consenso sobre o significado dessa palavra". De mera palavra, ela se tornou uma "categoria que se integrou à cultura política do país: uma categoria que sinaliza para algo mau e indesejável". GOMES, Angela de Castro. "Reflexões em torno de populismo e trabalhismo". *Varia História*, n. 28, 2002, p. 57.

83 Relatório n. 1101/58, do investigador "reservado" ao Delegado titular de Ordem Política e Social. São Paulo, 22 de setembro de 1958. Dossiê 50-J-125, 14. DEOPS/SP, AESP.

ferências, as palestras, os comícios, as comemorações), indicando nomes, os locais, os horários, a quantidade de pessoas; selecionando as falas dos oradores, descrevendo a reação da plateia e os comentários que incitassem a desobediência à ordem social ou que criticassem os atos do governo e demais autoridades. Qualquer documento (panfleto, boletim, cédula etc.) distribuído durante o evento era citado pelo espião e se possível recolhido e anexado ao relatório. Nada devia escapar aos seus olhos. Quanto mais informações a subsidiar o trabalho de patrulhamento e contenção do Deops, melhor. A presença de seus agentes secretos nos ambientes "suspeitos" possibilitava a construção dos inquéritos acusatórios contra os indivíduos ou associações e, por outro lado, reafirmava a estratégia de instaurar a disciplina, mediante o temor, nesses círculos de sociabilidade.[84]

Em outro evento da Ala Negra Progressista o espião produziu um relatório detalhado. No dia 24 de agosto de 1958 aquela agremiação promoveu uma "reunião dançante" no Ginásio do Pacaembu. Por volta das 24h35 foi anunciada a presença dos candidatos: João Batista Ramos, postulante à reeleição a deputado federal, e Edson Batista de Andrade, a deputado estadual. Neste momento a orquestra executou um "samba" que foi dançado pelos referidos candidatos e suas esposas. Pouco depois Fernando Nascimento, em nome da Ala Negra Progressista, tomou o microfone e fez a apresentação de João Batista Ramos e Edson Batista de Andrade e exaltou a personalidade deles, evocando pela primeira vez na noite a figura de Adhemar de Barros. Sem demora falou o "Dr. Emílio Storillo" – advogado em Campinas –, dizendo trazer o apoio dos *ademaristas* de sua terra. Pediu votos dos presentes ao candidato *pessepista*, Adhemar de Barros, ao candidato a Vice-Governador, o Gal. Porfírio da Paz, e aos postulantes a deputado federal e estadual, respectivamente João Batista Ramos e Edson Batista Andrade. Este último falou em ato contínuo, saudando o seu companheiro a deputado federal e aos diretores da Ala Negra Progressista. Disse que apoiava o Adhemar de Barros, tendo em vista que este apresentava trinta anos de trabalho por São Paulo. Concluiu se lembrando de que, se eleito pela "simpática gente de cor", lutaria pelos seus "problemas sem entretanto fazer-lhes promessas". Em seguida usou a palavra o candidato a deputado federal, João Batista Ramos, que rapidamente agradeceu a Ala Negra por tê-lo escolhido como seu candidato. O agente secreto do Deops, infiltrado no evento, fez mais duas observações que são dignas de notas. A primeira era de que lá havia um número aproximado de 1.500 pessoas, das quais *a priori* foram exigidos convites para

---

84   FLORINDO, Marcos Tarcísio. *Op. Cit.*, p. 18.

ingresso no Ginásio, mais tarde somente título de eleitor e, na parte derradeira da "reunião dançante", foi franqueada a entrada a qualquer pessoa, quando aumentou muito o número dos presentes. A segunda observação é de que "foi mínima a repercussão política, grande a desatenção dos presentes no momento em que falavam os oradores, motivando o tempo diminuto de suas alocuções. Houve distribuição de cédulas, prosseguindo o baile até às 4 horas da madrugada".[85]

Explorar o entretenimento com fins eleitoreiros foi, mais uma vez, acionado a todo vapor. Para mobilizar milhares de negros em um recinto, nada mais eficaz do que oferecer um baile, com entrada franca e direito a muita música, dança, bate-papo alentado e um ambiente lúdico, de excitação e divertimento. No meio da "reunião dançante" os candidatos do PSP eram chamados ao palco, apresentavam-se ao público e discursavam ao microfone. Alguns demonstravam sensibilidade para a questão racial em suas alocuções, outros enfatizavam mais a questão social. No final todos apresentavam suas propostas políticas, pediam votos e exortavam as pessoas presentes a acolherem Adhemar de Barros, o candidato *in pectore*.

Merece atenção mais duas coisas da "reunião dançante" no Ginásio do Pacaembu em agosto de 1958. A primeira é a grande quantidade de pessoas que compareceu ao evento, o que faz pensar acerca do grau de adesão dos negros aos atos populistas. A segunda questão está acoplada à primeira e diz respeito à "desatenção dos presentes no momento em que falavam os oradores". Este único indício, apresentado pelo espião do Deops, não é suficiente para concluir se a "repercussão política" do baile foi "mínima" ou "máxima". Seria mais prudente afirmar que os bailes aparatosos da A.N.P. arregimentavam milhares de negros, porém isso não se revertia, automaticamente, em dividendos político-eleitorais, mesmo porque muitos de seus frequentadores talvez estivessem mais suscetíveis à micro política do lazer do que à macro política das eleições. A oportunidade de (re)ver amigos e se deleitar; ostentar estilos estéticos e comportamentais da moda, "desfilar" com uma indumentária nova, apreciar *drinks*, músicas e danças do momento, em suma, a oportunidade de cultivar os laços de sociabilidade possivelmente atraía mais a atenção dos negros do que os discursos panfletários considerados anódinos. Isso não significa que os bailes enfeitiçavam aqueles "ingênuos" indivíduos a ponto de aliená-los e desviá-los de sua "verdadeira" missão histórica. Espaços públicos de formação de opiniões, informação e debate, os bailes

---

85 Relatório n. 882, dos investigadores 1.637 e 3.024 ao Delegado Especializado de Ordem Política e Social. São Paulo, 25 de agosto de 1958. Dossiê 50-J-125, 13. DEOPS/SP, AESP.

eram eventos polissêmicos, assumindo sentidos tanto sociais, quanto políticos e culturais, que muitas vezes não se distinguiam.[86]

Apropriar-se de atividades recreativas para fins político-eleitoreiros não foi uma exclusividade da A.N.P. Maria Célia Paoli e Adriano Duarte assinalam que as festas eram o eixo a partir do qual se conectavam e reuniam os membros das diversas organizações de bairro – um ponto de partida e fator de oxigenação dos arranjos políticos, sociais e culturais. De um modo geral essas organizações – clubes de dança, associações étnico-culturais, as associações esportivas e de lazer – "podiam ser, ao mesmo tempo, núcleos de reivindicação, espaços de lazer, centros de aprendizagem, espaços para atuação política e muito mais. Suas funções eram intercambiáveis, ao sabor das necessidades, exigências e condições locais".[87] Os frequentadores vivenciavam as múltiplas vocações dessas organizações. Somente em situações muito específicas e para grupos determinados, essas organizações abrigavam um papel unívoco nas suas atividades.

---

86 Em livro de memórias, Correia Leite, ex-presidente da Associação dos Negros Brasileiros, conta um episódio que corrobora a assertiva segundo a qual os bailes assumiam sentidos multifacetados, podendo ser canalizados até para fins econômico-financeiros: "A Associação dos Negros Brasileiros teve dificuldades financeiras. Então nós resolvemos promover uma festa, um baile. Fizemos todos os preparativos para que fosse realizada no Pacaembu e com uma orquestra famosa. Aliás, fizemos com duas orquestras. Uma era a Orquestra do Peruzzi, que tocava na Rádio Gazeta e era muito conhecida. Além da Orquestra do Peruzzi nós contratamos uma outra conhecida no meio negro, a Orquestra do Ben. Ele ampliou, pôs mais músicos e tudo o mais, pois não queria ficar por baixo do Peruzzi. Fez todo o possível para ficar à altura. De modo que o Ginásio do Pacaembu encheu, tanto de pessoas para dançar quanto para ouvir as orquestras. Aquela gente idosa ficava sentada na galeria para ouvir e ver o baile. A festa teve grande repercussão. Foi mais ou menos em 1947. O resultado financeiro foi bom". LEITE, José Correia. *Op. Cit.*, p. 148-149.

87 PAOLI, Maria Célia e DUARTE, Adriano. *Op. Cit.*, p. 98.

Caderno de imagens

Imagem 53 – Getúlio, futuro presidente, e Adhemar, governador de São Paulo, na cidade de São Borja, Rio Grande do Sul, em 1950 (FAB, AESP).

"Alerta dia 22 de Setembro de 1951"

Alerta trabalhadores dos bairros de Vila Hespanhola, Vila Menino, Cachoeirinha, Vila Santa Maria, Bairros do Limão, Casa Verde, Parque Perruche e demais bairros circunvizinhos.

GETULIO VARGAS    PAULO VIEIRA    ADHEMAR DE BARROS

A "Ala Negra Progressista e Trabalhista" e a "Sociedade Beneficente e Recreativa da Abolição", têm o grande prazer de Convidar o povo em geral, sem distinção de qualquer especie, afim de tomar parte na grandiosa festa recreativa que farão realizar, no proximo dia 22 de setembro de 1951, no salão da Rua Carmen, N. 71, ponto final do Onibus Cachoeirinha, perto do Centro Zacarias.
A festa terá inicio às 20 horas, terminando às 4 horas do dia seguinte.

NESTOR MACEDO

Este grandioso baile será patrocinado pelo grande Candidato populista de Getulio e Adhemar, Dr. PAULO VIEIRA, e controlado pelo companheiro, Snr. Ariosto Lafiandra.
O Dr. Paulo Vieira, se eleito, defenderá o programa da Ala Negra Progressista e Trabalhista, por isso tem o apoio da referida agremiação. Creche, direito das favelas, velhice desamparada, assistencia social, transporte para os bairros afastados, agua, Luz.
A entrada será franqueada ao Público
Organização de NESTOR MACEDO, o popular "REI DOS BAILES"

Imagem 54 – Prospecto da Ala Negra Progressista e Trabalhista e da Sociedade Recreativa e Beneficente da Abolição (DEOPS, AESP).

ALERTA
Dia 23 de Setembro
GRANDE FESTA RECREATIVA

O Club Esportivo Zacarias em conjunto com a Ala Negra Progressista, tem o prazer de convidar o povo em geral de Vila Espanhola, Cachoeirinha, Mirim, Casa Verde Vila Santa Maria, Bairro do Limão e Freguesia do Ó, para tomar parte nos festejos deste dia, das 15 às 24 horas à rua Carmino n. 15 no ponto final de onibus Cachoeirinha e Santa Maria, festejos esses organizados pelo rei dos bailes populares NESTOR MACEDO.

Estarão presente ás festividades os candidatos a vereança da Capital - DR. PAULO VIEIRA e ANAXILIO EVANGELISTA BARBOSA., o presidente do Sindicato das Empregadas Domésticas do Estado de São Paulo, Dr. Marcelo Boesg e o representante do jornal Tribuna Trabalhista.

A ENTRADA É FRANCA

Será realizado no campo do Club Esportivo Zacarias um torneio com a participação de 10 clubs, iniciando-se o 1.º jogo às 9 horas, entrando em jogo uma rica taça oferecida pelo Dr. Paulo Vieira, ao vencedor do torneio.

Imagem 55 – Prospecto do Club Esportivo Zacarias e da Ala Negra Progressista (DEOPS, AESP).

EXMO.SNR.
DR.PAULO RANGEL
D.D.DELEGADO DA ORDEM POLITICA E SOCIAL DE SÃO PAULO
C A P I T A L

O Diretorio Central da Ala Negra Progressista, com séde a Estrada de Vergueiro-2870-Ponto de linha omnibus 22-Alto do Ipiranga, tem a subida honra de vir a presença de V.S.afim de convidar-vos a grandiosa solenidade do dia 10 do corrente neste local,por ocasião da entrega de Diplomas a Diretoria e Diretoras do Departamento Feminino,com a presença do ilustre Governador Dr.Adhemar de Barros e Exma.esposa Dna.Leonor Mendes de Barros é demais autoridades que illustram nosso glorioso Estado de Sao Paulo,aproveitamos a oportunidade pedir a V.S.que no dia acima citado que seja enviado para este local uns 10 Inspetores dessa Delegacia para evitar de abusos de individuos escrupolosos que cujo um deles e um tal de Prof.Lobato que tanto nos perturba a nossa marcha progressista e a grandeza de nosso grandioso Brasil.
Nestes termos pedimos justiça.
Certos e gratos pela atenção dispensada,subscrevemo-nos com a mais alta e distinta consideração de V.S.

Atenciosamente

São Paulo,8 de Agosto de 1949

NESTOR MACEDO
REPRESENTANTE GERAL DA ALA NEGRA PROGRESSISTA

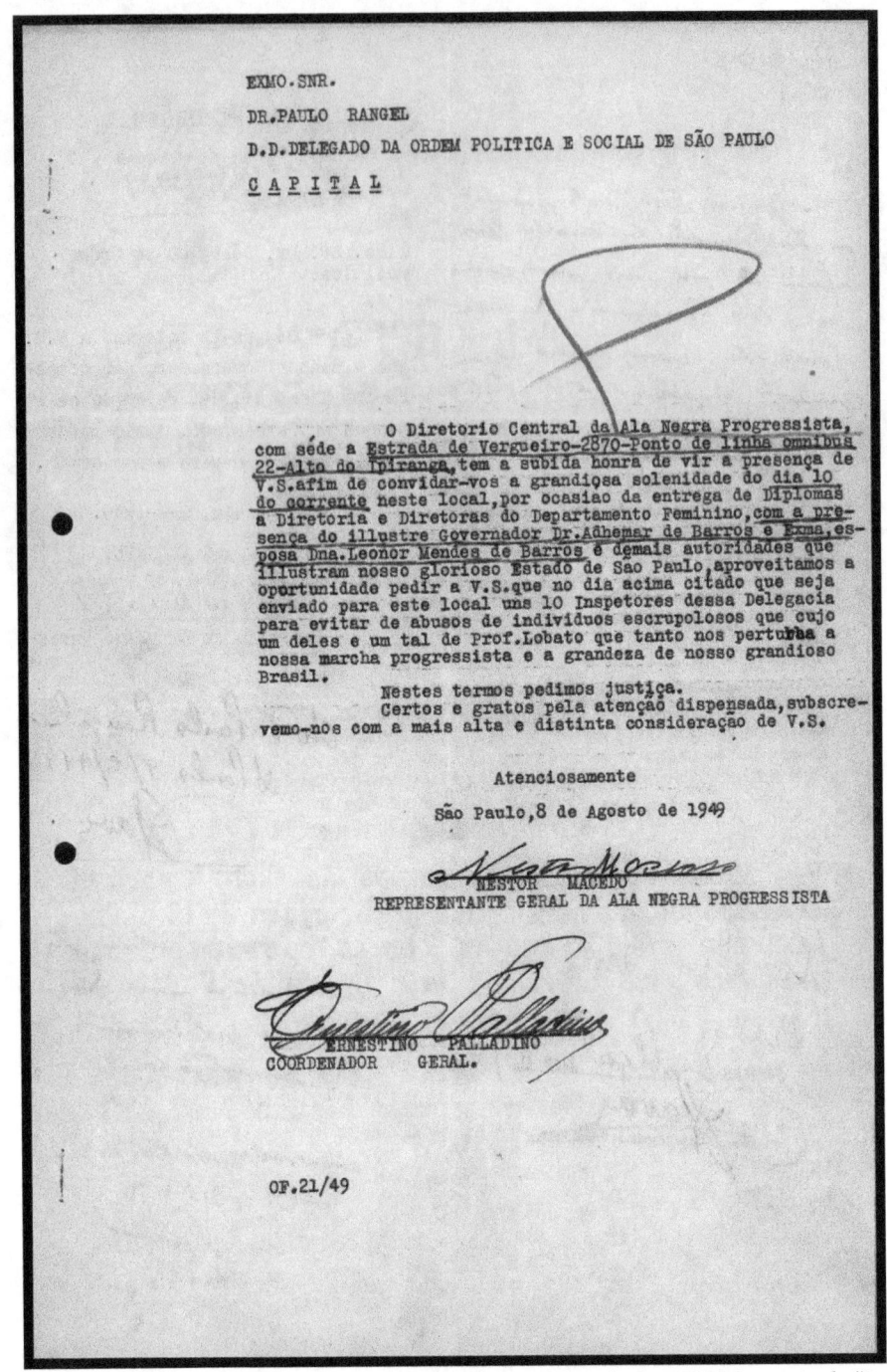

ERNESTINO PALLADINO
COORDENADOR GERAL.

OF.21/49

Imagem 56 – Ofício de Nestor Macedo, solicitando ao delegado do DEOPS o envio de "inspetores" para solenidade na Ala Negra Progressista (DEOPS, AESP).

Exmo. Snr. Dr.

Paulo Rangel

D.D. Delegado de Ordem Política e Social

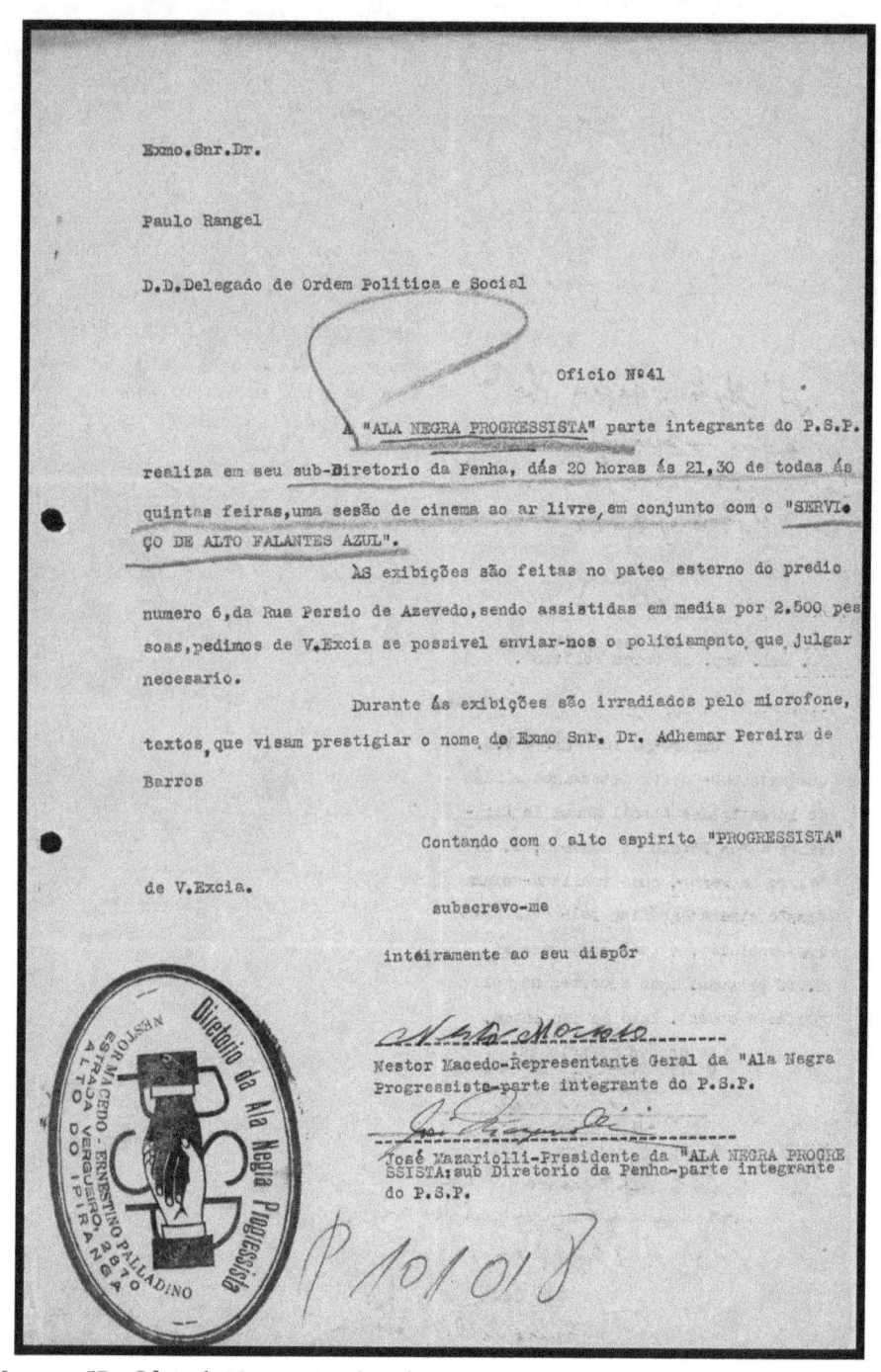

Ofício Nº 41

A "ALA NEGRA PROGRESSISTA" parte integrante do P.S.P. realiza em seu sub-Diretorio da Penha, dás 20 horas ás 21,30 de todas ás quintas feiras, uma sesão de cinema ao ar livre, em conjunto com o "SERVIÇO DE ALTO FALANTES AZUL".

As exibições são feitas no pateo esterno do predio numero 6, da Rua Persio de Azevedo, sendo assistidas em media por 2.500 pessoas, pedimos de V.Excia se possivel enviar-nos o policiamento que julgar necesario.

Durante ás exibições são irradiados pelo microfone, textos, que visam prestigiar o nome do Exmo. Snr. Dr. Adhemar Pereira de Barros

Contando com o alto espirito "PROGRESSISTA" de V.Excia.

subscrevo-me

inteiramente ao seu dispôr

Nestor Macedo-Representante Geral da "Ala Negra Progressista-parte integrante do P.S.P.

José Mazariolli-Presidente da "ALA NEGRA PROGRESSISTA; sub Diretorio da Penha-parte integrante do P.S.P.

Imagem 57 – Ofício de Nestor Macedo, solicitando ao delegado do DEOPS o envio de policiamento para evento da Ala Negra Progressista (DEOPS, AESP).

EXMO. SR. DR ELPIDIO REALI
DD. DIRETOR DA ORDEM POLITICA E SOCIAL

A ALA NEGRA PROGRESSISTA, com seu diretório Central à Estrada do Vergueiro, 2870, Alto do Ipiranga, pelo seu primeiro representante e coordenador Dr. Paulo Lauro, e segundo representante que este assina, sr. Nestor Macedo, vem pelo, presente convidar V.Excia. e excelentissima familia, afim de assistir a "FESTA PROGRES= SISTA", em homenagem ao Dr. ADHEMAR PEREIRA DE BARROS, DD. Governador do Estado, a realizar-se à Av. Dr. Nestor Macedo n. 1 em Vila Morais, dia 12 do corrente as 9 horas.

Para maior comodidade dos convidados e do povo em geral, a Empreza de Onibus "Vila Morais" Ltda., fornecerá os carros(onibus)necessarios, que correrão dessa localidade até o Largo Guanabara.

P R O G R A M A

Das 10 as 11 hs. uma partida de Futebol entre clubes locais,

Das 11 as 13 hs. formidavel churrasco.

Contará essa festa com a presença do nosso dignissimo governador.

Nestor Macedo.
2º Rep. da Ala Negra Progressista.

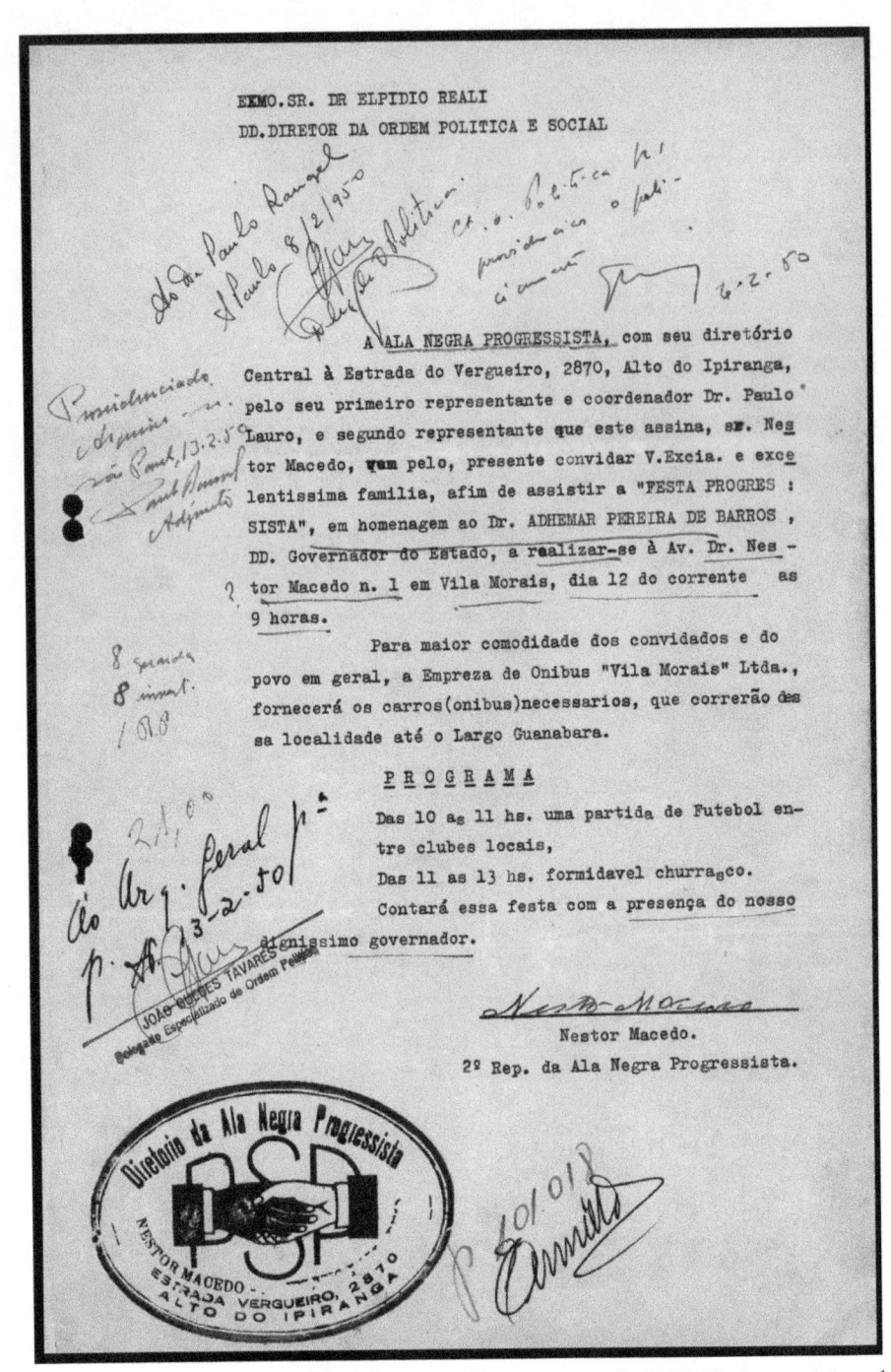

Imagem 58 – Ofício de Nestor Macedo, convidando o diretor do DEOPS para participar da "Festa Progressista" (DEOPS, AESP).

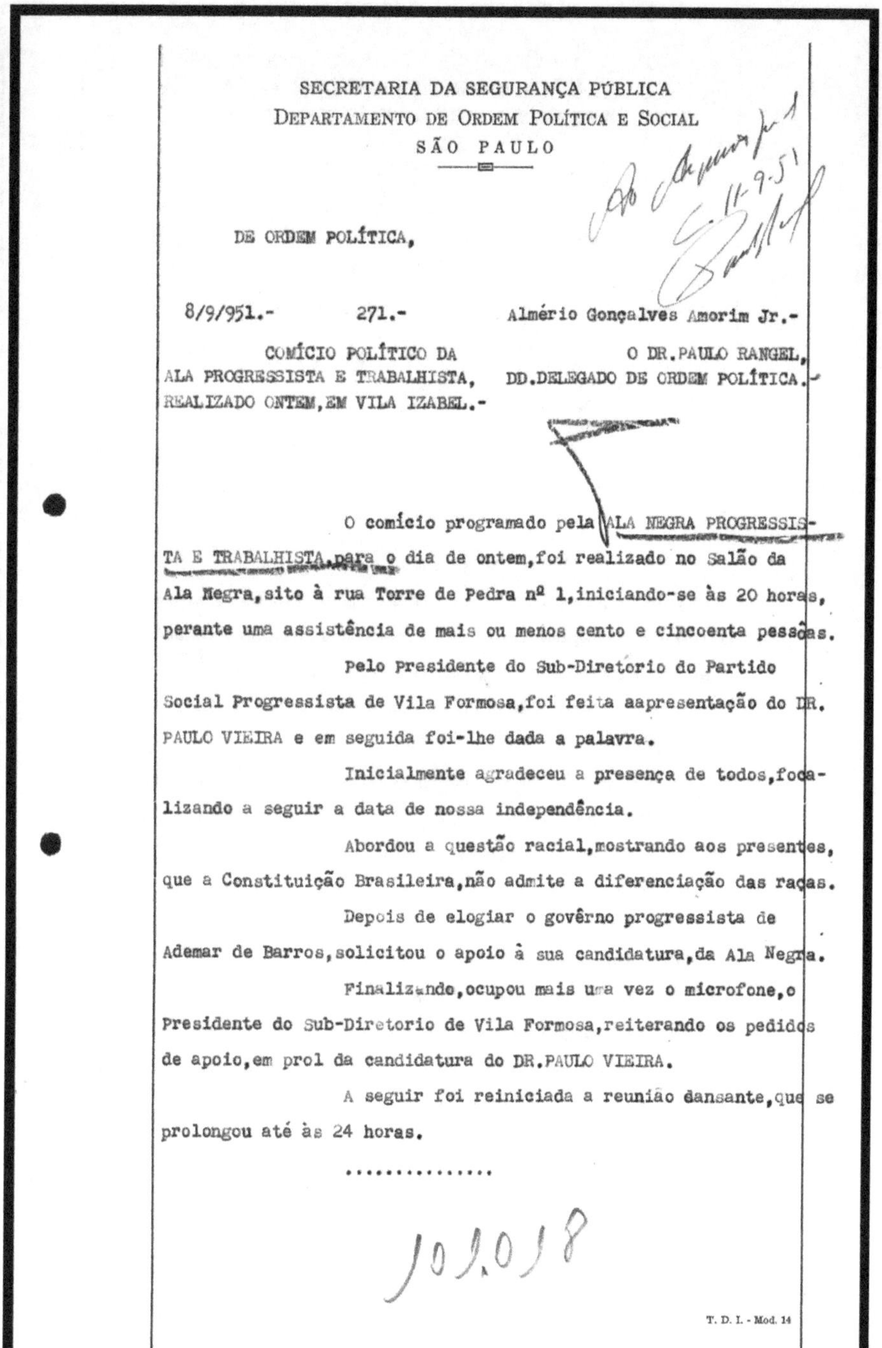

SECRETARIA DA SEGURANÇA PÚBLICA
DEPARTAMENTO DE ORDEM POLÍTICA E SOCIAL
SÃO PAULO

Ao Arquivo p/ 1
11-9-51

DE ORDEM POLÍTICA,

8/9/951.- 271.- Almério Gonçalves Amorim Jr.-

COMÍCIO POLÍTICO DA ALA PROGRESSISTA E TRABALHISTA, REALIZADO ONTEM, EM VILA IZABEL.-

O DR. PAULO RANGEL, DD. DELEGADO DE ORDEM POLÍTICA.-

O comício programado pela ALA NEGRA PROGRESSISTA E TRABALHISTA, para o dia de ontem, foi realizado no Salão da Ala Negra, sito à rua Torre de Pedra nº 1, iniciando-se às 20 horas, perante uma assistência de mais ou menos cento e cincoenta pessoas.

Pelo Presidente do Sub-Diretorio do Partido Social Progressista de Vila Formosa, foi feita aapresentação do DR. PAULO VIEIRA e em seguida foi-lhe dada a palavra.

Inicialmente agradeceu a presença de todos, focalizando a seguir a data de nossa independência.

Abordou a questão racial, mostrando aos presentes, que a Constituição Brasileira, não admite a diferenciação das raças.

Depois de elogiar o govêrno progressista de Ademar de Barros, solicitou o apoio à sua candidatura, da Ala Negra.

Finalizando, ocupou mais uma vez o microfone, o Presidente do Sub-Diretorio de Vila Formosa, reiterando os pedidos de apoio, em prol da candidatura do DR. PAULO VIEIRA.

A seguir foi reiniciada a reunião dansante, que se prolongou até às 24 horas.

....

101.018

T. D. I. - Mod. 14

Imagem 59 – Relatório do comício da Ala Negra Progressista e Trabalhista (DEOPS, AESP).

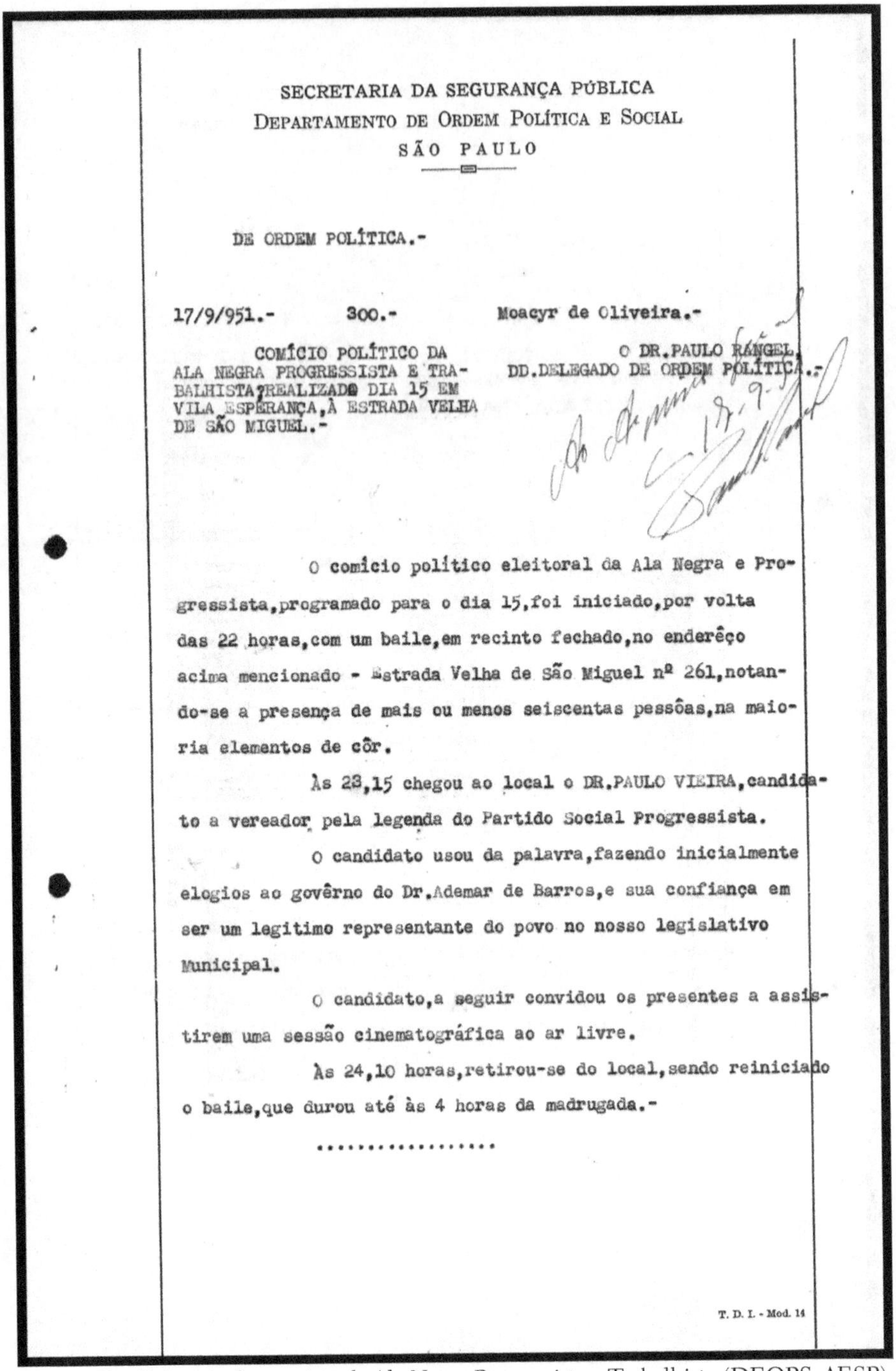

SECRETARIA DA SEGURANÇA PÚBLICA
Departamento de Ordem Política e Social
SÃO PAULO

DE ORDEM POLÍTICA.-

17/9/951.- 300.- Moacyr de Oliveira.-

COMÍCIO POLÍTICO DA
ALA NEGRA PROGRESSISTA E TRA-
BALHISTA, REALIZADO DIA 15 EM
VILA ESPERANÇA, À ESTRADA VELHA
DE SÃO MIGUEL.-

O DR. PAULO RANGEL
DD. DELEGADO DE ORDEM POLÍTICA.-

O comício político eleitoral da Ala Negra e Progressista, programado para o dia 15, foi iniciado, por volta das 22 horas, com um baile, em recinto fechado, no endereço acima mencionado - Estrada Velha de São Miguel nº 261, notando-se a presença de mais ou menos seiscentas pessôas, na maioria elementos de côr.

Às 23,15 chegou ao local o DR. PAULO VIEIRA, candidato a vereador pela legenda do Partido Social Progressista.

O candidato usou da palavra, fazendo inicialmente elogios ao govêrno do Dr. Ademar de Barros, e sua confiança em ser um legitimo representante do povo no nosso legislativo Municipal.

O candidato, a seguir convidou os presentes a assistirem uma sessão cinematográfica ao ar livre.

Às 24,10 horas, retirou-se do local, sendo reiniciado o baile, que durou até às 4 horas da madrugada.-

....

T. D. I. - Mod. 14

Imagem 60 – Relatório do comício da Ala Negra Progressista e Trabalhista (DEOPS, AESP).

Em 22 de 9 de 1958
VISTO

33
Arquivo
22.9.58

de Ordem Política.
Relatório nº 1101/58

21/9/58

RESERVADO

Observação de Ordem Política, durante a realização de um Pic-Nic da Ala Negra Progressista, na Represa Velha - Parque Guarapiranga - Santo Amaro.

o Delegado Titular de Ordem Política.

Cumpre-nos comunicar a V.S., que realizou-se um Pic-nic, promovido pela Ala Negra Progressista, em Santo Amaro, da qual passamos a relatar.

Às 8,00 horas teve início a realização do pic-nic, com um número de 1.500 pessoas aproximadamente.

Às 13 horas, foi apresentado aos presentes, o sr. Edson Batista Andrade, como candidato a deputado estadual pelo Partido Social Progressista. Logo após, o sr. Edson Batista, indicou o nome do sr. Ademar de Barros para o governo, Porfírio para vice, Prota Moreira para o Senado e João Batista Ramos para deputado Federal.

Às 17 horas, chegaram ao local, os srs. Deputado João Batista Ramos; dna. Carmem - secretária de dna. Leonor, sendo sua representante. Os mesmos, tendo sido apresentados aos presentes, dirigiram algumas palavras, sendo que no decorrer dos discursos, não foi mencionado nome de nenhum adversário político.

As manifestações foram em parte muito simples e com pouca importância.

Encerrou-se as festividades as 17,30 horas, sem anormalidade.

S.P. 22-9-58.

Departamento de Ordem Política e Social
S.S. 23 9 8
50 12 14

Imagem 61 – Relatório de um "pic-nic" da Ala Negra Progressista (DEOPS, AESP).

Imagem 62 – "Festival dançante", promovido pela Associação dos Negros Brasileiros (Senzala, revista mensal para o negro. São Paulo, jan./1946).

Imagem 63 – Momento do baile em cerimônia realizada sob os auspícios da Associação José do Patrocínio (Senzala, revista mensal para o negro. São Paulo, jan./1946).

3. O populismo no meio afro-brasileiro

Irmão sou eu quem grita.
Irmão sou eu quem grita.
Eu tenho fortes razões.
Irmão sou eu quem grita.
Tenho mais necessidade,
De gritar que de respirar

Mas, irmão fica sabendo:
Piedade não é o que eu quero,
piedade não me interessa.
Os fracos pedem piedade;
eu quero coisa melhor.
Eu não quero mais viver
no porão da sociedade
Não quero ser marginal.
Quero entrar em todas partes,
quero ser bem recebido.
Basta de humilhações!
Minh'alma já está cansada.
Eu quero o sol que é de todos.
Quero a vida que é de todos.
Ou alcanço tudo o que eu quero
ou gritarei a noite inteira
como gritam os vulcões,
como gritam os vendavais,
como grita o mar!
E nem a morte terá força
para me fazer calar.

"Protesto". ASSUMPÇÃO, Carlos de. In: MILLIET, Sérgio *et all*. *O ano 70 da Abolição*. São Paulo: Edição da Associação Cultural do Negro, 1958. (Série Cultura Negra 1), p. 32-33.

Já rastreamos boa parte do percurso trilhado pela Ala Negra Progressista, bem como reconstituimos alguns aspectos da trajetória de Nestor Macedo, esta liderança popular esquiva e controvertida. Chegou o momento de concatenar as razões pelas quais ele e a agremiação da qual fazia parte apoiavam Adhemar de Barros. Uma explicação bastante especulativa baseia-se nos argumentos utilizados por Gilberto Freyre para justificar a preferência da população negra por Getúlio Vargas e pelo PTB. Para o sociólogo pernambucano, a extinção das duas instituições – escravidão e monarquia – teve o seu "lado irônico": os antigos escravos ficaram desamparados, na posição de homens e mulheres que não tinham mais o Imperador nem o autocrata da Casa-grande para protegê-los, de forma paternalista. Como consequência, tornaram-se vítimas de "profundo sentimento de insegurança". Foram necessários anos para que os líderes políticos compreendessem a situação "psicológica e sociológica" desses sujeitos, "disfarçados em trabalhadores livres e privados da assistência social patriarcal que lhe era dada na velhice ou na doença pela casa-grande ou, quando esta deixava de fazer-lhes justiça, pelo Imperador, pela Imperatriz ou Princesa Imperial". O Imperador era chamado ou considerado pela maioria deles como seu "pai grande", a Imperatriz como sua "Mãe", em sentido semelhante àquele em que a Virgem Maria, como Rainha (Regina), era também sua mãe.[1]

Isso explicaria a grande popularidade de Vargas. Quando este "outorgou" uma legislação de amparo social e implementou uma série de políticas públicas que deu a grande parte da população "obreira" do Brasil proteção contra a velhice, doença e exploração por empresas comerciais ou industriais, estaria substituindo a figura do Imperador ou do autocrata da Casa-grande. Assim, Vargas encarnaria a figura do patriarca benevolente nos domínios do Estado nacional, e o seu coroamento de "Pai dos pobres" expressaria o reconhecimento dos trabalhadores urbanos pelos benefícios obtidos no decurso do Estado Novo, mas também a dependência da população negra a líderes paternalistas.[2]

---

1 FREYRE, Gilberto. A escravidão, a monarquia e o Brasil moderno. *Revista Brasileira de Estudos Políticos*, Belo Horizonte, v. 1, n. 1, 1956, p. 46.

2 *Idem*, p. 39-48. A respeito do apoio e da admiração da população negra, seja da cidade ou do campo, por Vargas, consultar os depoimentos de famílias negras de diversas cidades que fizeram parte do projeto pioneiro "Memórias da escravidão em famílias negras de São Paulo", coordenado pelas historiadoras Maria de Lourdes Mônaco Janotti e Suely Robles Reis de Queiroz, da Universidade de São Paulo, a partir de 1987. Todo o material coletado do projeto está arquivado no Centro de Apoio à Pesquisa Histórica, junto ao Departamento de História da USP. Ver ainda BOSI, Ecléa. *Memória e sociedade: lembranças de velhos*. 3. ed. São Paulo: Companhia das Letras, 1994, particularmente o depoimento de D. Risoleta;

Partindo dessa premissa, seria plausível supor que os afro-paulistas sentiam-se órfãos após a abolição da escravatura, carentes e sedentos por justiça, a espera de um "salvador-da-pátria" paternalista, capaz de lhes suprir o vazio interior – no plano subjetivo – e lhes tirar do estado de abandono, de vulnerabilidade e de desassistência social – no plano objetivo. Depois de décadas, teria aparecido essa figura messiânica. Seu nome: Adhemar de Barros. Quando este resolveu acolher o negro em seu partido e esboçou dar atenção à questão racial em sua plataforma eleitoral, estaria ocupando o vazio percebido no "coração e nas mentes" da população de descendente de escravos. Assim, ele mais do que simbolizar, personificaria a figura do "salvador-da-pátria" e sua ampla popularidade denotaria o reconhecimento dos benefícios auferidos pelas massas urbanas, bem como atualizaria o costume de dependência da população negra a líderes paternalistas.

A mística populista

Embora a explicação de Gilberto Freyre peque pela excessiva simplificação, ela induz a pensar em questões importantes, como o "fetiche" – por assim dizer – exercido por Adhemar de Barros no imaginário da população de descendente de escravos. Este imaginário era elaborado e reelaborado a partir de mitos, de símbolos, de representações e, fatalmente, de ações efetivas. Adhemar empreendeu algum esforço retórico e político para conquistar a simpatia da "população de cor". Vamos às evidências. Segundo o *Diário de São Paulo*, ele discursou no evento comemortivo do cinquentenário da abolição do cativeiro no Brasil, em 13 de maio de 1938, quando prometeu implantar o que posteriormente convencionou-se chamar de política de ações afirmativas: "o negro, proclamemos hoje esta necessidade nacional, deve ser incorporado definitivamente à nossa vida e à nossa sociedade [...]. Em homenagem à data [...] declaro que serão instituídas pelo governo de São Paulo as bolsas de estudos para os pequeninos negros aplicados, bem como será instituída a redução e mesmo a

---

LEVINE, Robert M. *Pai dos pobres?: o Brasil e a era Vargas*. Trad. Anna de Barros Barreto. São Paulo: Companhia das Letras, 2001, p. 131; RIOS, Ana Maria Lugão e MATTOS, Hebe Maria. *Memórias do cativeiro: família, trabalho e cidadania no pós-abolição*. Rio de Janeiro: Civilização Brasileira, 2005, p. 54-59; CICALO, André. "Campos do pós-abolição: identidades laborais e experiência 'negra' entre os trabalhadores do café no Rio de Janeiro (1931-1964)". *Revista Brasileira de História*, v. 35, n. 69, 2015, p. 101-130. Para uma crítica à ideia de que Getúlio Vargas foi o "Pai dos pobres", ver, entre outros, WOLFE, Joel. Pai dos pobres ou mãe dos ricos? Getúlio Vargas, industriários e construções de classe, sexo e populismo em São Paulo, 1930-1954. *Revista Brasileira de História*, v. 14, n. 27, 1994, p. 27-60.

isenção de taxas para os estudantes de cor que pretenderem ingressar nos ginásios, institutos técnicos e escolas superiores".³ Tais promessas impactaram o público ouvinte, porém não consta que tenham sido efetivadas.

Anos depois o jornal da imprensa negra *Alvorada* ainda se lembrava de que, na passagem do cinquentenário da Abolição, as organizações dos "homens de cor" realizaram "memoráveis" festejos. O "Dr. Adhemar de Barros", assumindo a interventoria do Estado, "fez em praça pública, no dia 13 de Maio daquele ano [1938], uma promessa de acudir as gerações mais novas da raça negra, nas suas aspirações mais justas, encontrando melhores facilidades para os seus estudos".⁴ Noutro instante o morubixaba do PSP teria prometido a criação de empregos para trabalhadores negros no Departamento de Águas e Energia Elétrica (DAEE). E sua máquina política estreitou relações com *O Novo Horizonte*, outra folha da imprensa negra.⁵

Em dezembro de 1947 ele e uma comitiva de acólitos políticos visitaram Itapetininga, um município da região sorocabana. Tendo viajado em avião particular, o chefe do Executivo paulista foi recebido por uma multidão. Dirigiu-se para o perímetro urbano da cidade, onde na praça principal tomou parte num grande comício de "regozijo popular pela vitória dos candidatos do povo nas eleições de 9 de novembro". Antes do comício, porém, Adhemar participou da solenidade de lançamento da pedra fundamental do novo Grupo Escolar, assistiu a um desfile aparatoso de "delegações" de várias cidades da região e ainda encontrou tempo para comparecer à sede do Clube 13 de Maio, uma "sociedade dos homens de cor de Itapetininga, onde foi inaugurado seu retrato. Na ocasião, falaram a srta. Maria Emília dos Santos, em nome da entidade, e o governador paulista, que agradeceu a homenagem".⁶

Quando eleito governador em 1947, Adhemar nomeou Paulo Lauro – um advogado afro-brasileiro que alcançou o posto de secretário geral do PSP e converteu-se em figura de grande prestígio dentro do partido⁷ – para conduzir os destinos da

---

3   *Diário de São Paulo*, 14/05/1938 apud CANNABRAVA FILHO, Paulo. *Op. Cit.*, p. 138.

4   *Alvorada*. São Paulo, 02/1947, p. 1.

5   FONTANA, Celso. *Os negros na assembléia dos brancos*. São Paulo: Alesp, 2007; Michael Mitchell. *Racial consciousness and the political attitudes and behavior of blacks in São Paulo, Brazil. Op. Cit.*, p. 156-157. Mais de uma vez, *O Novo Horizonte* abriu espaço para se reportar a Adhemar de Barros e ao seu partido. Na edição de junho de 1950, por exemplo, o periódico entrevistou Diogo José da Silva Netto, candidato a Deputado Federal pelo PSP, e fez alusão ao mago do populismo. *O Novo Horizonte*. São Paulo, 06/1950, p. 3.

6   *Jornal de Notícias*. São Paulo, 02/12/1947, p. 5.

7   SAMPAIO, Regina. *Adhemar de Barros e o PSP*. São Paulo: Global, 1982, p. 69.

Capital. Paulo Lauro tornou-se o primeiro afro-brasileiro a administrar a prefeitura da cidade de São Paulo de 1947 a 1948. Foi ainda secretário estadual de Educação em 1949 durante o segundo governo de Adhemar, e secretário municipal dos Negócios Jurídicos da prefeitura na gestão do principal cacique do PSP, entre 1956 e 1961.[8] De acordo com Cannabrava Filho, em todos os níveis da organização do partido criado e dirigido por Adhemar "via-se a presença do negro".[9] Em algumas cidades do interior surgiram até os "comitês dos homens de cor", atrelados ao PSP.[10] Em 1952 Adhemar Ferreira da Silva consagrou-se campeão do salto triplo nas Olimpíadas de Helsinque (Finlândia), sendo motivo de grande orgulho nacional. Já desfrutando da fama, o atleta negro procurou o mandatário do PSP – seu padrinho de casamento – e lhe solicitou um favor: a concessão da legenda partidária, pois gostaria de concorrer às eleições. Adhemar de Barros o atendeu e ele saiu candidato a deputado federal.[11]

No início da década de 1960 um *pool* de agremiações afro-brasileiras (Associação Cultural do Negro, Centro de Cultura Afro-Brasileira, Teatro Experimental do Negro, Aristocrata Clube, XI Irmãos Patriotas, "Club 220", Associação Renovadora dos Homens de Cor, Coimbra Futebol Clube, União dos Negros do Brasil) lançou a ideia de realização do I Congresso Mundial da Cultura Negra, com o intuito de focalizar os diferentes assuntos da participação e contribuição do elemento de origem africana na vida social, política, econômica e cultural, do Brasil e do exterior. Em 1962 a comissão organizadora do conclave realizou dois encontros preparatórios, um de âmbito estadual e outro de âmbito nacional, e Adhemar de Barros,

---

[8] Paulo Lauro (1907-1983), como já foi assinalado, era formado pela Faculdade de Direito da Universidade de São Paulo. Advogado respeitado, publicou vários livros da área jurídica. Paralelamente fez carreira política. Foi cofundador do PSP, partido pelo qual ganhou projeção e visibilidade. Além de prefeito e secretário de governo estadual e municipal, ainda elegeu-se deputado federal pelo PSP e, reeleito outras vezes, só deixou a Câmara dos Deputados em 1970.

[9] CANNABRAVA FILHO, Paulo. *Op. Cit.*, p. 139.

[10] Eis o que o *Jornal de Notícias* repercutiu de Itapetininga, em outubro de 1947: "Com grande solenidade realizou-se a posse da diretoria do 'Comitê dos Homens de Cor', filiado ao Partido Social Progressista. Iniciando a reunião, que transcorreu num ambiente de intenso entusiasmo, falou o sr. Waldomiro de Carvalho, referindo-se ao valor que este comitê representa para a cultura do município de Itapetininga. A srta. Maria Emília dos Santos, operária, fez a saudação aos companheiros presentes. Falaram ainda na reunião os srs. Luiz Stuch Sobrinho, Ciro Albuquerque e José Paranhos do Rio Branco". *Jornal de Notícias*. São Paulo, 31/10/1947, p. 6.

[11] "Adhemar Ferreira da Silva: a dois saltos da eternidade". Entrevista de Adhemar Ferreira da Silva a Cintia Rabaçal, em dezembro de 2000. Publicada no http://www.portalafro.com.br, acesso em 14/02/2015.

então governador, teria comparecido a ambos os encontros. As expectativas eram grandes. Mas por divergências da comissão organizadora, o I Congresso Mundial da Cultura Negra foi abortado e não se concretizou.[12]

Adhemar fez acenos para a "população de cor" e foi essa sua postura "agregadora", "democrática", "receptiva", de aparente sensibilidade e despida de ranços tradicionalistas que talvez tenha atraído a atenção de Nestor Macedo. Todavia, não devemos superestimar os pruridos antirracistas do "prestidigitador" do populismo. Embora desse sinais de aproximação com setores da "população de cor", ele jamais deixou de manter o seu olhar focado para os temas gerais, o que, *per si*, já abrangeria a questão racial. Em sua opinião o problema social era o fundamental e independia de qualquer conotação de natureza racial ou nele a questão do negro ficava diluída. Portanto, a abertura de Adhemar aos afro-brasileiros não se deu porque ele era refratário às desigualdades étnicorraciais do país; tratou-se de um investimento de engenharia política, de quem não desperdiçava a oportunidade de explorar o potencial eleitoral dos segmentos específicos da população.

Em 1946 despontou em São Bernardo do Campo uma líder carismática, a batalhadora e voluntariosa Tereza Delta, conhecida entre seus parceiros como a Joana D'Arc da cidade. Após liderar a chamada "greve geral contra a fome", Delta ficou em evidência, o que levou Adhemar de Barros a lhe fazer uma proposta: seria nomeada prefeita de São Bernardo caso convencesse os populares que a seguiam a votar nele para governador. Dito e feito. Eleito e empossado em 14 de março de 1947, o corifeu do PSP nomeou Joana D'Arc a prefeita da cidade. Ao fazer isso, ele cooptou uma líder rebelde local sem se preocupar com o decoro tradicional da política da elite ou com as normas morais estabelecidas, para as quais a mulher não devia imiscuir-se nos domínios da política. Adhemar era um "chefe político que se dispunha a cortejar, ainda que oportunisticamente, a população urbana e operária do estado".[13]

É possível ir mais longe, pontificando que o morubixaba do PSP era um político mutante, volúvel, eleitoreiro, que não titubeava em assediar o apoio de todos os estratos da sociedade: dos empresários, dos operários,[14] dos capitalistas, dos

---

12   OLIVEIRA, Eduardo de. *A cólera dos generosos: retrato da luta do negro para o negro*. São Paulo: Sonda/Meca, 1988, p. 209-212.

13   FRENCH, John D. *O ABC dos operários: conflitos e alianças de classe em São Paulo, 1900-1950*. São Paulo: Hucitec; São Caetano do Sul: Prefeitura Municipal de São Caetano do Sul, 1995, p. 205.

14   A respeito da relação do populismo de Adhemar de Barros com os trabalhadores, consultar FRENCH, John D. Workers and the rise of adhemarista populism in São Paulo, Brazil,

comunistas, das mulheres, dos migrantes e, conforme a conveniência, dos negros. Em 1954 Francisco Rodrigues Alves Filho – um ex-correligionário de Adhemar de Barros que acabou virando seu desafeto – escreveu um livro no qual denunciava, em tom autobiográfico, o "caráter" de um "homem que ameaçava o Brasil":

> Um dia ele (Adhemar) me contava que o verdadeiro político necessitava de converter os diversos crentes à sua crença política; mas, converter-se, ele próprio à crença de todos os crentes. Daí o cinismo, a desfaçatez com que às nove horas da manhã se apresentava como irmão da Ordem da Igreja de Santo Antônio (Praça Patriarca); às 20 horas formava corrente com o Sr. [Erlindo] Salzano em uma sessão espírita; e à meia noite pulava descalço no "terreiro" de dona Maria, a qual Adhemar julgava inexcedível na macumba. [...] E agora dizemos: um homem público, tanto quanto qualquer outro tem o direito de possuir sua crença, de filiar-se a um culto, ou de estabelecer sua devoção. Mas não será um traço revelador de mau caráter, o fato de uma pessoa apresentar-se, para efeitos demagógicos, ora espírita, ora católico, e ora praticante da macumba ou baixo espiritismo, sempre de acordo com as conveniências do momento?[15]

Francisco Alves Filho não escondia sua intolerância em relação às encenações religiosas pouco ortodoxas de Adhemar de Barros, daí acusá-lo de "cinismo", "desfaçatez" e mau caratismo por circular nos meios "católicos", "espíritas" e da "macumba",[16] simultaneamente. Descontando os exageros do desafeto, uma coisa é certa: o mago do populismo era um político campeão de práticas fisiológicas. Usava e abusava de personalismo, favoritismos e tráfico de influência, leiloando cargos, projetos e verbas da administração pública. Desprovido de dogmas ideológicos, incorria em veleidades e relações clientelistas. Se em maio de 1959 recebeu Fidel

---

1945-1947. *The Hispanic American Historical Review*. Durham, v. 68, n. 1, 1988, p. 1-43 e IORIS, Rafael R. 'Fifty years in five' and what's in it for us? Development promotion, populism, industrial workers and *carestia* in 1950s Brazil. *Journal of Latin Americans Studies*, v. 44, n. 2, 2012, p. 261-284.

15 ALVES FILHO, Francisco Rodrigues. *Um homem ameaça o Brasil: a história secreta e espantosa da "caixinha" de Ademar de Barros*. São Paulo: s/ed., 1954, p. 113-114.

16 Outras fontes asseveram que Adhemar frequentava o ambiente da "macumba". Em 1949, o "pai-de-santo" Ismael Vicente abriu uma casa de Umbanda na cidade de São Paulo e, na década de 1980, ainda mantinha um busto do morubixaba populista em sua estante. Interpelado sobre o assunto, o "pai-de-santo" declarou que gostava muito daquele político, "porque ele ajudava, protegia. Hoje em dia a família dele faz isto. A família dele vem aqui. Gosto muito da família Adhemar. Eu não sou daquelas pessoas que esquece o bem que recebe. Enquanto tiver a família Ademar, eu tô com eles". Apud NEGRÃO, Lísias. *Entre a cruz e a encruzilhada: formação do campo umbandista em São Paulo*. São Paulo: Edusp, 1996, p. 76.

Castro, que passou por São Paulo buscando apoio para a Revolução Cubana, em 1962 viajou aos Estados Unidos, onde foi recebido na Casa Branca pelo presidente John Kennedy.[17] Se de dia anunciava solidariedade à luta dos trabalhadores, na calada da noite fazia acordos com o patronato. Num instante atacava as elites, noutro mancomunava-se com os setores mais retrógrados e até reprimia greves e manifestações populares. Caso se oferecesse a ele uma proposta mais vantajosa a seus interesses, estava "inteiramente preparado para mudar de posição. Mas ao levar a cabo sua parte num acordo, evitava excluir quaisquer de suas opções para o futuro".[18]

A seu ver o inimigo de hoje podia ser o amigo de amanhã. Sempre nadando nas marés políticas predominantes, buscava prever a direção que estas tomariam no futuro. Assim, o desafio era não perder o que já havia sido conquistado e granjear cada vez mais dividendos políticos orbitando a seu redor. Para ele, o fim último – chegar e se manter no poder – justificava os meios pouco ortodoxos de fazer política: sem coerência, sem consistência, sem fidelidades partidárias,[19] porém investindo na dimensão teatral da representação pública, nas retóricas ambivalentes e procurando transitar de forma pragmática pelos mais variados setores, a fim de angariar e maximizar a adesão de todos: de ricos, pobres e frações sociais intermediárias, de homens e mulheres, de brancos, negros e mestiços, de campesinos e citadinos, de paulistas e nordestinos, de católicos, espíritas e "macumbeiros".

---

17   CANNABRAVA FILHO, Paulo. *Op. Cit.*, p. 100, 159.

18   FRENCH, John D. *O ABC dos operários*: conflitos e alianças de classe em São Paulo, 1900-1950. *Op. Cit.*, p. 215.

19   Como aponta Maria Victoria Benevides, Adhemar de Barros foi o fundador da UDN em 1945; organizou o seu PSP algum tempo depois e elegeu-se governador de São Paulo em 1947, com o apoio de Getúlio Vargas e dos comunistas. Costurou aproximações com o PTB e com o PSD, embora sua aliança duradoura com os conservadores da UDN e do PSD só tenha se efetivado em função do anticomunismo (1963-1964). Portanto, Adhemar de Barros deve ser visto como um político pragmático, ambivalente, "camaleão", que transitava entre a esquerda e direita, conforme a oportunidade, a contingência e o quadro de correlações de forças políticas. BENEVIDES, Maria Victoria. *Op. Cit.*, p. 33.

Caderno de imagens

Imagem 64 – Homenagem a Adhemar, com entrega da medalha "Patrono dos Esportes" concedida pelos atletas, em 1940 (FAB, AESP).

Imagem 65 – Folheto de propaganda eleitoral de Mário Theodoro (UEIM-UFSCar).

Imagem 66 – Folheto de propaganda eleitoral de Mário Paulo (UEIM-UFSCar).

Imagem 67 – Folheto de propaganda eleitoral de Adhemar Ferreira da Silva (UEIM-UFSCar).

Imagem 68 – Folheto de propaganda eleitoral de Gracino Martins (UEIM-UFSCar).

★ 1.o de Maio de 1952 – Grandiosa comemoração ao Dia do Trabalhador ★

Convescôte em Vila Moraes

Dr. Raul Alvim do Amaral
Advogado dos trabalhadores e da S. R. B. Abolição

A Sociedade Recreativa e Beneficente da Abolição, sediada nesta Capital, á Estrada do Cursino, 2.515, Bosque da Saude, tem satisfação em convidar a laboriosa população para participar dos festejos comemorativos patrocinados por destacados patricios dos Estados de S. Paulo, Minas Gerais e Baía, fortes e agigantadas alavancas do progresso do nosso querido Brasil.

Nesse dia e com a presença de representantes patriotas desses três magníficos Estados da Federação, será inaugurado o retrato do insigne Presidente da República, impoluto Chefe da Nação Brasileira e protetor de todos os trabalhadores de nossa extremecida Pátria; do digno Governador de São Paulo, Dr. Lucas Nogueira Garcez, figura magestosa de administrador e do Dr. Ademar de Barros, ilustre Chefe populista e esperança do povo brasileiro.

A caravana reunir-se-á no Largo Guanabara, ás 7 horas da manhã, iniciando-se, imediatamente, a partida dos participantes, em ônibus da C. M. T. C. que ficarão postados nos fundos da Igreja Santa Generosa, em Vila Mariana, para o Parque Bristol, local aprazível e aonde realizar-se-á o convescote.

Ás 14 horas e já na séde social, far-se-ão ouvir os insignes oradores, Cel. João Melo de Oliveira, Comandante Chefe do Estado Maior da Gloriosa Fôrça Pública do Est. de S. Paulo, Dr. Joaquim Buller Souto, digno Diretor da Divisão de Diversões Públicas, da Secretaria da Segurança Pública, Dr. Raul Joviano Amaral e Snr. Clovis dos Santos Aguiar, figuras de alta projeção na administração pública.

Esta festa é patrocinada pelo Snr. Adriano Augusto Xabregas, amigo dos trabalhadores e do povo do Bairro de Vila Moraes.

Os convidados participarão do baile, com a presença e brilho da "Escola de Samba Cruzeiro do Sul", organização de Nestor Macedo e presidida pelo incansavel dirigente Alcino Ferreira.

N. B. – O baile é realizado no conhecido salão Pavuna á Estrada do Cursino, 2.515, 1.o and.

NESTOR MACEDO
Rei das organizações de São Paulo.

Tip. Central — Tel. 34-5299 - S. Paulo

Imagem 69 – Prospecto da Sociedade Recreativa e Beneficente da Abolição (DEOPS, AESP).

Alerta! Dias 28 e 29
GRANDIOSAS FESTAS DA CHITA

O GRUPO PROGRESSISTA ADE-MARISTA toma a liberdade de convidar o povo em geral para tomar parte neste grandioso baile nos dias acima citados no SALÃO PAVUNA, à Estrada do Cursino n.º 2515 em VILA MO-RAES, em JARDIM DA SAUDE com onibus da C.M.T,C. á porta. Dnrante estas festividades será oferecido um grande churrasco em homenagem à CARAVANA DE SOLIDA-RIEDADE HUMANA:

Dr. ADEMAR DE BARROS
Deputado LINO DE MATTOS
Chefe da Expedição
Cel. JOSÉ RIBAMAR DE MIRANDA
Chefe da Expedição Militar
Cap. DJANIR CALDAS
Adjunto paraquedista da gloriosa Força Publica do Estado de São Paulo.

Festas estas organisadas pela SOCIEDADE ALA NEGRA PROGRESSISTA, representada por NESTOR MACEDO, rei popular das organisações e controladas por ADRIANO AUGUSTO CHABREGA defensor da população da VILA MORAES

—:o:—

Dia 28 - das 21 horas ás 4 horas da manhã
Dia 29 - das 15 ás 24 horas

Ademar a esperança do povo brasileiro

Imagem 70 – Folheto das festas da Chita (DEOPS, AESP).

SECRETARIA DA SEGURANÇA PÚBLICA

DEPARTAMENTO DE ORDEM POLÍTICA E SOCIAL

SÃO PAULO

Sub-Chefia DE ORDEM POLÍTICA.-

DATA	INVESTIGAÇÃO	RELATÓRIO FEITO POR
2/5/952.-	N.º 88.-	Alarico Carneiro Filho.-
ASSUNTO: FESTIVIDADES REALIZA-DAS PELA SOCIEDADE RECREATIVA E BENEFICIENTE DA ABOLIÇÃO, NO DIA 1º DE MAIO, À ESTRADA DO CURSINO, 2.515-1º ANDAR.-		DIRIGIDO AO DR. PAULO RANGEL, DD. DELEGADO DE ORDEM POLÍTICA.-

  Promovidas pela Sociedade Recreativa e Beneficiente da Abolição, realizaram-se, ontem, dia 1º de Maio, diversas cerimonias, patrocinadas pelo snr. ADRIANO AUGUSTO XABREGAS, em regozijo pela passagem da data da Confraternização do Trabalho.

  Na parte da manhã, foi realizado um convescote no Parque Bristol, sendo que no regresso, foi dado inicio a uma reunião dançante, na sede da Sociedade, à Estrada do Cursino nº 2515 - 1º andar.

  Constava do programa, além da inauguração dos retratos dos snrs. Getúlio Vargas, Adhemar de Barros e Princesa Isabel, diversos discursos, que seriam promovidos por figuras de destaque, tais como: Cel. João Melo de Oliveira, Dr. Joaquim Buller Souto, Dr. Raul Joviano Amaral e snr. Clovis dos Santos Aguiar.

  No entanto, durante a realização do baile, não houve discursos, restringindo-se apenas ao divertimento dançante, as cerimonias programadas.

  As 20,30 horas, dentro da ordem, encerrou-se os festejos.

.... / / / ....

Imagem 71 – Relatório da festividade realizada pela Sociedade Recreativa e Beneficente da Abolição (DEOPS, AESP).

O aguilhão do devir?

Diante desse quadro, será que Nestor Macedo não passava de um alienado – no sentido de ter uma consciência desviada de seus interesses "reais" – para apoiar um político embusteiro e populista? Populismo é um conceito vazio se utilizado de forma generalizante. Tendo alguma importância somente quando inserido num contexto histórico específico, ele não é imposição maquiavélica dos de cima e aceitação passiva dos de baixo. Antes se caracteriza pela comunicação que se estabelece entre as partes envolvidas no sistema político. Esta comunicação se dava de forma dialógica, com "influências recíprocas, que se movia de baixo para cima, bem como de cima para baixo", ainda que em condições desiguais.[20]

Estribado no que Edward P. Thompson pensou para a luta de classes envolvendo os "patrícios" e "plebeus" na Inglaterra do século XVIII, pode-se argumentar que no sistema populista a hegemonia dos de cima, embora definisse os limites do que era possível e inibisse as expectativas alternativas por parte dos de baixo, só podia ser sustentada com habilidade e constantes negociações e concessões. Mesmo assim, essa hegemonia jamais foi bem sucedida a ponto de impor uma única visão de populismo. Pelo contrário, ela coexistia com um projeto vigoroso e autônomo dos de baixo, derivado de suas próprias experiências e recursos. Thompson demonstra, por meio de vários exemplos, o potencial dinâmico: ora de insubordinação, ora de acomodação das classes sociais subalternas frente aos poderes hegemônicos. Os primeiros impunham aos segundos contraprestações e deveres, assim como a deferência lhes era por sua vez imposta. Por esse viés, populismo deve ser concebido a partir de um "campo de força comum", sistema no qual os lados antagônicos ficam aprisionados num permanente processo de dependência mútua – de contatos, trocas, disputas, negociações e conflitos engrendados por mediações e atualizados e reatualizados em cada contexto histórico específico.[21]

---

20   GINZBURG, Carlo. *O queijo e os vermes: o cotidiano e as idéias de um moleiro perseguido pela Inquisição*. Trad. Maria Betânia Amoroso. 3. ed. São Paulo: Companhia das Letras, 2002, p. 12.

21   THOMPSON, Edward P. *Costumes em comum: estudos sobre a cultura popular tradicional*. Trad. Rosaura Eichemberg. São Paulo: Companhia das Letras, 1998, p. 78-79. Comungando com um pressuposto relativamente similar, a antropóloga Maria Lúcia Montes infere que o discurso populista carrega uma *ambiguidade estrutural*. "Enunciado do lugar do poder, reconhece como *política* a identidade que outorga ao *povo* enquanto destinatário dele, reconhecendo-o portanto enquanto *ator político*. Mas é preciso que o próprio povo também nele se reconheça". Assim, "se é vedado que nesse discurso se avaliam em termos de valores éticos relações sociais e de poder, que o poder, encarnado no Estado, assume uma forma essencialmente pessoal, con-

Nestor Macedo era uma pessoa de origem humilde, que sonhava um dia ascender na vida. Ambicioso, estava disposto a correr grandes riscos para alcançar maior triunfo. Em alguns aspectos ele reeditava os passos de seu "mestre": inventando e reiventando novas formas de fazer política, transitando de modo fugidio por vários espaços, intervindo nas urdiduras do sistema, selando alianças circunstanciais, procurando barganhar e tirar vantagens de todas as situações, forjando identidades maleáveis e mantendo uma postura de plasticidade e fluidez no campo minado da política. Buscando explorar as possibilidades oferecidas pelo populismo, seu dilema era como otimizar a influência da A.N.P. dentro de um *establishment* pouco inclinado às demandas dos negros. Com tal postura Nestor Macedo não tinha nada de alienado ou subserviente. O apoio dele e de sua A.N.P. a Adhemar de Barros deve ser visto como uma escolha, uma atitude consciente e legítima de um grupo de negros que fazia da política a arte do possível (ou permitido) no momento. Frente a uma correlação de forças desfavorável, aquele líder afro-brasileiro procurou manejar as armas que tinha à sua disposição. Para ele, as questões imediatas em jogo eram mais importantes do que ideários e utopias cujas realizações pareciam fugir de seus horizontes.

Afora isso, Adhemar não era qualquer populista.[22] Antes – e aí repousa uma de suas originalidades – ele se projetou no campo do imaginário como o aguilhão de um novo momento da cultura política, tendo sido representado e visto como uma das primeiras autoridades públicas a conferir ao negro a posição menos de figurante e mais de ator, que – assim como qualquer outro componente do jogo do poder – não devia ser negligenciado no xadrez da política. Talvez tenha sido por esse motivo que Nestor Macedo e a sua A.N.P. não constituíram o único grupo de afro-brasileiros a se vincular ao corifeu do PSP.

---

fundindo-se com o chefe que o exerce, árbitro, doador, justiceiro etc., também é verdade que o elemento fundamental que o organiza é o *povo*, ao qual, por se reconhecer sua identidade política, também é necessário reconhecer *direitos* que lhe cabem, dando forma às suas aspirações e reivindicações que, de algum modo, será necessário atender". Desse modo, "funcionando segundo uma lógica contraditória, no duplo registro em que é decifrado, pelo seu emissor e seu receptor, o discurso populista abre espaço ao popular no momento mesmo em que procura cooptá-lo e portanto tolhê-lo, a serviço da dominação de classe". MONTES, Maria Lúcia. "O discurso populista ou caminhos cruzados". In: MELO, José Marques de (coord.). *Populismo e comunicação*. São Paulo: Cortez, 1981, p. 61-75.

22 O historiador John French sublinha que a figura de Adhemar de Barros permanece "como principal ponto de referência nos esforços acadêmicos para se compreender o populismo no pós-guerra" FRENCH, John D. "Workers and the rise of adhemarista populism in São Paulo, Brazil, 1945-1947". *The Hispanic American Historical Review*. Durham, v. 68, n. 1, 1988, p. 1.

Desde que foi confirmada a vitória nas urnas de Adhemar de Barros para o governo do estado de São Paulo em 1947, as forças da oposição – capitaneadas pelo PSD e secundadas pela UDN – iniciaram intensa movimentação no sentido de impedir a posse. Debalde. Adhemar tomou posse em meio a grandes festejos. Não tardou para a oposição lhe desferir uma série de criticas e liderar uma campanha pelo pedido de seu *impeachment* na Assembléia Legislativa, com base na acusação de desvio de dinheiros públicos.[23] Em março de 1948 a campanha da oposição ao governador de São Paulo voltou a todo vapor. A principal acusação referia-se ao caráter inflacionário de sua política financeira, que estaria causando prejuízos vultosos à economia do Estado e contrariando frontalmente as diretrizes adotadas por Eurico Gaspar Dutra, o então Presidente da República.[24] Os ataques partiam de todos os lados. Adhemar era acusado de práticas de corrupção e "gatunagem", que iam desde a cobrança de propinas para a concessão de obras públicas a empresas particulares até o envolvimento no "câmbio negro de gêneros alimentícios e na exploração do jogo do bicho. Sua própria sanidade mental chegou a ser contestada, em requerimento enviado por um deputado udenista de São Paulo ao Ministro da Justiça".[25]

Em abril daquele ano foi encaminhado ao Presidente da República, pela Mesa provisória da Assembleia Legislativa, um ofício dos líderes da oposição, solicitando providências dos poderes federais contra o Governador paulista. Na mesma época foi enviado a Dutra um manifesto-denúncia, subscrito por deputados federais e estaduais de São Paulo, pedindo a intervenção no Estado. Em relação à representação da Mesa da Assembleia Legislativa, Dutra posicionou-se a favor de Adhemar.[26] No tocante ao Manifesto dos deputados, o Presidente remeteu a documentação ao Ministério da Justiça, para que fosse examinada a constitucionalidade da medida solicitada. A 27 de abril o Ministro da Justiça, Adroaldo Mesquita, emitiu parecer contrário à intervenção, indicando, para solucionar o caso paulista, o Código Penal ou a Assembleia

---

23 Projeto de Lei N° 371, de 30/11/1947. Regula os crimes de responsabilidade do Governador do Estado, anexado ao Projeto de Lei N° 373, de 07/12/1947. Regula o processo e julgamento do Governador, Vice-Governador e Secretários de Estado nos crimes de responsabilidade. Anais da Assembleia Legislativa do Estado de São Paulo. Ver http://www.al.sp.gov.br/alesp/projetos, acesso em 14/02/2015.

24 *Jornal de Notícias*. São Paulo, 13/3/1948, p. 3. *Fundamentos: revista de cultura moderna*. São Paulo, 6/1948, p. 36.

25 SAMPAIO, Regina. *Op. Cit.*, p. 63.

26 *Fundamentos: revista de cultura moderna*. São Paulo, 6/1948, p. 36.

Legislativa.²⁷ O Governador populista comemorou tal decisão. Foi nesse contexto que o *União* – jornal da "União dos Homens de Cor dos Estados Unidos do Brasil" – publicou uma edição especial alusiva à data 13 de Maio e, num longo editorial, manifestou-lhe solidariedade:

> São Paulo já viveu suas horas de vigília e desconforto. Amainados os ânimos, recomposta da luta, em pleno gozo de uma justa bonança depois do fragor de uma tempestade, a sua gente volta de novo às vistas para o labor em que se empenha e deposita, com mais segurança, o destino desse grande Estado a um homem, o verdadeiro gigante de têmpera de aço, viril e culto, empreendedor e afável, que se chama Adhemar de Barros. S. Excia. pode agora, mais tranquilo do que nunca, voltar toda a sua atenção, todo o calor do seu afeto à causa de São Paulo, sem os tropreços e empecilhos de outrora, porque os quadrilheiros debandaram e emudeceram. Dispersos e foragidos, não têm a coragem necessária para, ao menos de leve, embaraçar a marcha, a luminosa trajetória que vem o Dr. Adhemar de Barros percorrendo a frente do governo de São Paulo, que é, sem dúvida, o mais importante dos governos estaduais.²⁸

No entanto, a oposição continuou a campanha desestabilizadora. A partir de então, as esperanças intervencionistas recaíam no Senado Federal. As denúncias referentes à situação financeira de São Paulo, presentes no manifesto enviado ao presidente Dutra, haviam sido remetidas ao Ministério da Fazenda, para as devidas apurações. Em junho de 1948 o Ministro Corrêa e Castro enviou o relatório ao Presidente, que o encaminhou ao Senado para apreciação e julgamento das medidas cabíveis. O relatório concluía pela procedência das denúncias e apontava que a própria preservação da ordem interna estava ameaçada pela "desordem financeira e econômica" reinante em um dos maiores Estados da Federação. Em fins de julho, contudo, o "Senado aprovou os pareceres das Comissões de Justiça e de Finanças, contrários à determinação da intervenção pelo Legislativo, deci-

---

27 COUTO, Ari Marcelo Macedo. *Adhemar de Barros: práticas e tensões políticas no poder*. São Paulo: Educ, 2009.

28 *União*. Curitiba, 15/5/1948, p. 1. Em sua edição de março de 1948, o *União* já havia tecido loas a Adhemar pela passagem do aniversário de sua gestão: "Espírito afeito à luta, coração magnânimo e alma nobre e amiga, Adhemar de Barros, o homem por excelência democrata, respeitador do direito e praticante dos sublimes postulados da liberdade, desde logo se impôs no conceito nacional pelo entusiasmo ardoroso com que se lançou à solução dos problemas transcendentais. [...] Para S. Excia. não há preconceitos de raça, de cor ou de religião e isso a União dos Homens de Cor dos E. U. do Brasil o atesta em alto e bom tom. Essa virtude que está engastada na sua formação moral, como um diadema sublime, torna-o estimado e idolatrado mesmo por seu povo. Numa frase inglesa, é o Dr. Adhemar de Barros 'the right man in the right place'". *União*. Curitiba, 27/03/1948, p. 6.

são que marcou o encerramento da campanha intervencionista".[29] Novamente, o Governador paulista comemorou a decisão que garantiu a continuidade de seu mandato.[30] E, mais uma vez, setores da "população de cor" lhe depositaram votos de solidariedade e confiança.

Em 11 de agosto a Legião Negra do Brasil já havia remetido telegrama ao presidente da República, anatemizando os "politiqueiros profissionais" que tentavam visar a "figura íntegra do governador Adhemar de Barros, legítimo representante do povo que o apóia integralmente".[31] Três dias depois, a Legião Negra do Brasil – que dizia congregar "600.180 legionários bandeirantes" e estar "acima dos interesses partidários, porque não tem compromissos com nenhum partido" – publicara um manifesto "ao povo de São Paulo". Neste documento, a entidade informava que, pelo fato de vir acompanhando o desenrolar dos acontecimentos no Estado, "tão devastado pela politicagem", sentia-se no "dever sagrado de dar o seu apoio irrestrito [ao] digno governador, dr. Adhemar de Barros, que tem procurado por todos os meios avivar as chamas democráticas e progressistas".[32]

Nas eleições estaduais de 1954 o principal cacique do PSP procurou se tornar governador de São Paulo pela terceira vez, submetendo o seu nome ao escrutínio popular. Seu partido começou a campanha numa posição desvantajosa: frustrado em suas expectativas de obter o apoio de Getúlio Vargas, devido ao rompimento dos compromissos nos quais se baseou a frente populista de 1950, perdeu igualmente o controle da máquina governamental do Estado.[33] Além disso, Adhemar tinha agora que enfrentar uma liderança populista rival – Jânio Quadros, o

---

29 SAMPAIO, Regina. *Op. Cit.*, p. 65.

30 RODRIGUES, Lopes. *Adhemar de Barros perante a nação*. São Paulo: Ed. Piratininga, 1954.

31 *Jornal de Notícias*. São Paulo, 12/8/1948, p. 4.

32 Assinaram o manifesto os delegados e presidentes regionais da Legião Negra das seguintes cidades: Santos, Campinas, Ribeirão Preto, Espírito Santo do Pinhal, Rio Preto, Bauru, Sorocaba, Piracicaba, Barretos, Itú, Pindamonhangaba, Jundiaí, Jaú, Amparo, Marília e da sede central de São Paulo. Manifesto da Legião Negra do Brasil ao povo de São Paulo. *O Dia*. 14/08/1948. Dossiê 50-J-130. DEOPS/SP, AESP.

33 Como já visto, Adhemar de Barros conseguiu fazer o seu sucessor do PSP, Lucas Nogueira Garcez, nas eleições para governador de 1950. No entanto, a política desenvolvida pelo afilhado político à frente do Executivo paulista contrariou os planos de Adhemar, que entrou em rota de colisão com ele. Dentro desse quadro se inseriu a principal crise enfrentada pelo PSP ao longo de sua história, que levou a cisão de Garcez, vinte deputados estaduais, oito federais e um senador com o presumível "dono" da agremiação partidária. Para uma descrição detalhada dessa crise no PSP e das defecções dela derivadas, ver CABRAL, Carlos Castilho. *Adhemar, sem máscara...* Rio de Janeiro: Dep. de Imp. Nacional, 1953.

candidato do "tostão contra o milhão" – cujo apelo político se revelaria capaz de sensibilizar uma ampla fatia do eleitorado.

Na reta final de uma campanha marcada pela polarização, O Novo Horizonte se posicionou sobre a disputa em voga, publicando um manifesto em setembro de 1954. Denominado "Mensagem aos negros" e escrito em primeira pessoa, o documento concitava os "apóstolos" da "evangelização" de sua "gente" a trabalhar sem esmorecimento, na esperança de vencerem as dificuldades, "segundo as determinações de nosso Senhor Jesus Cristo!". Em seguida concitava os negros a se consorciarem à "campanha que ora está sendo encetada em favor do nome do Sr. Dr. Adhemar de Barros, candidato à governança de São Paulo". Se cada um trabalhasse "honesto e sinceramente" em prol daquele chefe político, ficaria assegurado que os frutos a serem colhidos não teriam o "amargor" dos que se experimentava naquele momento.

> Dou graças a Deus por ter me concedido a vida, esta cheia de aflições, mas também repleta de contentamento por estar, como no ano de 1950 ao lado de Adhemar de Barros. Esta mensagem de súplica que vos envio é desejando vos ver fazendo coro – "adira a Adhemar, enquanto é tempo" porque dias melhores há-de-vir para encher de alegria e bem estar o coração de cada um de nós. Pela fé de triunfarmos de todas as dificuldades pelo amor a nosso semelhante pela confiança em Deus Onipotente, pelo trabalho coeso e confiança em nosso chefe progressista. Avante negros brasileiros! De pé, é chegada a hora de se decidir.[34]

As manifestações de apoio da comunidade negra a Adhemar de Barros não pararam por aí. É verdade que, em 3 de outubro de 1954, Jânio Quadros lhe venceu nas eleições para governador por uma diferença de 0,9%, porém o mito *adhemarista* não morreu. O discurso da moralização política do novo governador contrastava com a imagem de corrupção e improbidade administrativa associada a seu rival populista. No poder, Jânio investiu deliberadamente contra Adhemar, processando-o judicialmente com base no caso dos *Chevrolets*[35] e, um pouco mais tarde, no da urna marajoara.[36] Em março de 1956 o manda-chuva do PSP foi condenado em primeira instância, em decorrência do processo dos *Chevrolet*, a dois anos de prisão. Numa série

---

34 *O Novo Horizonte*. São Paulo, 9/1954, p. 5.

35 O processo dos *Chevrolets* referia-se às irregularidades que teriam acontecido na compra de 36 veículos, entre os quais dez automóveis *Chevrolets*, para o estado de São Paulo durante a administração de Adhemar como governador, em 1949.

36 Este processo originou-se a partir da acusação de que Adhemar teria se apropriado, indevidamente, de uma urna marajoara que foi doada ao Museu Paulista, em 1950.

de lances rocambolescos fugiu para o Paraguai e, posteriormente, para a Bolívia, para evitar a extradição. Seus advogados recorreram ao Supremo Tribunal Federal e ele foi absolvido em setembro, o que serviu de *leitmotiv* para os correligionários propagarem, na opinião pública, a imagem de "vítima inocente" em torno de sua figura. Na volta a São Paulo foi recebido no aeroporto de Congonhas por uma multidão que o acompanhou até a catedral da Sé, onde se celebrou uma missa de Ação de Graças. Iniciava-se ali sua caminhada para a reconquista do Palácio dos Campos Elíseos, apresentando-se como candidato à prefeitura de São Paulo nas eleições marcadas para março de 1957. Pela "primeira vez uma campanha foi planejada e realizada por profissionais da propaganda. Adhemar derrotou Prestes Maia, apesar de todo o prestígio deste e do apoio da máquina do Estado, governada por Jânio".[37]

Sua gestão tentou reforçar o apelo do PSP junto às camadas mais pobres da população urbana, especialmente aos trabalhadores. Ao que parece, tal estratégia surtiu algum efeito. No dia 03 de agosto de 1957 Durval Chabaribery – Presidente do Grêmio Recreativo Cruz e Souza, uma organização afro-brasileira – enviou uma correspondência ao "Ilmo. Sr. Geraldo Campos de Oliveira", Presidente da Associação Cultural do Negro, convidando-o para uma festa em homenagem ao "ilustre Prefeito da Capital":

> Ilmo. Sr. Geraldo Campos de Oliveira
> Como presidente do Grêmio Recreativo "Cruz e Sousa", venho convidar V. S. e os demais membros da Diretoria, para o baile que faremos realizar no majestoso salão do Pacaembu, em homenagem ao ilustre Prefeito da Capital, digníssimo Adhemar de Barros, festa a qual haverá concurso para as damas mais elegantes com prêmios para as duas primeiras colocadas.
> Durval Chabaribery
> Presidente do Grêmio Recreativo "Cruz e Souza".[38]

A própria Associação Cultural do Negro (A.C.N.) – uma agremiação que patrocinou "ações, jornais, livros e atos públicos visando debater o papel do negro na formação da sociedade brasileira, situando-o num lugar alternativo ao da subalternidade imposta pelo fim da escravidão"[39] – referenciou o mago do populismo. Em

---

37 CANNABRAVA FILHO, Paulo. *Op. Cit.*, p. 99; SAMPAIO, Regina. *Op. Cit.*, p. 87-90.

38 Correspondência de 03.08.1957. Pasta 16. Diretoria Executiva - Correspondência. Coleção Associação Cultural do Negro (ACN). Acervo da Unidade Especial de Informação e Memória da Universidade Federal de São Carlos (UEIM-UFSCar).

39 SILVA, Mário Augusto Medeiros da. Fazer a história, fazer sentido: Associação Cultural do Negro (1954-1964). *Lua Nova*, São Paulo, n. 85, 2012, p. 322.

1958 ela comemorou o "70° aniversário da promulgação da Lei Áurea", ocasião na qual um extenso programa cultural, desportivo, artístico e recreativo foi traçado e colocado em execução. Adquirindo aspecto de estudo, pesquisa e balanço da "longa caminhada empreendida pelo negro desde a libertação", uma série de conferências foi ministrada por "estudiosos de reconhecida capacidade". A agremiação ainda publicou a primeira edição dos Cadernos de Cultura da A.C.N. – Série Cultura Negra. É nesta publicação que a "Diretoria Executiva da Associação Cultura do Negro" agradecia ao "prefeito Adhemar de Barros e seus secretários" pelo apoio às realizações de "O ANO 70 DA ABOLIÇÃO".[40]

Dois anos depois o "Club 220" – uma associação recreativa de negros que se distinguiu por animar bailes, realizar o concurso de beleza intitulado "Bonequinha do Café" e ter liderado a campanha que culminou no erguimento do monumento à Mãe Preta, no centro da cidade de São Paulo[41] – adotou a mesma postura. Na noite de 13 de maio de 1960 o clube ofereceu um "espetáculo inédito na história das coletividades negras no país": uma festa de congraçamento das "mães negras", durante a qual foram entregues prêmios às mães de "maior prole" e às "mais simpáticas". As vencedoras foram Maria Penteado, Maria Cecília Tavares e Adair Galdino (de maior prole); e Cecília Martins e Vera Lúcia (as mais simpáticas). A entrega dos prêmios ficou a cargo de Leonor Mendes de Barros. Após a premiação, foi lida "sob aplausos" a mensagem do prefeito Adhemar de Barros aos presentes:

> Senhoras e senhores:
> Com o meu cordial agradecimento envio a manifestação de estima e apreço à digna diretoria do Club 220 e a todos os seus associados e colaboradores, ao ensejo das solenidades em que se celebra a data 13 de Maio, simultaneamente com o "dia das Mães" [...]. Um abraço aos meus amigos desse valoroso Club 220, que fixa nesta efeméride a festa da liberdade do braço trabalhador, a outra data, a da rainha de nossos lares, ambas tão caras aos nossos corações. Congratulo-me, pois, pelo êxito desse festival, reiterando os melhores agradecimentos de minha incansável companheira, dona Leonor, a quem transfiro todas as homenagens, porque também é mãe e criatura repleta de bondade, que estende seus braços a quanto lares de nossa terra semeando ternura e amparo, a quantos confiam em nossa luta tenaz e persistente, construindo, com

---

40 ASSUMPÇÃO, Carlos de et all. *O ano 70 da Abolição.* São Paulo: Associação Cultural do Negro, 1958 (Série Cultura Negra 1), 1958, p. 6-7

41 SILVA, Maria Aparecida Pinto. *Visibilidade e respeitabilidade: memória e luta dos negros nas associações culturais e recreativas de São Paulo (1930-1968).* Dissertação (Mestrado em Ciências Sociais), Pontifícia Universidade Católica de São Paulo, 1997.

o nosso ideal e trabalho, o Brasil engrandecido e respeitado pelas grandes potências universais.
A todos o meu fraterno abraço.[42]

Terminada a leitura da mensagem, fez uso da palavra Frederico Penteado Júnior – presidente do "Club 220" e idealizador da festa – para agradecer o gesto do Prefeito e da Primeira Dama. O orador realçou os "relevantes serviços do Sr. Adhemar de Barros e de dona Leonor à família negra do Brasil". A festa se prolongou até as quatro da madrugada, com a participação da Orquestra de Pinhal.[43] Naquele mesmo ano, outra instituição representativa dos afro-brasileiros rendeu tributos ao mago do populismo. No dia 30 de julho de 1960 a Irmandade de Nossa Senhora do Rosário dos Homens Pretos – com sede no Largo do Paissandu, centro de São Paulo – concedeu a Adhemar o diploma de "irmão benemérito e protetor", sendo ele admitido de todos os direitos e prerrogativas estatuídas no "Compromisso" da irmandade para o gozo das graças e indulgências.[44]

Em depoimento prestado à pesquisadora Elisabete Aparecida Pinto, Laudelina de Campos Mello – mulher negra e destacada liderança das empregadas domésticas desde o final da década de 1930 – externou sua laudação e estima por Adhemar de Barros e sua esposa, de tal modo que, quando este fundou o PSP, ela passou a trabalhar para o partido, em várias eleições.[45] De maneira similar, a célebre escritora afro-brasileira Carolina de Jesus cultivava uma admiração pelo proeminente político do PSP. Em seu livro clássico (*Quarto de despejo: diário de uma favelada*), ela anotou em 19 de julho de 1955:

---

42 "Vibrante mensagem de Adhemar às babás negras brasileiras". São Paulo, 14 de maio de 1957. AP 643.02.001, AESP.

43 Idem.

44 Diploma de irmão benemérito e protetor de Adhemar Pereira de Barros. São Paulo, 30 de julho de 1960. AP TXTAB 691.03.001, AESP.

45 PINTO, Elisabete Aparecida. *Etnicidade, gênero e educação: a trajetória de vida de Da. Laudelina de Campos Mello (1904-1991)*. Campinas, Dissertação (Mestrado) – Universidade Estadual de Campinas, 1993, apêndice II, p. 20-21. Laudelina de Campos Mello nasceu em 1904 em Poços de Caldas, Minas Gerais. Aos 16 anos iniciou sua militância, colaborando ali na criação do grupo Treze de Maio. Na década de 1930, transferiu-se para São Paulo e aí participou ativamente de vários movimentos sociais e políticos ao longo de sua vida, porém seu maior compromisso foi em defesa dos direitos das empregadas domésticas. Neta de uma mulher escravizada, ela mesma exerceu a profissão de doméstica durante 33 anos. Ao lado de outras companheiras, fundou, em 1936, a primeira Associação das Empregadas Domésticas de Santos, fechada durante a ditadura do Estado Novo. Em 1961, ela e outras companheiras voltaram a fundar uma Associação das Empregadas Domésticas em Campinas. Faleceu em 1991. Para uma análise de sua trajetória, ver PINTO, Elisabete Aparecida. *Op. Cit.*

Assim que cheguei [à fila da torneira para pegar água na favela] a Florenciana perguntou-me:
– De que partido é aquela faixa?
Li P.S.B. e respondi Partido Social Brasileiro. Passou o Senhor Germano, ela perguntou novamente:
– Senhor Germano, esta faixa é de que partido?
– Do Jânio [Quadros]!
Ela rejubilou-se e começou dizer que o Dr. Adhemar de Barros é um ladrão. Que só as pessoas que não presta é que aprecia e acata o Dr. Adhemar. Eu, e D. Maria Puerta, uma espanhola muito boa, defendemos o Dr. Adhemar. Dr. Maria disse:
– Eu sempre fui *ademarista*. Gosto muito dele e de D. Leonor.
A Florenciana perguntou:
– Ele já deu esmola a senhora?
– Já, deu o Hospital das Clínicas.[46]

Se em *Quarto de despejo* Carolina Maria de Jesus já sinalizava sua admiração pelo preclaro líder populista, em *Antologia pessoal* – obra que reúne em feição mais intimista sua produção poética ao longo das décadas de 1950 e 1960 – a escritora o homenageou efusivamente:

Teve valor imenso
O ilustre Dr. Adhemar
Foi um político de senso
E soube governar.
Adhemar e D. Leonor
Duas almas santas
Têm imenso valor.
E ninguém lhes suplanta
Adhemar foi político potente
Gostava de realização
Deveria ser o presidente
Desta grande nação.
Já foi nosso interventor

---

46 JESUS, Carolina Maria de. *Quarto de despejo: diário de uma favelada*. 8 ed. São Paulo: Ática, 1999, p. 15. Livro de estreia daquela mulher negra, favelada e semianalfabeta, *Quarto de despejo* tornou-se um fenômeno editorial desde a primeira edição em 1960. Atingiu de imediato a vendagem de dez mil exemplares nos três primeiros dias de lançamento na cidade de São Paulo. Outros noventa mil foram distribuídos pelo país nos primeiros seis meses. Foi traduzido para 13 idiomas e lido em mais de 40 países. Os números permanecem extraordinários até mesmo para os padrões atuais, cujas edições em geral não ultrapassam a três mil cópias. Sobre o populismo na obra de Carolina de Jesus, ver SANTOS, Joel Rufino dos. *Carolina Maria de Jesus: uma escritora improvável*. Rio de Janeiro: Garamond, 2009, p. 81-91.

> Deputado e bom prefeito
> Foi também nosso governador
> Pelo povo foi eleito
> Teve muita tenacidade
> Nas polêmicas, que são um lodo.
> Deu provas de capacidade
> Vencendo as lutas, com denodo
> Adhemar soube conduzir
> Nasceu para governar.

Mais do que homenageado, Adhemar de Barros foi louvado e mesmo sacralizado por Carolina de Jesus. Ele e sua esposa D. Leonor ganharam uma distinção honorífica: "almas santas". Os encômios da escritora afro-brasileira continuaram em sua obra poética:

> Adhemar, político visionário
> Com ele São Paulo progrediu.
> Se fez bonito no quarto centenário
> Foi com as obras que ele construiu
> A única coisa que eu noto:
> Adhemar foi correto e gentil
> E lhe acompanhei com o meu voto
> Mas não pude vê-lo presidente do Brasil.[47]

Portanto, foi esse político "visionário", "potente", "gentil", de "imenso valor" e "muita tenacidade", que venceu as lutas com "denodo" e "nasceu para governar", colocando São Paulo na rota do desenvolvimento, do progresso e da democracia participativa, com "senso" e "alma santa" o suficiente para lobrigar no horizonte a questão racial, que conquistou a deferência de Nestor Macedo, de jornais e de associações da "população de cor", da Irmandade de Nossa Senhora do Rosário dos Homens Pretos, da Laudelina de Campos Mello e da escritora Carolina Maria de Jesus.[48]

---

47   Idem. *Antologia pessoal*. Organização de José Carlos Sebe Bom Meihy. Rio de Janeiro: Editora UFRJ, 1996, p. 65-66.

48   Os negros podiam se dispor a conceder sua deferência a Adhemar de Barros, mas frequentemente essa deferência era desprovida de ilusões. Mesmo Carolina de Jesus, que rasgou louvores ao prócer do PSP, era dotada de uma visão crítica e não deixou de redigir, em seu diário, arrazoados corrosivos contra o sistema político de plantão: "Eu amanheci nervosa [em 16 de maio de 1958]. Porque eu queria ficar em casa, mas eu não tinha nada para comer. ...Eu não ia comer porque o pão era pouco. Será que é só eu que levo esta vida? O que posso esperar do futuro? [...] Eu quando estou com fome quero matar o Jânio [Quadros], quero enforcar o Adhemar [de Barros] e queimar o Juscelino [Kubitschek]. As dificuldades corta o afeto do povo pelos políticos". JESUS, Carolina Maria de. *Quarto de despejo: diário de uma favelada*. 8 ed. São Paulo: Ática, 1999, p. 28-29.

Não era para menos. Adhemar de Barros fez discursos em praça pública no dia 13 de Maio, data comemorativa da abolição da escravidão no Brasil; reconheceu a existência de problemas nas "gerações mais novas" dos descendentes de escravos e prometeu soluções; nomeou um negro como prefeito de São Paulo senão acolheu pessoas desse grupo racial em sua legenda partidária; compareceu a uma ou outra atividade organizada pelas instituições afro-brasileiras e se diplomou numa irmandade de "pretos". Para um estrato populacional que não costumava ter suas questões reconhecidas ou que acumulava a experiência de ser tratado como objeto pelos mandarins da política, os acenos de Adhemar, ainda que limitados, soavam como música em seus ouvidos. É, pois, de bom alvitre que se enfatize: para além da *mise--en-scène*, das platitudes, dos arroubos retóricos e dos oportunismos eleitoreiros, o mago do populismo paulista envidou-se em alargar o "imaginário racial"[49] e o leque de possibilidades de atuação política, abrindo, real e simbolicamente, um canal de interlocução com a população negra e esta, por sua vez, não só tinha consciência que uma situação nova se esboçava, como ainda procurou dela tirar proveito. Como afirma Bolívar Lamounier, "em se tratando de grandes massas desprivilegiadas pois, ao contrário do que normalmente se pensa, a obtenção de um objetivo tangível geralmente leva a reivindicações mais amplas, e não a uma satisfação definitiva".[50]

---

49 Tomando por empréstimo as palavras de Bronislaw Baczko: o imaginário "informa acerca da realidade, ao mesmo tempo que constitui um apelo a ação, um apelo a comportar-se de determinada maneira. [...] O dispositivo imaginário suscita a adesão a um sistema de valores e intervém eficazmente nos processos da sua interiorização pelos indivíduos, modelando os comportamentos, capturando as energias e, em caso de necessidade, arrastando os indivíduos para uma ação comum". BACZKO, Bronislaw. *Op. Cit.*, p. 311.

50 LAMOUNIER, Bolívar. "Raça e classe na política brasileira". *Cadernos Brasileiros*, Rio de Janeiro, n. 47, 1968, p. 48.

Caderno de imagens

Imagem 72 – Diploma de irmão benemérito e protetor de Adhemar de Barros, concedido pela Irmandade de Nossa Senhora do Rosário dos "Homens Pretos" (FAB, AESP).

Imagem 73 – Folheto de propaganda eleitoral de Geraldo Campos de Oliveira (UEIM-UFSCar).

SECRETARIA DA SEGURANÇA PÚBLICA
DEPARTAMENTO DE ORDEM POLÍTICA E SOCIAL
SÃO PAULO

O DIA

14/8/1948.

Manifesto da Legião Negra do Brasil ao Povo de São Paulo

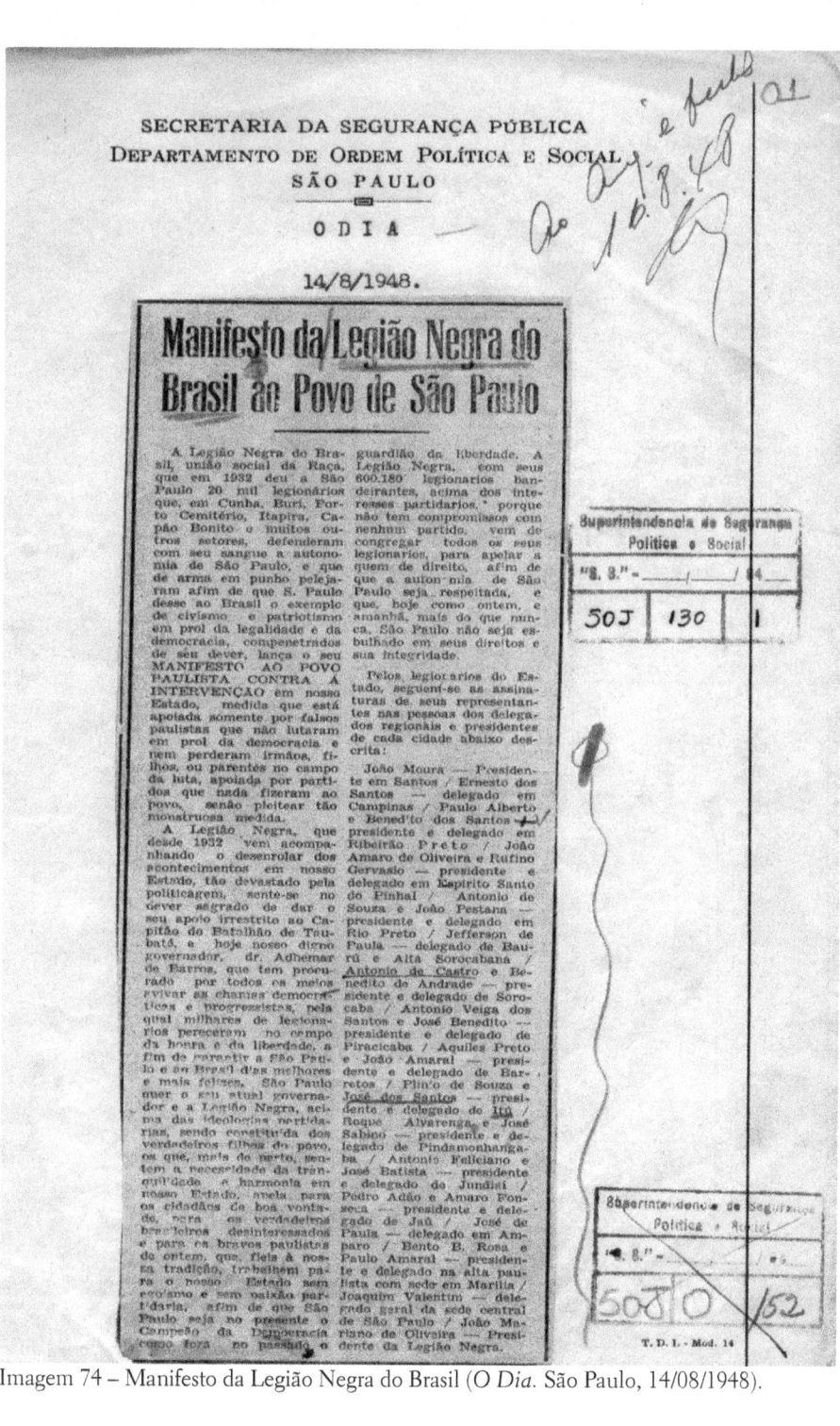

A Legião Negra do Brasil, união social da Raça, que em 1932 deu a São Paulo 20 mil legionários que, em Cunha, Buri, Porto Cemitério, Itapira, Capão Bonito e muitos outros setores, defenderam com seu sangue a autonomia de São Paulo, e que de arma em punho pelejaram afim de que S. Paulo desse ao Brasil o exemplo de civismo e patriotismo em prol da legalidade e da democracia, compenetrados de seu dever, lança o seu MANIFESTO AO POVO PAULISTA CONTRA A INTERVENÇÃO em nosso Estado, medida que está apoiada somente por falsos paulistas que não lutaram em prol da democracia e nem perderam irmãos, filhos, ou parentes no campo da luta, apoiada por partidos que nada fizeram ao povo, senão pleitear tão monstruosa medida.

A Legião Negra, que desde 1932 vem acompanhando o desenrolar dos acontecimentos em nosso Estado, tão devastado pela politicagem, sente-se no dever sagrado de dar o seu apoio irrestrito ao Capitão do Batalhão de Taubaté, e hoje nosso digno governador, dr. Adhemar de Barros, que tem procurado por todos os meios avivar as chamas democráticas e progressistas, pela qual milhares de legionários pereceram no campo da honra e da liberdade, a fim de garantir a São Paulo e ao Brasil dias melhores e mais felizes. São Paulo quer o seu atual governador e a Legião Negra, acima das ideologias partidárias, sendo constituída dos verdadeiros filhos do povo, os que, mais de perto, sentem a necessidade da tranquilidade e harmonia em nosso Estado, apela para os cidadãos de boa vontade, para os verdadeiros brasileiros desinteressados e para os bravos paulistas de ontem, que, fieis à nossa tradição, trabalhem para o nosso Estado sem egoísmo e sem paixão partidária, afim de que S. Paulo seja no presente o Campeão da Democracia como fora no passado, guardião da liberdade. A Legião Negra, com seus 600.180 legionários bandeirantes, acima dos interesses partidários, porque não tem compromisso com nenhum partido, vem de congregar todos os seus legionários, para apelar a quem de direito, afim de que a autonomia de São Paulo seja respeitada, e que, hoje como ontem, e amanhã, mais do que nunca, São Paulo não seja esbulhado em seus direitos e sua integridade.

Pelos legionários do Estado, seguem-se as assinaturas de seus representantes nas pessoas dos delegados regionais e presidentes de cada cidade abaixo escrita:

João Moura — Presidente em Santos / Ernesto dos Santos — delegado em Campinas / Paulo Alberto e Bened'to dos Santos — presidente e delegado em Ribeirão Preto / João Amaro de Oliveira e Rufino Gervasio — presidente e delegado em Espirito Santo do Pinhal / Antonio de Souza e João Pestana — presidente e delegado em Rio Preto / Jefferson de Paula — delegado de Baurú e Alta Sorocabana / Antonio de Castro e Benedito de Andrade — presidente e delegado de Sorocaba / Antonio Veiga dos Santos e José Benedito — presidente e delegado de Piracicaba / Aquiles Preto e João Amaral — presidente e delegado de Barretos / Plin'o de Souza e José dos Santos — presidente e delegado de Itú / Roque Alvarenga e José Sabino — presidente e delegado de Pindamonhangaba / Antonio Felliciano e José Batista — presidente e delegado de Jundiaí / Pedro Adão e Amaro Fonseca — presidente e delegado de Jaú / José de Paula — delegado em Amparo / Bento B. Rosa e Paulo Amaral — presidente e delegado na alta paulista com sede em Marilia / Joaquim Valentim — delegado geral da sede central de São Paulo / João Marino de Oliveira — Presidente da Legião Negra.

Imagem 74 – Manifesto da Legião Negra do Brasil (*O Dia*. São Paulo, 14/08/1948).

Imagem 75 – Folheto de propaganda eleitoral de Frederico Penteado Júnior (UEIM-UFSCar).

Imagem 76 – Carolina Maria de Jesus, autora do livro Quarto de despejo, de grande sucesso (*Niger*. São Paulo, set./1960).

Imagem 77 – D. Benedita, Carolina Maria de Jesus e José Correia Leite, em 1960 (CPJCL).

Imagem 78 – Palestra de Sebastiana Vieira, diretora do Departamento Feminino da Associação Cultural do Negro (CPJCL).

Atos comemorativos do 70º aniversario da Abolição

Do programa comemorativo do ano 70 da abolição, iniciativa da Associação Cultural do Negro, Teatro Experimental do Negro de São Paulo, Teatro Popular Brasileiro (do Rio de Janeiro), Gremio Estudantil Castro Alves, Sociedade Recreativa José do Patrocinio (de São Manuel), Fidalgo Clube e Associação Paulista de Amigos dos Homens do Norte e do Nordeste, constam as seguintes solenidades:

Hoje, dia 13: A's 18 horas, na Igreja de Nossa Senhora do Rosario dos Homens Pretos, Largo do Paiçandu, missa votiva por intenção das almas dos escravos e dos abolicionistas. A's 20,30 horas, no Teatro Municipal, sessão civica em homenagem à data que aboliu o trabalho escravo no Brasil. Conferencia do escritor Fernando Goes, subordinada ao tema: «O abolicionismo em São Paulo». Audição de canto pelo Coral Paulistano da Municipalidade.

— Quinta-feira, dia 15: A's 21 horas, no Instituto de Educação Caetano de Campos, concerto a cargo da Banda Sinfonica da Fôrça Publica do Estado de São Paulo.

Imagem 79 – Nota de evento promovido pela Associação Cultural do Negro (DEOPS, AESP).

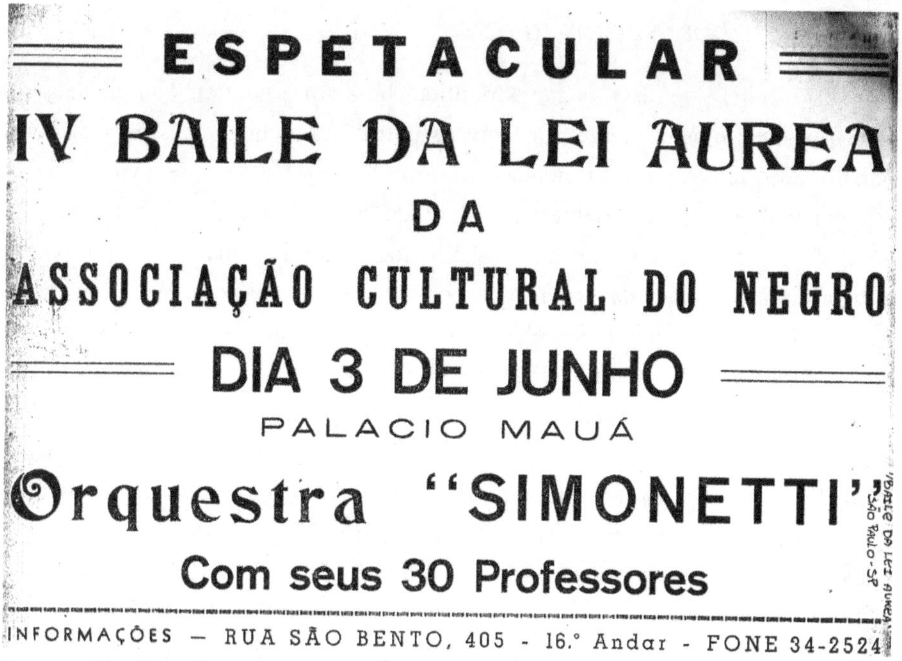
ESPETACULAR
IV BAILE DA LEI AUREA
DA
ASSOCIAÇÃO CULTURAL DO NEGRO
DIA 3 DE JUNHO
PALACIO MAUÁ
Orquestra "SIMONETTI"
Com seus 30 Professores
INFORMAÇÕES — RUA SÃO BENTO, 405 - 16.° Andar - FONE 34-2524
"BAILE DA LEI AUREA"
SÃO PAULO - SP

Imagem 80 – Flyer do IV Baile da Lei Áurea (UEIM-UFSCar)

Novos tempos, velhos ideais

No sistema populista os atores políticos tendiam a contrair complicadas relações personalistas e clientelistas com os partidos e as lideranças para os quais trabalhavam, relações estas fundadas em deveres e contraprestações. Com Nestor Macedo parece não ter sido diferente, de modo que ele criou expectativas em relação ao PSP, doando-se ao partido – trabalhando em prol de sua expansão no meio afro-paulista, promovendo os seus quadros e dirigentes políticos, fazendo campanhas para os seus candidatos nas eleições – por mais de uma década. Talvez por não se sentir devidamente reconhecido – não tendo perspectivas de ver o seu ideal se realizar, de negociar um cargo vantajoso, de barganhar uma carreira promissora, de adquirir prestígio entre os correligionários, isto é, de se ver recompensado diante de tanta dedicação –, foi se desgastando cada vez mais, até decidir se afastar do partido. Em 1961 aquele líder negro já não mais fazia parte do quadro de afiliados do PSP e a sua Ala Negra, por conseguinte, deixou de trabalhar em prol do populismo de Adhemar de Barros.

Dia 14 de fevereiro de 1962. Em ofício destinado ao Secretário de Estado dos Negócios da Segurança Pública do Estado de São Paulo, Macedo afiançava o apoio da Ala Negra e de outras organizações a José Bonifácio Nogueira Coutinho – da União Democrática Nacional (UDN) e então Secretário de Agricultura –, na campanha eleitoral que se avizinhava, para a sucessão da governança paulista. "Iremos envidar todos os esforços", prometia Macedo, "seja abrindo comitês em bairros, fazendo comícios, enfim, lançando mão de todos os meios possíveis, para uma arregimentação de um programa elucidativo da opinião pública" e "uma campanha maciça para a vitória de S. Excia.".[51] Será que, a partir de sua saída do PSP, Macedo passou a se comportar como uma verdadeira metamorfose ambulante? Mudava de pele e coloração político-partidária conforme as circunstâncias, mirando as possíveis implicações de suas escolhas consoante a relação de custo e benefício?

Dia 1 de abril de 1964. Um movimento civil-militar – liderado pelo General Mourão Filho, Comandante da IV Região Militar, e apoiado por diversos Governadores, entre os quais o de São Paulo, Adhemar de Barros – derrubou o governo do presidente João Goulart, abortando o projeto das reformas sociais que o líder traba-

---

51 Ofício de Nestor Macedo, "representante da Sociedade Beneficente e Recreativa da Abolição, Ala Negra e outras", ao Exmo. Sr. Secretário de Estado dos Negócios da Segurança Pública do Estado de São Paulo. Copiado pelo cartório da Delegacia especializada de Ordem Política e Social em 14 de fevereiro de 1962. Dossiê 50-J-125, 15. DEOPS/SP, AESP.

lhista encarnava. O golpe de Estado foi executado sob o pretexto de livrar o país da corrupção e do comunismo, mas o novo regime começou a mudar as instituições através de decretos, chamados de Atos Institucionais (AI). O Comando Supremo da Revolução editou, em 9 de abril de 1964, o AI-1, suspendendo garantias constitucionais e estabelecendo um prazo de 60 dias para cassar mandatos e direitos políticos. Os expurgos atingiram vários políticos, parlamentares, juristas e líderes populares e sindicais. Adhemar de Barros, candidato à presidente e em campanha desde 1962, apoiou as medidas autoritárias e a posse do general Humberto de Alencar Castelo Branco, o primeiro presidente do regime militar.

O fato é que o golpe de 1964 colocou um ponto final à experiência democrática e inaugurou uma fase de sucessivos governos autoritários que reprimiam ativistas e organizações negras, além de sindicatos (da cidade e do campo), movimentos populares, grupos de estudantes, intelectuais, jornalistas, profissionais liberais, artistas e militantes de esquerda. Todos que questionavam a ditadura passaram a ser vistos como ameaças subversivas à segurança nacional. Até o estertor dos anos 1960 muitas agremiações afro-brasileiras desapareceram, e a imprensa negra quase silenciou.[52]

O próprio Adhemar de Barros não escapou da sanha ditatorial. Em 1966 Castelo Branco cassou o seu mandato e os seus direitos políticos por dez anos. O líder populista resolveu então articular a oposição ao regime militar. Mas em 12 de dezembro de 1968, avisado por amigos de que os militares pretendiam prendê-lo, Adhemar decolou rumo a Paris.[53] Um dia depois foi promulgado o AI-5, que decretou o recesso do

---

52   Ver Michael Mitchell. *Racial consciousness and the political attitudes and behavior of blacks in São Paulo, Brazil. Op. Cit.*; ANDREWS, George R. O protesto político negro em São Paulo (1888-1988). *Estudos Afro-Asiáticos*, Rio de Janeiro, n. 21, 1991, p. 27-48; PINTO, Regina Pahim. *O movimento negro em São Paulo: luta e identidade*. São Paulo, Tese (Doutorado) – Universidade de São Paulo, 1993; ALBERTI, Verena e PEREIRA, Amilcar Araujo (Orgs.). *Histórias do movimento negro no Brasil: depoimentos ao CPDOC*. Rio de Janeiro: Pallas; CPDOC-FGV, 2007; KOSSLING, Karin Sant'Anna. *As lutas anti-racistas de afro-descendentes sob vigilância do DEOPS/SP (1964-1983)*. Dissertação (Mestrado) – Universidade de São Paulo – Faculdade de Filosofia, Letras e Ciências Humanas, 2007; Idem. Vigilância e repressão aos movimentos negros (1964-1983). In: GOMES, Flávio e DOMINGUES, Petrônio (orgs.). *Experiências da emancipação: biografias, instituições e movimentos sociais no pós-abolição (1890-1980)*. São Paulo: Selo Negro, 2011, p. 287-307; ALBERTO, Paulina L. *Terms of inclusion: black intellectuals in twentieth-century Brazil*. Chapel Hill, N.C.: The University of North Carolina Press, 2011.

53   Adhemar de Barros foi eleito governador de São Paulo pela segunda vez em 1962. Dois anos depois, participou da conspiração que resultou no golpe de Estado que instituiu o regime militar no Brasil, em 1964. No entanto, isto não impediu que fosse afastado do cargo pelo então presidente da República, o general Castelo Branco, e tivesse os direitos políticos cassados, sob a acusação de corrupção. Partiu para o exílio em Paris, onde morreu em 1969.

Congresso Nacional, instituiu a censura prévia nos meios de comunicação e suspendia o direito de *habeas corpus* nos casos de infração da Lei de Segurança Nacional. A partir do AI-5 – marco inaugural dos *anos de chumbo* do governo do general Emílio Garrastazu Médice – aumentaram os poderes da "comunidade de informações", ou seja, daqueles órgãos de vigilância e repressão. Não havia privacidade de domicílio nem segredo de correspondência. Escutas telefônicas eram utilizadas sem qualquer consentimento judicial. A tortura (física e psicológica) passou a fazer parte integrante dos métodos investigativos. Prisões eram feitas abusivamente, com os presos sendo mantidos isolados e incomunicáveis, sem direito a defesa. Abriu-se um novo ciclo de cassação de mandatos, perda de direitos políticos e expurgos no funcionalismo, abrangendo muitos professores universitários.[54]

No período mais draconiano do regime militar no Brasil, Nestor Macedo conduziu a reforma dos estatutos da Ala Negra Progressista. Aos 14 dias do mês de julho de 1969 reuniram-se em assembleia os representantes da A.N.P., na Rua Sampaio Góis, n° 153, bairro do Ibirapuera, para tratar da alteração dos estatutos sociais. Tendo sido abertos os trabalhos às 18h, com "grandes números de sócios presentes, conselheiros etc., foi apresentada e aprovada a proposta de acréscimo no item 6° dos estatutos e a sua modificação de nome, de Ala Negra Progressista para Sociedade Ala Negra da Estaca Popular", uma sociedade civil e parte integrante da Arena. No final da ata da assembleia ficou registrado que a novel entidade tinha "finalidade política" e era orientada pela Arena, na "pessoa do Sr. Professor Benedito de Assis, catedrático de Ciências e Letras".[55]

Seu rebento, Adhemar de Barros Filho, seguiu carreira política: elegeu-se deputado federal várias vezes e foi secretário de Estado em São Paulo na década de 1970. LOVATO, Amilton. *Adhemar: fé em Deus e pé na tábua*. São Paulo: Geração, 2014.

54 Consultar, entre outros, FICO, Carlos. *Como eles agiam: os subterrâneos da Ditadura Militar: espionagem e polícia política*. Rio de Janeiro: Record, 2001; Idem. *Além do golpe: versões e controvérsias sobre 1964 e a ditadura militar*. Rio de Janeiro: Record, 2004; SERBIN, Kenneth P. *Diálogos na sombra: bispos e militares, tortura e justiça social na ditadura*. Trad. Carlos Eduardo Lins da Silva. São Paulo: Companhia das Letras, 2001; CARVALHO, José Murilo de. *Cidadania no Brasil: o longo caminho*. 8. ed. Rio de Janeiro: Civilização Brasileira, 2006, p. 155-195; BORGES, Nilson. A Doutrina de Segurança Nacional e os governos militares. In: FERREIRA, Jorge e DELGADO, Lucilia de Almeida Neves (Orgs.). *O tempo da ditadura: regime militar e os movimentos sociais em fins do século XX*. 4ª. ed. Rio de Janeiro: Civilização Brasileira, 2010, p. 13-42 (O Brasil republicano, v. 4); NAPOLITANO, Marcos. *1964: história do regime militar brasileiro*. São Paulo: Contexto, 2014; MOTTA, Rodrigo Pato Sá; REIS, Daniel Aarão e RIDENTI, Marcelo (Orgs.). *A ditadura que mudou o Brasil: 50 anos do golpe de 1964*. Rio de Janeiro: Jorge Zahar, 2014.

55 Ata de alteração de estatutos da Ala Negra Progressista. 1° Ofício de registro de títulos e docu-

Convém explicar que, em 17 de outubro de 1965, Castelo Branco baixou o AI-2, reforçando ainda mais os poderes do presidente da República. Porém, a medida mais importante desse Ato Institucional foi a extinção dos partidos políticos existentes. Os militares consideravam que o sistema multipardiário era um dos fatores responsáveis pelas crises políticas. Em seu lugar a nova legislação instituiu apenas dois partidos: a Aliança Renovadora Nacional (Arena), que reunia os partidários do governo, e o Movimento Democrático Brasileiro (MDB), que agrupava a oposição. Diante dessa bipartidarização, as lideranças negras ligadas à corrente política de Adhemar de Barros se identificaram com a Arena.

Segundo Ivair Alves dos Santos, a Arena contou com o apoio de importantes figuras e entidades da "comunidade negra", como Frederico Penteado Júnior, Iracema de Almeida, o Grupo de Trabalho de Profissionais e Universitários Negros (GT-PLUN), a Irmandade de Nossa Senhora do Rosário dos Homens Pretos, a Associação Cultural Brasil Jovem, o Clube 220, as escolas de samba e as equipes de bailes *black*.[56] Nestor Macedo igualmente "vestiu a camisa" governista. A mudança de nome da sua agremiação – de "Ala Negra Progressista para Sociedade Ala Negra da Estaca Popular" – atendia à necessidade de se ajustar ao novo contexto. Como ele rompeu com o Partido Social Progressista, não havia mais razão para preservar o termo "progressista" da sigla, de modo que, a partir daquele instante, a tônica foi de cimentar um vínculo orgânico com a Arena.

Dia 19 de março de 1970. Oito meses após a reforma dos estatutos, Nestor Macedo remeteu ofício ao Delegado do Deops, comunicando-o que a Sociedade Ala Negra da Estaca Popular – embora sendo uma sociedade civil, devidamente constituída e registrada – tinha "caráter político", pois era filiada ao partido da Aliança Renovadora Nacional – Arena. "A Sociedade faz a presente comunicação", justificava aquele líder negro, "para definir a sua posição política e deixar bem claro os seus ideais, sempre ao lado das autoridades constituídas e da Revolução de 31

---

mentos. Cartório Dr. Arruda. São Paulo, 14 de julho de 1969. Prontuário 82 297, Sociedade Ala Negra da Estaca Popular da UDN. DEOPS/SP, AESP. Compareceram à assembleia, além de "inúmeros sócios, o Sr. Presidente Nestor Macedo; Secretária, Sra. Cleusa Aparecida de Oliveira, como Tesoureiro, Sr. Álvaro Bahia de Oliveira; 1º Conselheiro, Sr. Professor Benedito de Assis, Professor Catedrático de Ciências e Letras, orientador e coordenador; 2º Conselheiro, Sra. Maria Amélia Mendonça; 3º Conselheiro, Sr. Mário Rafael Goulart".

56 SANTOS, Ivair Augusto Alves dos. *Movimento negro e Estado: o caso do Conselho de Participação e Desenvolvimento da Comunidade Negra (1983-1987)*. São Paulo: Prefeitura Municipal de São Paulo; Coordenadoria dos Assuntos da População Negra, 2007, p. 66.

de março de 1964".⁵⁷ Em 1976 Macedo, "por motivo de invalidez parcial de suas pernas", nomeou Carmelindo Serafim da Silva como seu assistente para resolver os problemas dos associados junto às autoridades municipais, estaduais e federais – autarquias governamentais e privadas. Um ano depois fez questão de registrar que, "com seus 70 anos, sempre amou e ama o Partido Governista, dedicando-se ininterruptamente aos serviços do Partido". Aproveitava para frisar que "sempre teve o apoio e a orientação do Departamento de Ordem Política e Social".⁵⁸

Mesmo com a idade avançada e a Ala Negra da Estaca Popular decrépita e esvaziada, Macedo continuava fazendo política e calibrando com labor e perseverança sua vocação nos domínios do associativismo. Se ele dotou-se de um estilo coadunado à direita autoritária, decerto não nutria simpatia pela esquerda. Seu apoio ao regime militar assumia um sentido pragmático: seria mais profícuo acomodar-se à nova estrutura de poder do que se insurgir contra ela. Ademais, avalizar o regime militar era uma atitude de coerência com o ideário patriótico e ordeiro de quem "sempre teve o apoio e orientação do Departamento de Ordem Política e Social".

Em 1974 o general Ernesto Geisel assumiu a presidência da República com um projeto de abertura "lenta, gradual e segura". Não obstante, a liberalização do regime seguiu um caminho tortuoso, marcado por avanços, recuos e ambiguidades. Na medida em que controlava a distenção política pelo caminho de uma indefinida democracia conservadora, Geisel evitava que a oposição chegasse ao poder, por isso que a abertura foi, na prática, lenta, gradual e insegura. O presidente cassou mandatos e, em abril de 1977, após o veto do MDB ao projeto de reforma do Judiciário, colocou o Congresso em recesso e, a partir daí, fez diversas alterações na Constituição e baixou vários decretos-leis. Paradoxalmente, o movimento de oposição cresceu. Por meio de atos públicos, de manifestos da OAB, ABI, SBPC, CNBB, dos Sindicatos dos Professores e da imprensa alternativa, a sociedade civil robusteceu a

---

57 Ofício de Nestor Macedo ao Exmo. Sr. Dr. Delegado titular da Delegacia de Ordem Política e Social. São Paulo, 19 de março de 1970. Prontuário 82 297, Sociedade Ala Negra da Estaca Popular da UDN. DEOPS/SP, AESP. Sobre a situação dos afro-brasileiros durante o ciclo do chamado "milagre econômico" (1969 – 1974)) e no período subsequente, ver REEVE, Richard Penn. Race and social mobility in a Brazilian Industrial Town. *Luso-Brazilian Review*, v. 14, n. 2, 1977, p. 236-253; MOORE, Zelbert L. "Out of the shadows: Black and Brown struggles for recognition and dignity in Brazil, 1964-1985". *Journal of Black Studies*, vol. 19, n. 4, 1989, p. 394-410.

58 Termo de declaração de Nestor Macedo, com o acordo de Carmelindo Serafim da Silva. Registrado no 6º Cartório de notas. São Paulo, 30 de março de 1977. Prontuário OP 0989, Sociedade Civil da Ala Direita da Estaca Popular Arena de São Paulo. DEOPS/SP, AESP.

luta pelas liberdades democráticas, pela anistia e pelo fim do autoritarismo. Em sete de julho de 1978 os negros ocuparam as ruas e escadarias do Teatro Municipal em São Paulo e protestram contra o racismo e a ditadura militar no Brasil,[59] assim como os Comitês Brasileiros pela Anistia (CBAs) e as forças populares – as associações de moradores, os movimentos dos estudantes, das mulheres, dos homossexuais e dos trabalhadores, também em processo de mobilização –, protestaram através de boletins e jornais, manifestações públicas, petições, passeatas, greves e reivindicações por questões específicas, aumentos salariais e liberdade de organização.[60] Foi nesse clima de ascensão de uma ampla frente de luta democrática que se realizaram eleições gerais, em 15 de novembro daquele ano.

---

59 "Negros protestam em praça pública". *Folha de São Paulo*. São Paulo, 08/07/1978, p. 1. Sobre o protesto negro no final da década de 1970, ver, entre outros, MOURA, Clóvis. Organizações negras. In: SINGER, Paulo; BRANT, Vinicius Caldeira (Orgs.). *São Paulo: o povo em movimento*. Petrópolis: Vozes/CEBRAP, 1980, p. 157-159; NASCIMENTO, Maria Emilia do. *A estratégia da desigualdade: o movimento negro dos anos 70*. Dissertação (Mestrado) – Pontifícia Universidade Católica, São Paulo, 1989; PINTO, Regina Pahim. *O movimento negro em São Paulo: luta e identidade*. São Paulo, Tese (Doutorado) – Universidade de São Paulo, 1993; ANDREWS, George R. "Black political mobilization in Brazil, 1975-1990". In: George R. Andrews e Herrick Chapman (orgs.). *The social construction of democracy, 1870-1990*. New York University Press: New York, 1995, p. 218-240; GONÇALVES, Luiz Alberto de Oliveira. "Os movimentos negros no Brasil: construindo atores sociopolíticos". *Revista Brasileira de Educação*, n. 9, 1998, p. 30-50; BARCELOS, Luiz Claudio. Struggling in Paradise: racial mobilization and the contemporary Black movement in Brazil. In: REICHMANN, Rebecca (ed.). *Race in contemporary Brazil: from indifference to inequality*. University Park, PA: Pennsylvania State University Press, 1999, p. 155-166; HANCHARD, Michael. *Orfeu e o poder: movimento negro no Rio de Janeiro e São Paulo (1945-1988)*. Rio de Janeiro: EdUERJ, 2001; GUIMARÃES, Antônio Sérgio Alfredo. Política de integração e política de identidade. In: ____. *Classes, raças e democracia*. São Paulo: Editora 34, 2002, p. 79-108; COVIN, David. *The Unified Black Movement in Brazil (1978-2002)*. Jefferson, NC: McFarland & Company, 2006; PEREIRA, Amilcar Araujo. *O "mundo negro": relações raciais e a constituição do movimento negro contemporâneo no Brasil*. Rio de Janeiro: Pallas/Faperj, 2013; RIOS, Flavia Mateus. *Elite política negra no Brasil: relação entre movimento social, partidos políticos e Estado*. São Paulo, Tese (Doutorado) – Universidade de São Paulo, 2014, particularmente o primeiro capítulo.

60 SADER, Eder. *Quando novos personagens entraram em cena: experiências, falas e lutas dos trabalhadores da Grande São Paulo, 1970-80*. Rio de Janeiro: Paz e Terra, 1988; DOIMO, Ana Maria. *A vez e a voz do popular: movimentos sociais e participação política no Brasil pós-70*. Rio de Janeiro: Relume-Dumará; ANPOCS, 1995; ARAUJO, Maria Paula Nascimento. "Lutas democráticas contra a ditadura". In: FERREIRA, Jorge; REIS, Daniel Aarão (Orgs.). *As esquerdas no Brasil*. vol. 3 (Revolução e democracia: 1964...). Rio de Janeiro: Civilização Brasileira, 2007, p. 321-353; SILVA, Francisco Carlos Teixeira da. Crise da ditadura militar e o processo de abertura política no Brasil, 1974-1985. In: FERREIRA, Jorge e DELGADO, Lucilia de Almeida Neves (Orgs.). *O tempo da ditadura: regime militar e os movimentos sociais em fins do século XX*. 4ª. ed. Rio de Janeiro: Civilização Brasileira, 2010, p. 243-282 (O Brasil republicano, v. 4).

Embora o AI-3 tivesse estabelecido eleições indiretas para cargos do Executivo, a campanha pela presidência da República ganhou feições dos "velhos tempos" do populismo, com viagens e comícios do candidato oficial – o general João Baptista Figueiredo – pelo Brasil afora. A oposição escolheu também um general – o militar nacionalista Euler Bentes – para concorrer ao pleito. Sua campanha contou com o apoio de diferentes grupos da sociedade civil: estudantes, sindicalistas, intelectuais, mulheres, negros, coletivos de direitos humanos, membros das Comunidades Eclesiais de Base (CEBs), ligados à igreja católica. Boa parte desses grupos se aglutinou em torno do MDB – o partido que se tornara o canal político de expressão de muitas vozes de descontentamento da população, integrando em seus quadros desde liberais até comunistas.[61] Durante a campanha um articulista do *Jornegro* – o "órgão de divulgação da Federação das Entidades Afro-Brasileiras do Estado de São Paulo" – alertava:

> Qual a melhor maneira de utilizarmos nosso voto? No passado o nosso voto era "paquerado" pelos candidatos brancos através de um cabo eleitoral preto que se incubia de apresentar o "doutor fulano de tal" à comunidade. Existiu até o ditado: "Negro na política é cabo eleitoral". Com o passar do temo alguns setores perceberam o grande poder de voto da comunidade negra e começaram a aparecer negros candidatando-se a diversos cargos. Alguns foram eleitos, porém, movidos mais por oportunismo e vaidade pessoal se acomodaram na função de apenas um boneco preto, desligado das necessidades comunitárias e acabaram trabalhando mais em favor de grupos de interesses alheios ao nosso meio. Minha mãe falava: "Se preto ou branco nada vão fazer, votamos em pretos. Assim prestigiamos os patrícios". Raciocínio perigoso, pois o dito patrício pode estar travando o nosso progresso. Com o peso de 400 anos de escravidão que temos nas costas não podemos desperdiçar a grande força que são nossos votos elegendo mais "bonecos".[62]

Enquanto isso, Nestor Macedo continuava alinhado ao regime militar e engajava-se com afinco na campanha da Arena. Próximo às eleições ele – em parceria

---

61 Ver MITCHELL, Michael. Blacks and the Abertura Democrática. In: FONTAINE, Pierre-Michel. *Race, class, and power in Brazil*. Los Angeles: Center for Afro-American Studies, UCLA, 1985, p. 95-119; KENNEDY, James H. Political liberalization, black consciousness, and recent afro-brazilian literature. *Phylon*, v. 47, n. 3, 1986, p. 199-209; WINANT, Howard. Rethinking Race in Brazil. *Journal of Latin American Studies*, v. 24, n. 1, 1992, p. 173-192; MOTTA, Rodrigo Patto Sá. "O MDB e as esquerdas". In: FERREIRA, Jorge; REIS, Daniel Aarão (Orgs.). *As esquerdas no Brasil*. vol. 3 (*Revolução e democracia: 1964...*). Rio de Janeiro: Civilização Brasileira, 2007, p. 283-302; NAPOLITANO, Marcos. *Op. Cit.*; GASPARI, Elio. *A ditadura acabada*. Rio de Janeiro: Instrínseca, 2016.

62 *Jornegro*. São Paulo, set./1978, p. 2.

com Maurílio Pereira – publicou o "Manifesto de alerta aos trabalhadores e ao povo em geral de São Paulo", no qual hipotecava apoio "integral" ao presidente Ernesto Geisel e ao seu candidato à sucessão, João Baptista Figueiredo, assim como ao Governador Paulo Egydio Martins e ao seu candidato à sucessão, Paulo Salim Maluf. De maneira complementar recomendava a todos votarem na chapa da Arena e elegerem para senador Cláudio Salvador Lembo e reelegerem o Deputado Federal Adhemar de Barros Filho e o Deputado Estadual João Lázaro de Almeida Prado. Estes seriam três nomes que representavam "os esteios populares dos trabalhadores e do povo em geral".[63]

Este foi o último documento encontrado de autoria de Macedo. Possivelmente, depois dessa declaração pública de alinhamento e fidelidade ao regime militar, ele foi perdendo o fulgor, extenuando-se e deixando de participar cada vez mais do pulsante cenário político. Sua idade já não ajudava, até que deu o último passo no caminho que julgava "redentor" e saiu da vida para, hoje, parte de suas venturas e desventuras entrar nos anais da história.

---

63 "Manifesto de alerta aos trabalhadores e ao povo em geral de São Paulo". Protocolado na Ordem Política e Social de São Paulo sob o n. 1 105, em 18 de julho de 1978. Prontuário OP 0989, Sociedade Civil da Ala Direita da Estaca Popular Arena de São Paulo. DEOPS/SP, AESP.

Caderno de imagens

Imagem 81 – Folheto de propaganda eleitoral de Esmeraldo Tarquínio (UEIM-UFSCar).

Estilo Avatar 205

Imagem 82 – Folheto de propaganda eleitoral de José Bernardo da Silva (UEIM-UFSCar).

Imagem 83 – Folheto de propaganda eleitoral de Manoel Rogério de Almeida (UEIM-UFSCar).

Imagem 84 – Folheto de propaganda eleitoral de Jorge Prado Teixeira (UEIM-UFSCar).

O NEGRO...

... esteve presente, representado pelos nossos avós, em todo o movimento de colonização do Brasil.

Esteve presente nas manifestações nativistas, representado por Henrique Dias e seu batalhão de Negros descalços.

Esteve presente no próprio movimento abolicionalistas, representado por Luiz Gama e José do Patrocínio.

Esteve presente em todas as revoluções internas. Lutou em 32, em defesa da constituição.

Esteve no Monte Castelo, ... está entre os mortos do cemitério de Pistoia...

Está nas oficinas, nas construções, nos eitos dos cafezais, enfim em todo êsse embate dûro e gigantesco com que se constroe o progresso de São Paulo e o progresso do Brasil.

Porque não está o negro em grande número, nos escritorios?

Por que constitue minoria alarmante nos cursos superiores?

Por que, ao contrário, superlota os orfanatos, os institutos correcionais e asilos? Por que já passou a constituir maioria entre os que morrem tuberculosos?

Onde está o negro, que não aparece como comerciante, industrial, ou banqueiro etc.?

Por que tudo fizemos com a maior boa vontade e amor a esta terra que se chama Brasil, e nada temos?

Por que?

- Como iniciar êsse movimento épico de levantamento social da raça?
- Na Política. É preciso que em cada setor político, haja uma voz possante para gritar para reivindicar os direitos do negro. Você é eleitor? Então vote num candidato de epiderme negra, necessariamente dotado de bagagem moral e cultural que possa bem representar o negro na camara. De uma coisa voce pode certificar-se. O que uma pessoa nestas condições não fizer pela raça, nenhuma outra o fará, porque todos pedem o seu voto mas cada um cuida do seu grupo.

Para Vereador do seu grupo

Prof. ARISTIDES BARBOSA

(Um Candidato Negro)

Imagem 85 – Folheto de propaganda eleitoral de Aristides Barbosa (UEIM-UFSCar).

Imagem 86 – Folheto de propaganda eleitoral de Raul Joviano Amaral (UEIM-UFSCar).

Exmo.Sr.Dr.Delegado Titular da Delegacia de Ordem Política e Social.

A Sociedade Ala Negra da Estaca Popular da UDN, sociedade Civil, parte integrante da Arena, por seu representante Nestor Macedo expõe o seguinte

  A sociedade mencionada, embora sendo uma sociedade civil, devidamente constituida e registrada, como se constata pelos estatutos anexos, tem carater politico, pois é filiada ao partido da Aliança Renovadora Nacional - ARENA. Diante disso os membros da Sociedade houveram por bem dar ciencia a V.Exa. da existencia desta sociedade.

  Outrossim anexamos uma carta data da de 16 de março de 1.970, credenciando o representante desta sociedade a representá-la em tudo o que se fizer necessario junto á Delegacia de Ordem politica e Social. A referida carta como se vê vai assinada pelo ilustre arenista professor Benedito de Assis, Catedratico de Ciencias e Letras, nosso ilustre orientador, coordenador e conselheiro.

  Para constatar o alegado anexamos tambem os seguintes documentos: Ata de Alteração dos Estatutos e e publicação do Diario Oficial de 31 de julho de 1.969.

  A Sociedade faz a presente comunicação para definir a sua posição politica e deixar bem claro os seus ideais, sempre ao lado das autoridades constituidas e da Revolução de 31 de março de 1.964.

Termos em que,
P.Deferimento
São Paulo, 19 de março de 1.970.

Nestor Macedo

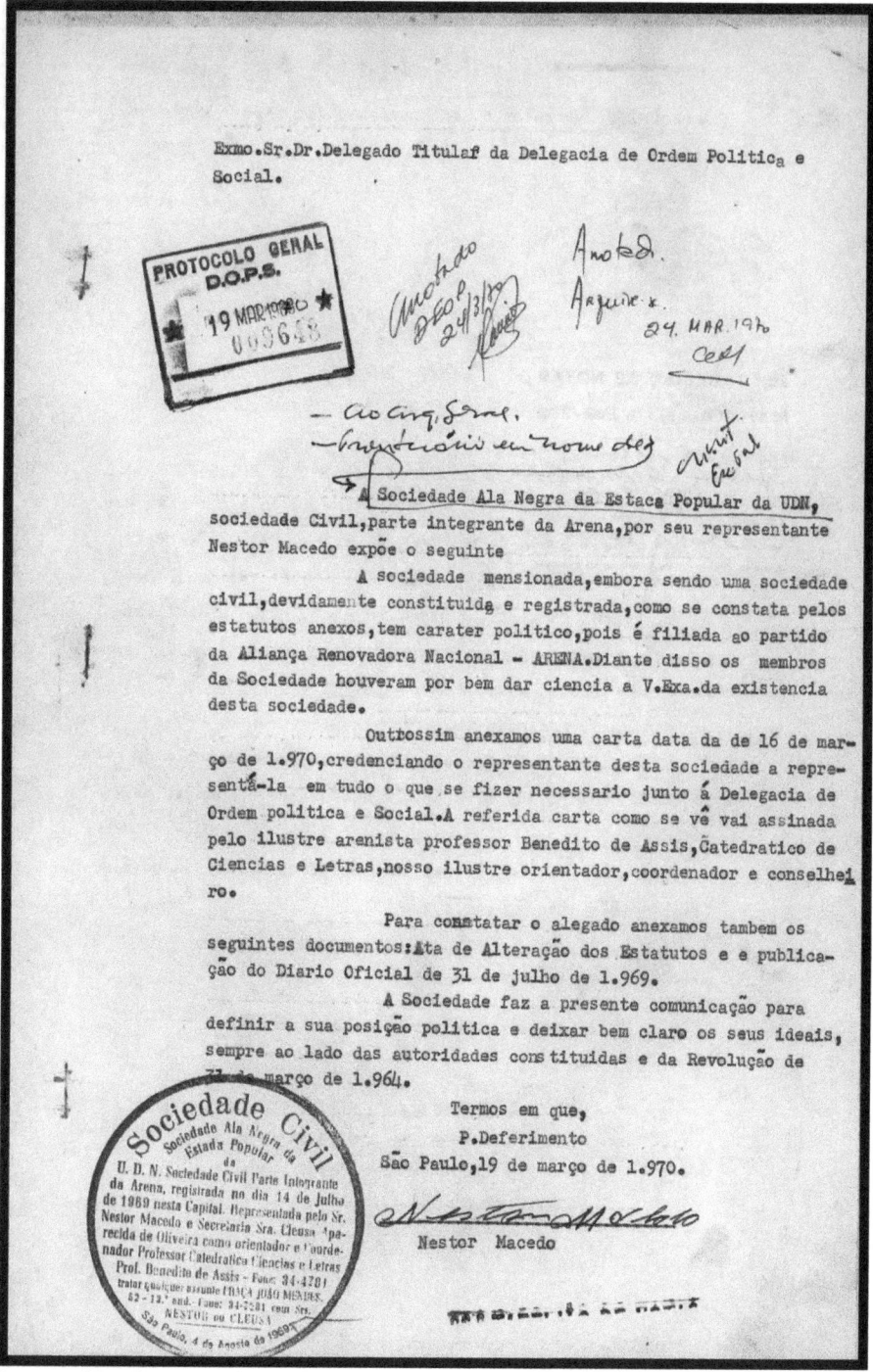

Imagem 87 – Comunicado da Ala Negra da Estaca Popular da UDN (DEOPS, AESP).

Exmo. Sr. Dr. Diretor do Departamento de Ordem Política e Social.

A SOCIEDADE CIVIL DA ALA NEGRA DA ESTACA POPULAR DA UDN, parte integrante da Arena de São Paulo, como sua Sede à Praça da Sé, 300, 2º andar, Sala 202, representada por NESTOR MACEDO, abaixo assinado, vem por meio deste, respeitosamente, à presença de V.Excia. solicitar que êsse Departamento tome conhecimento da nomeação do Assistente e Fiscal Geral o Sr. CARMELINDO SERAPHIM DA SILVA, por motivo de ausência temporária do requerente.

Outrossim, junta ao presente cópia do Termo de Declaração, para melhor esclarecer o assunto neste requerido.

Aproveita para agradecer desde já pelo atendimento e atenção dispensada.

São Paulo, 30 de março de 1977

NESTOR MACEDO -Representante

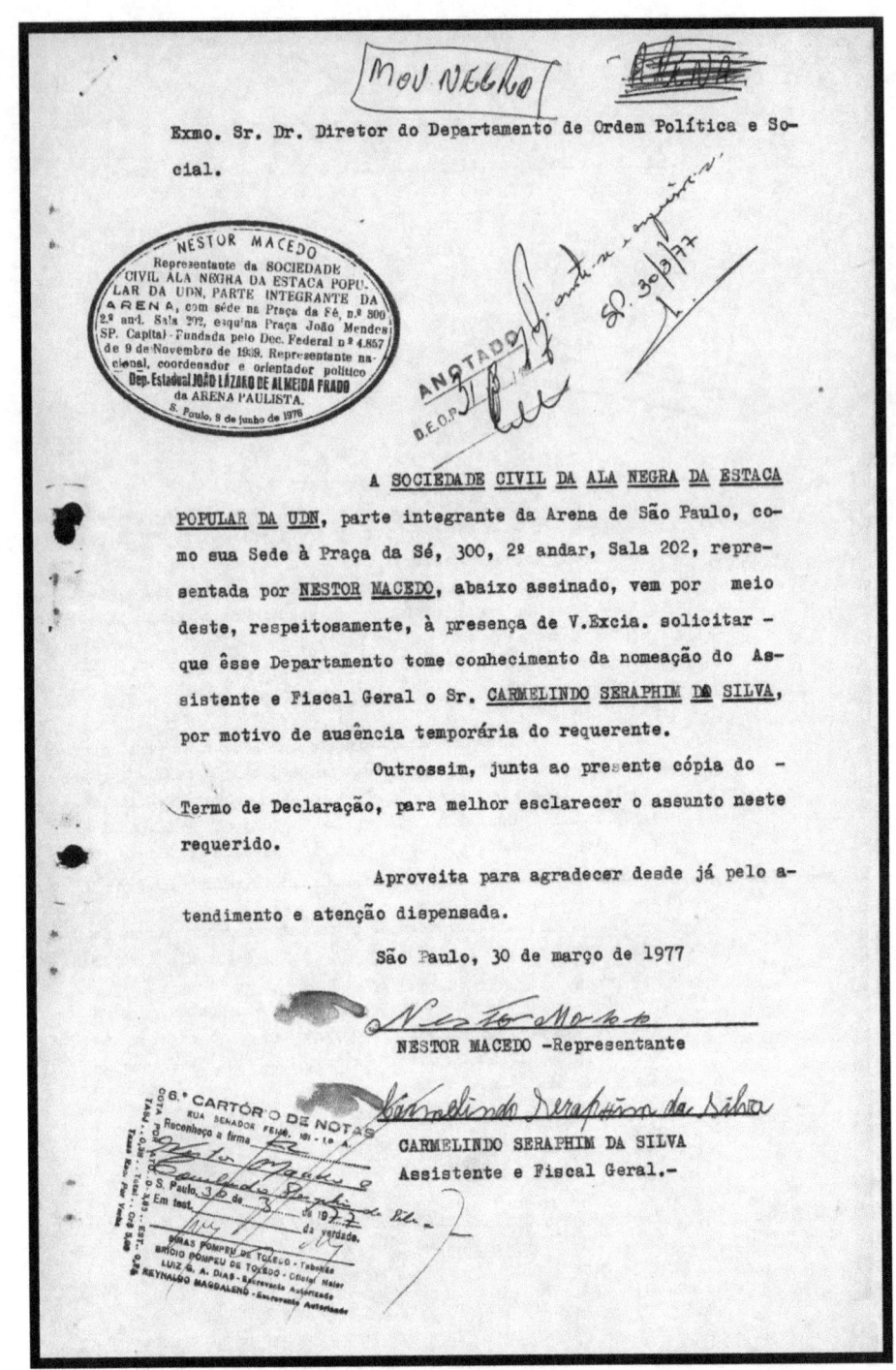

CARMELINDO SERAPHIM DA SILVA
Assistente e Fiscal Geral.-

Imagem 88 – Comunicado da Ala Negra da Estaca Popular da UDN (DEOPS, AESP).

Manifesto de Alerta aos Trabalhadores e ao Povo em geral de São Paulo

MAURILIO PEREIRA

Nestor Macedo, representante da Sociedade Civil da Estaca Popular e Maurilio Pereira, representante das sociedades: União dos Tres Poderes, e Sociedade "Beneficente e Recreativa da Abolição, Sociedade Recreativa Beneficente de São Paulo e Sociedade Ala Negra Progressista de São Paulo, comunicam a mudança dos escritórios da Rua Cristovão Colombo, 64 - 4.o andar, para a PRAÇA DA SÉ, 300 - sala 303 - 3.o andar.

Hipotecamos nosso integral apoio, em 15 de novembro aos Srs. Presidente Ernesto Geisel e João Batista Figueiredo, assim como ao Governador Paulo Egydio Martins e Paulo Salim Maluf, votando na Chapa da ARENA e elegendo para Senador o Prof. Claudio Salvador Lembo e reelegendo Deputado Federal, Adhemar de Barros Filho - n.o 102 e Deputado Estadual, João Lázaro de Almeida Prado - n.o 1275.

São tres nomes que representam os esteios populares dos trabalhadores e do povo em geral.

Propaganda patrocinada sob responsabilidade de Nestor Macedo e Maurilio Pereira, com a assessoria jurídica do Dr. Jair Messias, das Sociedades mencionadas, protocolado na Ordem Política e Social de São Paulo sob n.o 1105 em 18-7-78.

Antecipamos agradecimentos aqueles que nos procurarem.

Leia e guarde este para o futuro. (Distribuição Interna)

Imagem 89 – Prospecto de autoria de Nestor Macedo e Maurílio Pereira (DEOPS, AESP).

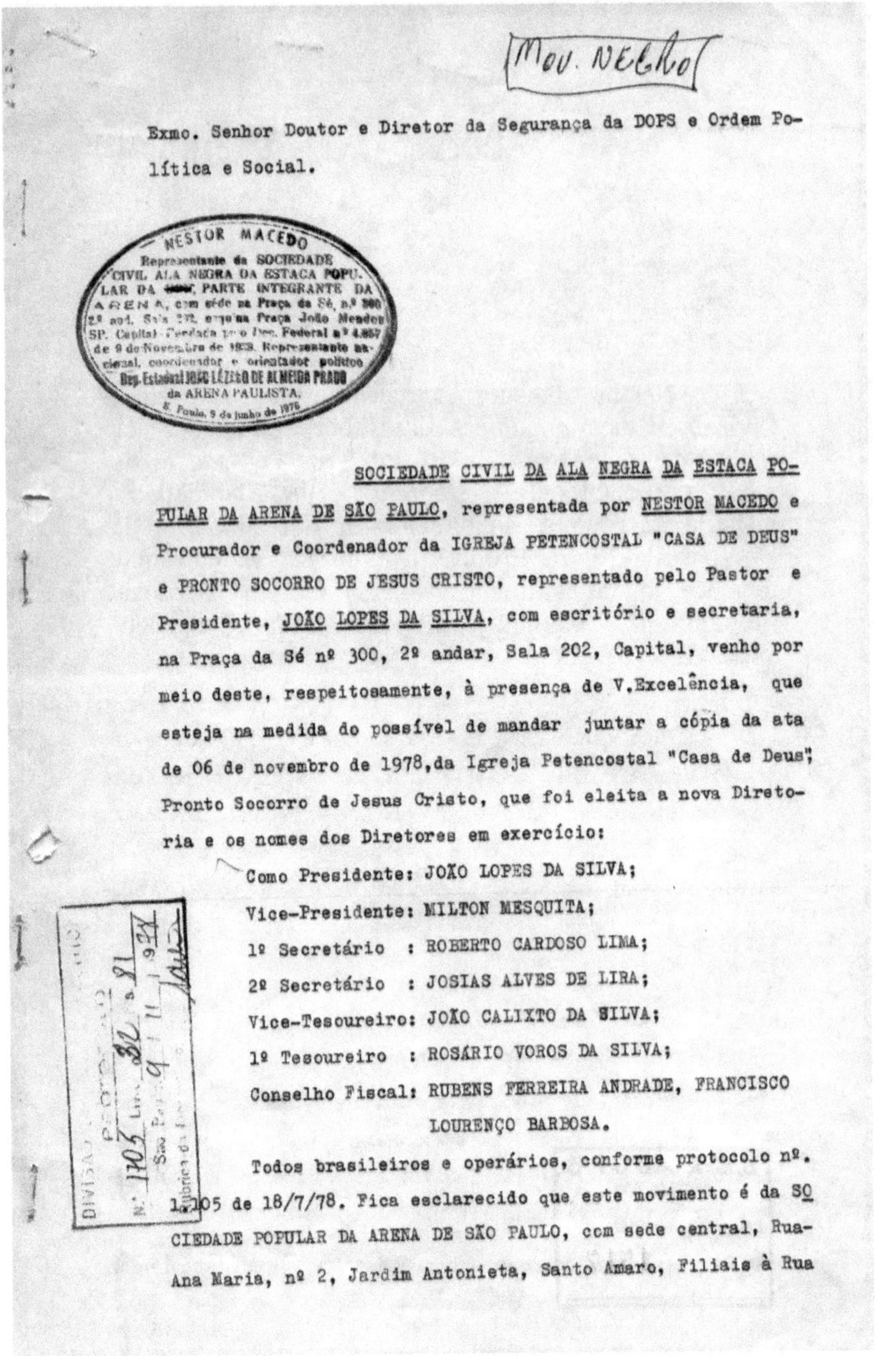

Exmo. Senhor Doutor e Diretor da Segurança da DOPS e Ordem Política e Social.

SOCIEDADE CIVIL DA ALA NEGRA DA ESTACA POPULAR DA ARENA DE SÃO PAULO, representada por NESTOR MACEDO e Procurador e Coordenador da IGREJA PETENCOSTAL "CASA DE DEUS" e PRONTO SOCORRO DE JESUS CRISTO, representado pelo Pastor e Presidente, JOÃO LOPES DA SILVA, com escritório e secretaria, na Praça da Sé nº 300, 2º andar, Sala 202, Capital, venho por meio deste, respeitosamente, à presença de V.Excelência, que esteja na medida do possível de mandar juntar a cópia da ata de 06 de novembro de 1978, da Igreja Petencostal "Casa de Deus", Pronto Socorro de Jesus Cristo, que foi eleita a nova Diretoria e os nomes dos Diretores em exercício:

Como Presidente: JOÃO LOPES DA SILVA;
Vice-Presidente: MILTON MESQUITA;
1º Secretário : ROBERTO CARDOSO LIMA;
2º Secretário : JOSIAS ALVES DE LIRA;
Vice-Tesoureiro: JOÃO CALIXTO DA SILVA;
1º Tesoureiro : ROSÁRIO VOROS DA SILVA;
Conselho Fiscal: RUBENS FERREIRA ANDRADE, FRANCISCO LOURENÇO BARBOSA.

Todos brasileiros e operários, conforme protocolo nº. 1.105 de 18/7/78. Fica esclarecido que este movimento é da SOCIEDADE POPULAR DA ARENA DE SÃO PAULO, com sede central, Rua Ana Maria, nº 2, Jardim Antonieta, Santo Amaro, Filiais à Rua

Imagem 90 – Ofício de Nestor Macedo ao Diretor da Delegacia Especializada de Ordem Política e Social (DEOPS, AESP).

Considerações finais

Meu grito é o estertor de um rio convulso...
Do Nilo, ah, do Nilo é o meu grito...
E o que me dói é fruto das raízes,
ai cruas cicatrizes!,
das bruscas florestas da terra africana!

Meu grito é um espasmo que me esmaga,
há um punhal vibrando em mim, rasgando
meu pobre coração que hesita
entre erguer ou calar a voz aflita:
Ó África! Ó África!

"Meu grito". CAMARGO, Oswaldo de. *15 Poemas negros*. São Paulo: Edição da Associação Cultural do Negro, 1961 (Série Cultura Negra 3), p. 25.

A República – inaugurada em 1945, porém consolidada com a promulgação da Constituição um ano depois e encerrada com o movimento civil e militar de março de 1964 – é considerada um dos momentos de maior aprendizado democrático da história republicana do Brasil. Sobretudo se tomarmos pelo viés da construção de um sistema de representação e participação políticas notabilizado pelo funcionamento do Legislativo e pela atuação de partidos reconhecidos por um eleitorado que cresceu quantitativamente e estabeleceu vínculos com estes e outros instrumentos organizacionais de vocalização de ideias e interesses.

Nesse tempo da experiência democrática, São Paulo passou por um processo acelerado de urbanização, industrialização, difusão do sistema de ensino, ampliação da rede de atendimento médico, desenvolvimento da imprensa, do rádio, dos meios de comunicação e abrigou os mais rápidos e eficientes meios de transporte. O incessante aumento das áreas urbanas, do contingente demográfico e da contínua intensificação da mobilidade espacial, quer no tocante aos deslocamentos rotineiros quer aos migratórios, tiveram um efeito convergente no que se refere à alocação social dos negros. Na segunda metade da década de 1940 as modernas condições de vida proporcionavam a esse segmento populacional maior independência de ação e de movimento, mas nada que fosse tão animador.

O sociólogo Oracy Nogueira argumenta que a sociedade restringia aos "indivíduos de cor" – não apenas em casos singulares ou excepcionais, como era questão de regra ou norma – as possibilidades de progresso social e lhes reservava "humilhações e dissabores" de que os brancos, em igualdade de condições, estavam isentos.[1] Foi nessa atmosfera que um punhado de "indivíduos de cor" resolveu dedicar tempo, energia, desejos ardentes e sentimentos sinceros na construção da Ala Negra Progressista em 1948, uma organização de bases amplas, capaz de pugnar pela "elevação moral, intelectual, profissional, artística e política" da "população de cor".[2] Quando a A.N.P. floresceu, os africanos e seus descendentes estavam conectados numa rede internacional de ideias, projetos, símbolos e narrativas que servia para

---

1   NOGUEIRA, Oracy. Atitude desfavorável de alguns anunciantes de São Paulo em relação aos empregados de cor. *Revista de Sociologia*, São Paulo, n. 4, 1942, p. 196.

2   Tal como publicado no *Diário Oficial* por ocasião do registro dos estatutos da Ala Negra Progressista, esta "tem por fim a propaganda da raça, sua união, a filantropia em geral e os assuntos políticos estaduais e nacionais. Será administrada por uma diretoria composta de presidente, secretário e tesoureiro, incumbidos de fazer cumprir os estatutos e programas, cabendo a direção coordenadora a um Conselho Central". *Diário Oficial do Estado de São Paulo*, n. 1, de 01/01/1949, p. 45.

inspirá-los mutualmente – um fluxo em torno da busca por direitos e cidadania. No plano interno, os afro-brasileiros já agenciavam uma rede de associações específicas, com tamanhos desiguais, estruturas heterogêneas, poder de mobilização diferenciado, áreas de abrangência múltiplas e discursos plurais. Não havia um único modelo de entidade negra, nem consenso em torno da melhor estratégia de ação, imperando um leque de opções e possibilidades de militância (cultural, cívica, assistencial, recreativa, desportiva, beneficente, política e artística).

Do diálogo e disputa entre militantes com variadas posições, sobressaíram dois projetos divergentes: um que privilegiava o associativismo negro como principal arena para a construção e o amadurecimento dos recursos (benefícios tangíveis) em prol da "população de cor"; e outro que não descartava o associativismo, mas "via na política partidária um espaço fundamental para introduzir reivindicações em um ambiente capital para sua resolução, o Estado".[3] Por volta de 1951, o relatório da Comissão para o Estudo das Relações Raciais durante a pesquisa UNESCO em São Paulo registrava: "a consciência de que pela política pode-se dar uma solução ponderável ao problema negro, está evidenciada pelas inúmeras candidaturas de negros, lutadores militantes pelo engrandecimento da raça".[4]

*****

A originalidade da Ala Negra reside no fato de ela, a despeito de fazer parte do chamado movimento associativo dos "homens de cor", ter se alinhado às forças populistas de Adhemar de Barros. Com o processo de redemocratização gestado em 1945, a República brasileira conheceu pela primeira vez um sistema partidário moderno de âmbito nacional: além de carrear um eleitorado de massa, as eleições eram competitivas, livres e regulares. Do ponto de vista do sistema político e partidário, instituíu-se uma experiência democrática que se anunciava promissora. A conjuntura favoreceu a emergência da temática racial no *mainstream* político, "fruto, em grande parte, da atuação das lideranças negras e da permeabilidade de partidos políticos ao assunto".[5]

O Brasil testemunhou uma explosão de mobilização política com a qual milhões de pessoas se convenceram de que cada cidadão tinha o direito de se pronunciar a

---

3   SOTERO, Edilza Correia. *Op. Cit.*, p. 66.

4   [TEIXEIRA, Jorge Prado?]. Relatório – Arregimentação eleitoral e politização no meio negro. Fundo Florestan Fernandes. BCo/UFSCar, 02.04.4539, p. 4.

5   SOTERO, Edilza Correia. *Op. Cit.*, p. 279.

respeito dos rumos do país. E os afro-brasileiros não ficaram inertes nessa história. De acordo com a pesquisa de Amaury de Souza, publicada em 1971, eles "vestiram a camisa" do populismo. A tentativa de Vargas de criar uma nova base política para o Estado Novo o levou a investir, com sucesso, no apoio popular. E como no período da "democracia liberal" as categorias políticas de *negro* e *povo* eram quase intercambiáveis, boa parte da população afro-brasileira formou a base de sustentação do novo sistema político e, mais tarde, do Partido Trabalhista Brasileiro (PTB). "Para tanto", assevera Souza, "não foi necessário que o apelo de Vargas se dirigisse para minorias raciais: os negros e mulatos eram na realidade a componente principal do 'povo' que Vargas transformou, de massa de cidadãos de segunda classe em um dos principais suportes do Estado Novo". Sua imagem como o "Pai dos Pobres", conjugado com os benefícios palpáveis estendidos aos brasileiros de classe baixa pelas políticas de desenvolvimento econômico e provisão social de seus governos, mostrou-se particularmente eficaz com a população afro-brasileira. Mesmo na fase posterior ao Estado Novo o "negro" e o "mulato", independentemente de sua classe social, continuaram a ter um comportamento político coletivo de lealdade ao populismo varguista e passaram a votar no PTB, configurando, pois, o "voto negro um voto trabalhista por excelência".[6]

Essa identificação entre movimentos populistas assentados nas camadas subalternas e a *negritude* deflagrou-se em toda a "América Afro-Latina", pelo menos é o que conclui George Andrews. Na Colômbia, as disputas político-eleitorais entre as décadas de 1930 a 1950 ocorreram entre os partidos Conservador e Liberal, com os liberais divididos entre uma ala de esquerda nacionalista e populista, com inserção entre os trabalhadores, e uma ala de direita mais moderada. Em 1934, Alfonso López obteve sucesso na eleição presidencial, sendo reeleito em 1942. Durante seu primeiro mandato, o chefe político, ligado à ala esquerda do Partido Liberal, conseguiu executar um programa de reformas, que incluía a restauração do sufrágio universal masculino, a instituição da previdência social e uma reforma agrária limitada. Em 1948, Jorge Gaitán – ex-socialista e experiente advogado trabalhista – despontava como grande liderança da esquerda nacionalista e populista, quando foi assassinado em Bogotá, provocando uma onda de tumultos urbanos e de violência política. As disputas político-eleitorais entre as agremiações partidárias se expressaram simultaneamente em termos de classe e raça. Um observador Conservador em Cali acusou líderes trabalhistas de estarem açulando "antagonismos raciais e

---

6   SOUZA, Amaury de. "Raça e política no Brasil urbano". *Revista de Administração de Empresas*, Rio de Janeiro, v. 11, n. 4, 1971, p. 64.

de classe" entre os patrões e os trabalhadores negros. Quando alguns candidatos – membros dos sindicatos e da ala esquerda do Partido Liberal – foram eleitos para a Câmara Municipal de Manizales na década de 1930, um líder político local desdenhou da "Câmara dos Negros". Os Conservadores também se valeram de epítetos raciais, rotulando Jorge Gaitán, um *mestizo* de pele escura, de "o negro Gaitán". Como resposta, este se apropriou do termo e passou a utilizá-lo em suas aparições públicas e nas propagandas de campanha, momentos nos quais acionava uma retórica em favor do "povo" e contra a "oligarquia". A identificação racial e de classe serviu para cimentar a identificação entre o liberalismo de esquerda e seu alicerce na classe trabalhadora.

Na Venezuela, o partido da Ação Democrática formou uma aliança de todas as classes sociais e – arrogando-se representante, ora dos camponeses, operários da indústria petrolífera e trabalhadores urbanos, ora dos "negros" e "mulatos" de classe media, que historicamente haviam sido preteridos de ascender a cargos e posições das elites – destituiu o governo em 1945 e o substituiu por uma junta civil-militar, que realizou reformas agrária e trabalhista e um amplo programa nacionalista de serviços sociais mantidos com os rendimentos do petróleo. Essas melhorias sociais provocaram uma reação contundente dos conservadores: depois de uma vitória acachapante nas eleições municipais, congressuais e presidencial em 1947-1948, a Ação Democrática (AD) governou por menos de um ano, sendo derrubada e substituída por uma ditadura militar que sobreviveu até 1958. Os afro-venezuelanos participaram da liderança da AD: o mais importante deles, Rómulo Betancourt, foi comandante da junta civil-militar e eleito presidente da Venezuela de 1959 a 1964. Durante a primeira fase do partido no poder, ele nomeou mais funcionários civis "negros" e "mulatos" do que já visto na história do país, o que permitiu que lideranças políticas comentassem: "agora os negros estão governando". Os conservadores reagiram irados, acusando a AD de promover um clima de "ódios" e "divisões raciais" na nação. Isso não impediu que a forte identificação dessa agremiação partidária com os afro-venezuelanos subsistisse mesmo no período da ditadura.

Na Costa Rica, o político populista José Figueres igualmente tentou atrair os negros para compor seu eixo de apoio social. Amigo e protegido de Rómulo Betancourt, Figueres a princípio batizou o seu movimento de Ação Democrática, em tributo à AD venezuelana, porém mais tarde renomeou-o de Partido de Liberación Nacional (PLN). Tal qual a AD, Figueres e seu movimento eram liberais, nacionalistas e socialmente reformistas, com penetração consistente nas camadas subalternas. Diante dos apelos do político populista, muitos negros, sobretudo os antilhanos da primeira e segunda geração, aderiram ao PLN e tornaram-se eleitores fiéis da agremiação, ajudando a assegurar a vitória de Figueres à Presidência da República, nos pleitos de 1952 e 1970, além de terem sido decisivos na condução de Alex Curling e outros políticos negros ao Congresso.

Até na Argentina – um país que encampou um projeto de branqueamento e se vangloriava ser uma Europa incrustada na América do Sul – dois dos principais ícones populistas, Juan e Evita Perón, "colaram" suas imagens às políticas trabalhistas, aos grupos nacionalistas e não prescindiram do apoio da população afrodescendente. Seus partidários, por exemplo, eram chamados quer de *descamisados*, termo com um sentido de classe, quer de *cabecitas negras*, referindo-se aos *mestizos* de pele escura que haviam migrado do interior para Buenos Aires e outras cidades em busca de trabalho e melhores condições de vida. Usando expressões de nítida conotação racial, os antiperonistas acusavam as manifestações e os atos públicos peronistas como um "novo condombe federal".[7]

De acordo com Andrews, há algo de verdade quando se argumenta que é antiga a estratégia dos "americanos afro-latinos" de se consorciarem a patronos poderosos, que proporcionavam favores e proteção a seus clientes em troca de obediência e apoio. Entretanto, não devemos ignorar ou minimizar o grau em que os "favores" conferidos pelo populismo se materializaram e beneficiaram não apenas uma pequena clientela, mas a população afrodescendente e a classe trabalhadora como um todo. O populismo emplacou na "América Afro-Latina" porque realmente significou uma abertura das portas políticas, econômicas e sociais à população negra num grau jamais verificado desde o período de independência e de emancipação:

> Politicamente, o populismo apoiava a democracia eleitoral com base no sufrágio amplo e inclusivo, e um papel expandido para os trabalhadores e para o povo na política nacional. Economicamente, propunha libertar a América Latina de sua dependência das exportações de produtos básicos por meio de programas direcionados pelo Estado para industrializar e diversificar as economias nacionais – programas que iriam beneficiar diretamente a base do populismo, a classe trabalhadora. O populismo também propôs redistribuir a renda nacional por meio de programas de saúde pública, educação e provisão social, direcionados pelo Estado, e por meio da promoção continuada do sindicalismo e da mobilização dos trabalhadores. Finalmente, o populismo não representou apenas uma maior igualdade de classe, mas também a igualdade racial, além de uma maior participação social, econômica e política de

---

7   ANDREWS, George Reid. *América Afro-Latina (1800-2000)*. Trad. Magda Lopes. São Carlos: EdUFSCar, 2007, p. 192-195.

minorias anteriormente excluídas da vida nacional. Nenhum dos regimes populistas conseguiu cumprir totalmente essas promessas, mas a maioria realizou algumas delas.[8]

No que se refere ao Brasil, as pesquisas históricas recentes assinalam, de modo análogo, uma identificação negra com os movimentos populistas – e seu apoio a eles. Ao reconstituir os caminhos e descaminhos trilhados por duas organizações do movimento associativo dos "homens de cor" da cidade de Caxias, na Baixada Fluminense (RJ), Sandra Godinho Pereira coligiu pistas que corroboram essa proposição. Para a autora, a União dos Homens de Cor (Uagacê) e o Centro Cultural José do Patrocínio incorporaram o populismo em seu discurso e suas práticas políticas no tempo da experiência democrática. Muitos de seus dirigentes – particularmente Jose Gomes de Barros, que chegou a ser diplomado vereador da cidade de Caxias em 1952 – eram afiliados ao PTB e cabalaram, dinâmica e politicamente, os interesses e as necessidades dos associados da Uagacê. O populismo foi utilizado pelos afro-caxienses "para construir estratégias de convivência e de embate na produção dos seus espaços de negociação e conflito".[9]

Abdias Nascimento – o idealizador e principal fomentador do Teatro Experimental do Negro a partir de 1944 – relata que tentou com seu ativismo "abrir brechas" no sistema político brasileiro: "ao fundar o PTB, no Rio de Janeiro [em 1945], eu estava entre os fundadores; criamos um Departamento de Assuntos Afro-brasileiros".[10] Será que o relato memorialístico de Abdias Nascimento é exato? O Departamento de Assuntos Afro-brasileiros, ao qual ele se refere, denominava-se "Diretório Negro Petebista" e foi instituído em novembro de 1946, conforme noticiado pelo *Diário Trabalhista*: "O PTB acaba de criar o Diretório Negro Petebista, entregando assim aos próprios interessados os meios de lutar pela valorização da gente de cor". Para participar das reuniões e dos trabalhos do "Diretório Negro", a agremiação convidava "todos os interessados na questão afro-brasileira, quer sejam pretos ou brancos, pois o movimento tem bases essencialmente democráticas,

---

8   Idem, p. 196.

9   PEREIRA, Sandra Godinho Maggessi. *Vozes afro-caxienses: ecos político-culturais dos movimentos de resistência negra em Duque de Caxias (1949-1968)*. Vassouras/RJ, Dissertação (Mestrado) – Universidade Severino Sombra, 2006, p. 86.

10 Entrevista com Abdias Nascimento. In: CONTINS, Marcia. *Lideranças negras*. Rio de Janeiro: Aeroplano, 2005, p. 36.

sendo radicalmente anti-isolacionista e antirracista".[11] Enquanto isso, o principal fomentador do Teatro Experimental do Negro lançava-se em dezembro de 1946 como candidato do Partido Republicano Democrático (PRD) à Câmara de Vereadores, no pleito agendado para o dia 19 de janeiro de 1947. Isto significa que Abdias não foi o fundador do PTB. Sua afiliação a esta agremiação partidária deu-se tempos depois. Independentemente de seu relato não ser exato, importa reconhecer uma identificação entre estratos negros do Rio de Janeiro e a legenda populista de vertente trabalhista.

Senão vejamos: Alberto Guerreiro Ramos – um sociólogo afro-brasileiro, que colaborou com o Teatro Experimental do Negro – também militava no PTB e chegou a ascender ao Diretório Nacional da legenda. Nas eleições de 1962 candidatou-se a deputado federal pelo então estado da Guanabara, obtendo a segunda suplência. Com a vaga aberta pelo licenciamento de seu correligionário Leonel Brizola, Guerreiro Ramos ocupou uma cadeira na Câmara dos Deputados de agosto de 1963 a abril de 1964, quando teve seus direitos políticos cassados pelo Ato Institucional nº 1. José Bernardo da Silva – jornalista, principal representante da União dos Homens de Cor no Rio de Janeiro e liderança afro-brasileira de destaque no período – igualmente integrava os quadros do PTB, tendo sido candidato a deputado estadual pela agremiação em 1950.[12] O periódico *Quilombo*, que funcionava como porta-voz do Teatro Experimental do Negro, na ocasião incentivava os seus leitores a votarem nele: "Não devemos fugir à responsabilidade de comparecer às urnas para recolher sufrágios dos nossos irmãos de cor ou dos simpatizantes do nosso movimento". É que, "incluído na chapa de candidatos a deputado estadual no Estado do Rio, pelo Partido Trabalhista Brasileiro, José Bernardo terá, assim, oportunidade de estender mais ainda seu campo de atividades". *Quilombo* "sente-se à vontade para recomendar ao eleitorado o nome de José Bernardo. É um idealista sincero, batalhador incansável e candidato dos mais dignos da negritude".[13]

---

11   *Diário Trabalhista*. Rio de Janeiro, 21/11/1946, p. 2. A respeito do Diretório Negro Petebista, ver ainda *Diário Trabalhista*. Rio de Janeiro, 28/11/1946, p. 5.

12   Sobre a história da União dos Homens de Cor no Rio de Janeiro, ver PINTO, Luiz de Aguiar Costa. *O negro no Rio de Janeiro: relações de raças numa sociedade em mudança*. 2ª. ed. Rio de Janeiro: Ed. UFRJ, 1998 [1952]; SILVA, Joselina da. *União dos Homens de Cor (UHC): uma rede do movimento social negro, após o Estado Novo*. Rio de Janeiro, Tese (Doutorado), Universidade do Estado do Rio de Janeiro, 2005; ___ "Debates e reflexões de uma rede: a construção da União dos Homens de Cor". In: GOMES, Flávio e DOMINGUES, Petrônio (orgs.). *Experiências da emancipação: biografias, instituições e movimentos sociais no pós- -abolição (1890-1980)*. São Paulo: Selo Negro, 2011, p. 225-248.

13   *Quilombo*. Rio de Janeiro, junho/julho de 1950, p. 5. Embora a campanha de José Bernar-

No Rio de Janeiro formou-se até a Frente Negra Trabalhista, cujo programa apontava a necessidade de o negro obter, entre outras coisas, assistência médica, hospitalar, educacional e social. Em 1948, a associação solicitou registro no Ministério da Justiça, o que foi negado pelo diretor geral do Departamento do Interior e Justiça do referido ministério.[14] Segundo divulgado pela grande imprensa, a Frente Negra Trabalhista abriu uma sucursal em São Paulo, presidida por Jesuíno Antônio de Deus. Durante o ano de 1948 a sucursal lançou um manifesto no qual informava que poderia filiar-se a um partido já reconhecido pela Justiça Eleitoral, desde que fossem observados os seguintes itens: "1) Defesa da igualdade dos povos e das relações internacionais, sem distinção de cor; 2) Liberdade de culto religioso; 3) União nacional, adotando-se o regime democrático; 4) Combate às ditaduras da esquerda e da direita".[15] Em que pese esse manifesto e indícios difusos, pouco se conhece da Frente Negra Trabalhista. Em 1949 ela mantinha, em São Paulo, sede social e um time de futebol que contava com "elementos de valor".[16] Nas eleições do ano seguinte, a associação veio a público anunciar que repudiava o espírito de desarmonia racial na "comunhão brasileira" e apoiava o PSP, colocando-se, assim, ao lado dos candidatos de Adhemar de Barros e Getúlio Vargas.[17]

Já no Rio Grande do Sul, Carlos da Silva Santos – um importante líder político afro-gaúcho, que circulava no "meio negro" na condição, por exemplo, de membro associado da Sociedade Beneficente Floresta Aurora, e exerceu mandatos de deputado estadual e federal e tornou-se governador em exercício do Estado em duas ocasiões – fazia parte dos quadros do PTB na década de 1960. Alceu Collares – outro político negro de lá – também o fazia. Ao que parece, a aproximação dessa legenda populista com a comunidade afro-gaúcha era estreita, o que por vezes redundou em alianças e parcerias em torno de uma bandeira comum. Em 1958 ocorreu o Primeiro Congresso

---

    do tenha contado com o apoio de um jornal da imprensa negra, ele só foi eleito deputado estadual em 1954. Foi reeleito para mais dois mandatos, o último interrompido devido a sua morte. Já no que diz respeito à aproximação de negros sambistas e o trabalhismo, ver o caso de Paulo da Portela na obra SILVA, Marília T. Barboza da; SANTOS, Lygia. *Paulo da Portela*: traço de união entre duas culturas. Rio de Janeiro: Funarte, 1989.

14 *Diário da Noite*. Rio de Janeiro, 27/08/1948, p. 7.

15 *Diário Trabalhista*. Rio de Janeiro, 12/11/1948, p. 5. Ver também "Frente Negra Trabalhista". *Quilombo*. Rio de Janeiro, dezembro de 1948, p. 3.

16 *Jornal de Notícias*. São Paulo, 20/08/1949, p. 11. Ver também "Torneio popular de futebol". *Jornal de Notícias*. São Paulo, 22/09/1949, p. 11.

17 *Jornal de Notícias*. São Paulo, 06/08/1950, p. 5. Nesta nota, a Frente Negra Trabalhista, de São Paulo, apareceu com um novo nome, Frente Negra do Brasil, mas tudo indica que se tratava da mesma agremiação. Ver também *Jornal de Notícias*. São Paulo, 27/08/1950, p. 4.

Nacional do Negro em Porto Alegre. Sob os auspícios da Sociedade Floresta Aurora, o evento contou com o auxílio e a participação ativa dos políticos do PTB – como Leonel de Moura Brizola, Armando Temperani Pereira e José Pereiria Coelho de Souza. Após o Congresso, parte da comunidade negra organizada da cidade teria se engajado de "corpo e alma" na vitória eleitoral de Leonel Brizola para o governado do Rio Grande do Sul. Como forma de retribuição, o novo chefe do executivo estadual convidou Alexandre Moura – um representante da comunidade negra – para ser o oficial de seu Gabinete e, ao longo do mandato, cooperou com a Sociedade Floresta Aurora na aquisição de uma sede nova.[18]

No que diz respeito ao populismo em São Paulo, George Andrews argumenta que os afro-brasileiros emergiram na cena política no período da experiência democrática, seduzidos pelos sindicatos e partidos. Não era, porém, por qualquer partido. Eles franquearam apoio às agremiações populistas, especialmente aos PSP e PTB, em troca de benefícios materiais e simbólicos. Esse apoio dos afro-brasileiros teria acontecido num contexto de hostilidade das elites brancas em relação aos seus movimentos sociais e de receptividade da classe trabalhadora aos seus desejos de serem incluídos na vida política da República, o que lhes minaram de uma possível base de sustentação para uma luta política racialmente definida. Quando os partidos populistas ofereceram aos eleitores afro-brasileiros um lugar nas instituições da República, a maior parte deles "voltou suas costas à ideia da mobilização racial" e "lançou seu apoio ao Partido Social Progressista de Adhemar de Barros, ou ao 'Pai dos Pobres', Getúlio Vargas, e seu Partido Trabalhista Brasileiro". Por isso, sentencia Andrews, a experiência democrática "mostrou ser um período em que as organizações negras de São Paulo evitaram participação direta na política e, em vez disso, concentraram suas energias nas atividades sociais, culturais e educacionais".[19]

De fato no período da experiência democrática os partidos populistas, notadamente o PSP e o PTB, fizeram algumas invocações às questões raciais. Já nas suas diretrizes programáticas, essas duas agremiações partidárias inscreviam preocupações com a temática.[20] Os afro-paulistas responderam a essas invocações, aproximando-se

---

18   GOMES, Arilson dos Santos. *A formação de oásis: dos movimentos frentenegrinos ao Primeiro Congresso Nacional do Negro em Porto Alegre – RS (1931-1958)*. Porto Alegre, Dissertação de Mestrado em História, PUCRS, 2008.

19   ANDREWS, George. *Negros e brancos em São Paulo. Op. Cit.*, p. 294.

20   O Partido Social Progressista estabelecia no artigo 14 de seu programa (denominado "Na ordem cultural"): o "combate permanente às doutrinas tendentes a fomentar ócios raciais ou de classe ou a subverter os valores peculiares às liberdades democráticas". Já o Partido

dos partidos populistas ou a eles se filiando. Na cidade de Rio Claro, José de Andrade – uma influente liderança dos "homens de cor", que presidiu a Sociedade Recreativa e Beneficente José do Patrocínio – fazia parte da lista de membros do PSP; enquanto Aristides Souza Santos – outra liderança de cor da cidade – fazia parte do PTB.[21] Em todo o estado indivíduos desse segmento populacional igualmente emaranharam-se às legendas populistas. Basta dizer que Esmeraldo Tarquínio – uma das personalidades negras de maior sucesso político-eleitoral daquele período[22] – pertencia ao Movimento Trabalhista Renovador (MTR), uma dissidência interna do PTB.[23]

Se a análise de Andrews acerta no atacado (ou seja, o populismo foi visto como uma alternativa tangível para muitos afro-paulistas); erra no varejo. Não é possível sustentar de maneira absoluta que o associativismo negro de São Paulo rechaçou a ação política no ciclo do populismo. É verdade que muitas organizações afro-paulistas "concentraram suas energias nas atividades sociais, culturais e educacionais", mas também são "favas contadas" que algumas delas, como a Ala Negra, não abriram mão de assumirem as lides antirracistas pela via da política institucionalizada, atuando na esfera pública, aderindo às correntes ideológicas de plantão, filiando-se às diferentes partidos e se aliando às distintas lideranças políticas. Mais do que unívoca e homogênea, a população afro-paulista era plural e heterogênea, sendo capaz de engendrar

---

Trabalhista Brasileiro, no artigo 24 de seu programa (intitulado "O espírito de solidariedade entre os cidadãos"), estabelece: "Desenvolvimento do espírito de solidariedade entre todos os cidadãos sem preconceito de cor, classe, origem ou religião, visando o bem e a grandeza da Pátria"; "que nenhum preconceito de cor seja empecilho ao acesso do cidadão na vida pública, inclusive no oficialato das Forças Armadas, no corpo diplomático, admitida a seleção entre todos os candidatos apenas por critério de competência"; "que o governo cuide, especialmente, da educação e da saúde dos homens de cor, para que lhes seja possibilitada igualdade absoluta de condição ao acesso na vida pública". SANTOS, Ivair Augusto Alves dos. *Movimento negro e Estado: o caso do Conselho de Participação e Desenvolvimento da Comunidade Negra (1983-1987)*. São Paulo: Prefeitura Municipal de São Paulo; Coordenadoria dos Assuntos da População Negra, 2007, p. 73-74.

21   PEREIRA, Flávia Alessandra de Souza. *Poder local e representação política: negros e imigrantes no interior paulista (um estudo sobre o município de Rio Claro)*. São Carlos, Dissertação (Mestrado) – Centro de Educação e Ciências Humanas, Universidade Federal de São Carlos, 2004.

22   Sobre a trajetória de vida e a carreira política de Esmeraldo Tarquínio, consultar MOTTA, Rafael. *Tarquínio: começar de novo*. Santos: Ed. Leopoldianum, 2012.

23   O PTB, entre os anos 1940 e 1960, sofreu várias defecções e influenciou a formação de novas agremiações político-partidárias, como o Partido Social Trabalhista (PST), o Partido Trabalhista Nacional (PTN), o Partido Republicano Trabalhista (PRT), o Partido Orientador Trabalhista (POT), além do Movimento Trabalhista Renovador (MTR).

múltiplas identidades.²⁴ As identidades foram vistas como realidades dinâmicas, plásticas e descentradas, as quais se constituem e se reconstituem diante dos contextos com os quais os indivíduos são confrontados.²⁵

Na concepção de Andrews, a militância negra era "muito limitada em escopo e não causou praticamente nenhum impacto no sistema político brasileiro" na década de 1950.²⁶ É preciso matizar essa assertiva tão categórica. A trajetória da Ala Negra indica que a militância afro-brasileira não só se fez presente no período da experiência democrática, como ainda pelejou para interferir na *haute politique* ou, como o historiador estadunidense prefere designar, no "sistema político brasileiro". Subestimar essa dimensão da militância afro-brasileira estreita a nossa compreensão da história republicana e nos destitui da oportunidade de ver como as ações de pessoas e instituições dos grupos subalternos refletem nos sistemas políticos nos quais se inserem.²⁷ A Ala Negra e sua principal liderança, Nestor Macedo, participaram ativamente do espinhoso jogo democrático da era do populismo: travaram embates heterodoxos, agenciaram projetos díspares, coligações movediças, em síntese, foram personagens do mundo da política.

No que tange à apropriação do populismo nas rodas acadêmicas, agudizou-se

---

24   HALL, Stuart. *Da diáspora: identidades e mediações culturais*. Trad. Adelaine La Guardiã Resende *et all*. Belo Horizonte: Ed. UFMG; Brasília: Representação da UNESCO no Brasil, 2003.

25   Já no que concerne ao *fazer-se* da classe trabalhadora no período do populismo no Brasil, as pesquisas pouco avançaram em investigar a interseccionalidade das relações de *classe* e *raça*. Uma das exceções é o artigo de Adré Cicalo, que esquadrinhou a história do Sindicato dos Carregadores e Ensacadores de Café do Rio de Janeiro (SCEC), um sindicato que prosperou no porto da cidade do Rio de Janeiro entre 1931 e 1964, reunindo uma forte presença de trabalhadores afrodescendentes. Cicalo argumenta que, apesar de o legado negro não ter feito parte do discurso oficial do sindicato, que, em lugar disso, preferiu enfatizar questões de classe, de nacionalismo e de outros valores não relacionados à cor, os marcadores de um "campo negro" não eram completamente estranhos ao SCEC. Isto indica que devemos relativizar a assertiva de que a classe trabalhadora, em seu conjunto, abdicou de uma luta política racialmente definida na era do populismo. CICALO, André. *Op. Cit.* Tal como David Roediger mapeia para os Estados Unidos, faz-se necessário rever a história da classe trabalhadora brasileira e estabelecer novas bases para o debate sobre movimentos sociais e *raça*. ROEDIGER, David R. "E se o trabalho não fosse branco e masculino? Recentrando a história da classe trabalhadora e estabelecendo novas bases para o debate sobre sindicato e raça". In: FORTES, Alexandre *et all* (orgs.). *Cruzando fronteiras: novos olhares sobre a história do trabalho*. São Paulo: Ed. Perseu Abramo, 2013, p. 29-59.

26   ANDREWS, George. *Negros e brancos em São Paulo. Op. Cit.*, p. 291.

27   SCOTT, James C. *A dominação e a arte da resistência: discursos ocultos*. Lisboa: Letra Livre, 2013; THOMPSON, E. P. *As peculiaridades dos ingleses e outros artigos* (orgs. Antonio Luigi Negro e Sergio Silva). Campinas, SP: Editora da Unicamp, 2001.

a tendência de crítica e questionamento do conceito, de modo que hodierno alguns autores simplesmente descartam o seu uso.[28] De um modo geral esses autores argumentam que, ao se utilizar o conceito de populismo, personagens com tradições e práticas políticas distintas são tratados de maneira indiferenciada, perdendo-se as especificidades e a própria historicidade de seus projetos. Se já seria errôneo colocar as lideranças do PTB João Goulart e Leonel Brizola e os políticos como Jânio Quadros, Adhemar de Barros e Juscelino Kubitschek numa vala comum, o que dizer das lideranças direitistas da UDN, como Carlos Lacerda e o general Eurico Dutra? Esse conceito seria tão elástico, impreciso, difuso e contraditório que não daria para ser aceito cientificamente. Afora a isso, a definição "cadavérica" de populismo – uma relação pessoal entre um líder carismático, paternalista e um conglomerado de indivíduos (chamados de massas), permeado pelo recurso à ideia de demagogia e manipulação – insistiria em (re)aparecer como uma maldição.[29] O líder populista não apareceria como um político verdadeiro, mas sobretudo como um aproveitador das massas ingênuas, pois as massas, na sua irracionalidade e mentalidade pré-lógica, seriam facilmente tornadas marionetes ambulantes. Para sepultar de vez o cadáver do populismo, os autores propõem o conceito de trabalhismo.

É louvável o *tour de force* teórico-metodológico dos autores para encontrar uma categoria analítica mais sofisticada, refinada e rigorosa, que abarque a dinâmica e complexa vida política e social no tempo da experiência democrática. Entrementes, não nos parece que a substituição do conceito de populismo pelo de trabalhismo seja a melhor alternativa. Se o primeiro conceito for muito elástico, o segundo é restritivo, pois enfatiza sua abrangência às relações de trabalho e ao mundo sindical. O *fazer-se* da classe trabalhadora ocorria dentro e fora das fábricas, por

---

28   FERREIRA, Jorge. O nome e a coisa: o populismo na política brasileira. In: FERREIRA, Jorge (org.). *O populismo e sua história: debate e crítica*. Rio de Janeiro: Civilização Brasileira, 2001, p. 59-124; *A categoria populismo não serve para caracterizar a democracia brasileira*. Entrevista com Jorge Luiz Ferreira. IHU On-Line. São Leopoldo, n. 107, 28/06/2004, p. 8-12; GOMES, Angela de Castro. "O populismo e as ciências sociais no Brasil: notas sobre a trajetória de um conceito". In: FERREIRA, Jorge (org.). *O populismo e sua história: debate e crítica*. Rio de Janeiro: Civilização Brasileira, 2001, p. 17-57; Idem. "O Estado Novo e o debate sobre o populismo no Brasil". *Sinais Sociais*, v. 9, n. 25, 2014, p. 9-37; REIS FILHO, Daniel Aarão. "A maldição do populismo". *Linha Direta*. São Paulo, n. 330, 1997, p. 6-7; Idem. O colapso do colapso do populismo ou a propósito de uma herança maldita. In: FERREIRA, Jorge (org.). *O populismo e sua história: debate e crítica*. Rio de Janeiro: Civilização Brasileira, 2001, p. 319-377; Idem. Estado e trabalhadores: o populismo em questão. *Locus*: Revista de História. Juiz de Fora, v. 13, n. 2, 2007, p. 87-108.

29   Ibdem.

meio das tradições, das crenças, dos ritos, dos símbolos, dos valores, das atividades recreativas, enfim, por meio dos espaços de sociabilidade, cultura e lazer. A principal objeção é, pois, que esse "novo" conceito de populismo tende a negligenciar a experiência, seja dos setores populares excluídos do "pacto trabalhista", seja dos grupos específicos (como comunidades de bairros, mulheres, negros, migrantes e seus descendentes).

Conforme postulam acertadamente Adriano Duarte e Paulo Fontes, "a vida política em São Paulo entre as décadas de 30 e 60 do século XX é incompreensível tomando-se o trabalhismo como chave explicativa". O PTB paulista jamais emplacou como uma grande força político-eleitoral.[30] No Estado mais industrializado da nação e com a mais gigantesca classe operária urbana, as principais lideranças populistas, Adhemar de Barros e Jânio Quadros, fizeram "suas carreiras por fora do chamado pacto trabalhista, embora flertassem ambiguamente com ele". O eixo da atuação desses políticos repousava nos bairros, na relação que eles estabeleciam com os temas e as organizações locais e na capacidade de capitalizá-las em apoio e votos. Para além dos "direitos trabalhistas e das relações de trabalho", afirmam Adriano Duarte e Paulo Fontes, "as reivindicações por melhores condições de vida, a respeitabilidade e dignidade de morar, o direito ao *progresso*, como entendido pelos trabalhadores naquele momento eram questões essenciais e que, portanto, precisam ser consideradas na análise das relações políticas entre os anos 30 e 60 do século XX".[31] Após esse arrazoado, os historiadores se perguntam: como compreender o fenômeno que ocorre nos bairros da cidade de São Paulo, nesses anos, senão utilizando o conceito de sistema político populista?[32] De ma-

---

30   Apesar de o PTB ter sido o partido de maior crescimento nacional no período 1946-1964, a seção paulista da agremiação sofreu crises e baixas, quase beirando o desaparecimento no Estado. "Além da fragmentação e das lutas internas", frisa Maria Victoria Benevides, "o PTB paulista destacou-se pelo mais explícito fisiologismo – entendido como as transações políticas visando a nomeações e benesses públicas, a transformação da política em negócio (e não negociação), a confusão consciente entre o público e o privado". BENEVIDES, Maria Victoria. *Op. Cit.*, p. 25.

31   DUARTE, Adriano; FONTES, Paulo. O populismo visto da periferia: adhemarismo e janismo nos bairros da Mooca e São Miguel Paulista, 1947-1953. *Cadernos AEL*, Campinas, v. 11, n. 20/21, 2004, p. 115-116.

32   John French, Marcelo Badaró Mattos, Antonio Luigi Negro e Alexandre Fortes são outros críticos dos autores "revisionistas" da teoria do populismo. Se algumas das características da experiência histórica paulista foram generalizadas "abusivamente para pensar o país como um todo pelos clássicos da teoria do populismo", afirma Fortes, seria também um "equívoco formular um paradigma explicativo que pretendesse considerar o centro do desenvolvimento econômico nacional como uma exceção". Além "de o risco de substituir o estigma pela apo-

neira análoga, indagamos: como entender um grupo de negros *ademaristas* sem lançar mão do conceito de populismo?

Nas décadas de 1940 e 1950, tanto as forças políticas da direita quanto da esquerda entendiam que o preconceito de cor era um problema menor ou pontual, mas não estrutural ou relevante o suficiente para mobilizar a atenção de toda a sociedade. Acreditava-se que a questão do negro ficava subsumida à questão social ou à luta de classes, não precisando, assim, ser reconhecida a sua especificidade. Para uma parcela da sociedade brasileira, simplesmente não existia racismo no Brasil. Nesse sentido, o movimento associativo dos "homens de cor" não era visto com bons olhos, porque, para uns, este fraturava a unidade nacional, para outros, dividia a luta mais geral da classe trabalhadora.[33]

Diferentemente disso, Adhemar de Barros transmitia a imagem de que compreendia o negro, seus problemas, angústias e necessidades, e considerou a questão racial como digna de ser pautada em sua agenda político-eleitoral, mesmo que de forma oportunista, instrumental e frívola. Em vez de uma venda colocada nos olhos das massas, o populismo *ademarista* foi um movimento que, ao buscar o poder, submeteu suas diretrizes político-ideológicas à dinâmica da competição eleitoral, redefinindo-as constantemente em função da necessidade de adaptar-se às demandas de sua base de sustentação e de costurar o mais amplo arco de alianças. Dentro desse espírito, o populismo procurou tecer uma interação com os homens e mulheres de cor, haja vista o caso da Ala Negra, que funcionou como centro de agitação político-eleitoral de

---

logia, ao trocarmos 'populismo' por 'trabalhismo' podemos estar mantendo, ou até mesmo aprofundando o equívoco de tentar explicar elementos diferentes de um mesmo momento histórico por um único termo". FORTES, Alexandre. O Estado Novo e os trabalhadores: a construção de um corporativismo latino-americano. *Locus: Revista de História*. Juiz de Fora, v. 13, n. 2, 2007, p. 79; JAMES, Daniel e John D. French. Pensar a América Latina: entrevista de Daniel James e John D. French. In: FORTES, Alexandre *et all*. *Na luta por direitos: estudos recentes em História Social do Trabalho*. Campinas, SP: Editora Unicamp, 1999, p. 189-190; MATTOS, Marcelo Badaró *et all*. *Greves e repressão policial ao sindicalismo carioca, 1945-1964*. Rio de Janeiro: APERJ, 2003; NEGRO, Antonio Luigi. "Paternalismo, populismo e história social". *Cadernos AEL*, Campinas, v. 11, n. 20/21, 2004, p. 9-37. Em livro relativamente recente, Ernesto Laclau não só defende como ressignifica o uso da categoria populismo na experiência histórica da América Latina. A seu ver, essa "forma de construção da política" tem sido positiva para o continente, pois, ao garantir a participação popular nas decisões políticas, fortalece a democracia e, assim, impede que esta seja reduzida a um sistema administrativo-tecnocrático subordinado aos interesses econômicos. LACLAU, Ernesto. *A razão populista*. Trad. Carlos Eugênio Marcondes de Moura. São Paulo: Três Estrelas, 2013.

33 HANCHARD, Michael. *Orfeu e o poder: movimento negro no Rio de Janeiro e São Paulo (1945-1988)*. Rio de Janeiro: EdUERJ, 2001.

Adhemar de Barros, fazendo campanha para ele e para seus apaniguados.

Tendo alguma relevância somente quando concebido numa conjuntura histórica específica, populismo não é um jogo de cartas marcadas entre as classes sociais, um caminho fechado, com uma única direção ou isento de influências externas. Antes se delineia pela comunicabilidade entre os de cima e os de baixo, por um sistema de alianças multifacetadas que – apesar de plasmado por assimetrias com pesos variados – influencia a postura de ambas as partes. Segundo Jacques Revel, as alianças são estratégias complexas, as quais não obedecem a uma racionalidade abstrata (por exemplo, maximizar os ganhos), mas ao anseio da melhor locação do indivíduo ou grupo num mundo de inseguranças, riscos e cujas principais bases de sustentação estão em constante movimento. Essas estratégias ficam interligadas a valores, tradições, experiências e cercadas por limitações. Portanto, não são "ditadas por uma lei de reprodução simples. Reconhecem, ao mesmo tempo que nos permitem ver, os intervalos, as ambiguidades deixadas abertas pelos sistemas de dominação e de controle e pelas instâncias de sociabilidade".[34]

Em lugar de uma oposição binária, os populistas e os negros firmaram uma relação multifária. Os primeiros procuraram capitalizar os anseios e as aspirações dos segundos à esfera político-eleitoral, por meio da habilidade, do teatro e da concessão, já os segundos, mesmo numa posição de subordinação (desvantagem), tinham noção de sua potencialidade política e também cumpriram um papel ativo nesse "campo de força comum", ora recusando, ora aceitando, ora transigindo, ora reelaborando o projeto dos primeiros.[35]

No que concerne ao tratamento conferido ao negro, o sistema populista talvez encetou o desenvolvimento de uma nova cultura política no país. Enquanto na experiência histórica da Primeira República o negro foi na maior parte das vezes subalternizado ou incluído em condição periférica no mundo da *haute politique*, na Era Vargas se viu apreendido como sinônimo de povo, sem ter sua alteridade reconhecida. Foi no período subsequente que o negro alocou-

---

34 REVEL, Jacques. A história ao rés-do-chão. In: LEVI, Giovanni. *A herança imaterial: trajetória de um exorcista no Piemonte do século XVII*. Trad. Cynthia Marques de Oliveira. Rio de Janeiro: Civilização Brasileira, 2000, p. 20.

35 Conforme assinala Luigi Negro, as classes subalternas não constituíam um bloco monolítico e, diante do mandonismo e clientelismo da política brasileira, podiam se relacionar com as classes dominantes como um grupo subordinado, trocando lealdades ou prestando serviços, como os de capangas, cabos eleitorais e alcaguetes; "servindo a outras causas e finalidades. Mas sem perder as suas próprias". NEGRO, Antonio Luigi. Paternalismo, populismo e história social. *Op. Cit.*, p. 29.

-se com mais fôlego nas estruturas da política institucionalizada, sendo visto – e por vezes tratado – como ator específico tanto no espetáculo da democracia quanto no mercado eleitoral.

À medida que a Ala Negra procurou abrigo no PSP e acionou um canal de interlocução com Adhemar de Barros, ela avançou na ocupação do espaço político e pavimentou no interior daquele partido um fórum privilegiado de debates para a ampliação de direitos. Por meio de um complexo sistema de comutações e troca de favores, deferências, dividendos eleitorais, alianças políticas e expectativas emocionais, os negros consorciaram-se com uma agência importante na luta por reconhecimento, visibilidade, *empoderamento* e cidadania.

Nestor Macedo era membro do PSP e, como tal, nutria grande admiração pelo populista Adhemar de Barros, não perdendo a oportunidade para celebrá-lo e exaltar o compromisso dele em prol da arraia miúda. A trajetória da Ala Negra Progressista – cujo nome é uma explícita alusão ao PSP, aliás, em vários documentos, ela é definida como pertencendo ao PSP – e de Nestor Macedo constitui um exemplo cabal de como o populismo teve penetração no meio afro-brasileiro nas décadas de 1940 e 1950. Quanto a Macedo, configura-se um exemplo não menos cabal de que o negro nem sempre foi o ator anônimo ou subserviente da história social e política do Brasil República. Em vários episódios este foi (ou tentou ser) o protagonista da trama.

Ambíguo, o "Rei dos bailes populares" promovia festas concorridas nos bairros do palpitante subúrbio paulistano, politizava o cotidiano, era um *ademarista* empedernido, mantinha contatos com o órgão estatal de repressão política e se envolvia em episódios escusos. Sagaz, procurou catalisar os liames entre vida recreativa, atividades políticas, práticas de lazer e movimentação reivindicatória. Pragmático, não pautava o seu comportamento a partir, apenas, de posições ideológicas – ao menos do ponto de vista programático. Entrou em cena quer na condição de vítima, quer na de algoz, quer desempenhando ambos os papéis e algo mais.

Outra característica daquele afro-brasileiro foi a versatilidade e o espírito de iniciativa. Em agosto de 1951 figurava como Vice-Presidente do Sindicato das Empregadas Domésticas de São Paulo.[36] No ano imediatamente posterior era representante da "Ala Negra do PSP" – partido que naquele instante formava a frente populista com o PTB –, bem como era apresentado como um dos organizadores da "Escola de Samba

---

36 Relatório do Serviço de Informações – Seção de Arquivo e Fichários do "SS" – sobre a Ala Negra Progressista e Nestor Macedo. São Paulo, 6 de setembro de 1951. Dossiê 50-J-125, 6. DEOPS/SP, AESP.

Cruzeiro do Sul".[37] Em 1962 arrogava-se representante da Sociedade Beneficente e Recreativa da Abolição, do Centro Recreativo e Beneficente das Cozinheiras, da Ala Negra Progressista, da Sociedade União Nacional em Defesa dos Favelados, da União Nacional dos Engraxates de São Paulo, da Frente Popular da U.D.N. e do Centro "Estrela do Oriente", de Mauá.[38] Portanto, Macedo nunca se dedicou exclusivamente às hostes em defesa dos "homens de cor". Como se fosse um avatar, não perdia a oportunidade de transmutar – levantar outras bandeiras, perspectivas, identidades e assumir diferentes causas simultaneamente.

Embora tenha havido negros que recusaram o sistema populista, não podemos ignorar aqueles que optaram pelo caminho da negociação com as mais diversas forças político-partidárias que se propunham a atender às suas demandas. A política conjugando confronto, aliança e acomodação foi um recurso que, além de legítimo, tinha uma meta muito precisa: favorecer as conquistas objetivas (tangíveis) e subjetivas (morais). Era o negro sendo reconhecido como um ator político e uma força social que não podia mais ser obliterado nas contendas pelo poder em São Paulo. Em última instância isso sugeria que as atividades da *haute politique* não seriam executadas *para* e sim *pelos* próprios negros, um prenúncio do que se cristalizou *a posteriori*: uma mudança no estilo dos políticos profissionais e uma redefinição da cultura política eleitoral. Parece que a classe política teve que reformular seu discurso e suas práticas para conquistar o apoio de um novo personagem.[39] "Agência e direitos, em vez de sentimento e benevolência dos brancos, eram os signos da política racial da nova era".[40]

Nestor Macedo e os afiliados a A.N.P. não devem ser retratados como produtos passivos de um dado processo político-social ou experiência histórica, mas como um grupo que, à sua maneira e a partir de seus próprios termos, procurou empreender ações na arena das possibilidades, nos limites da *realpolitik*. Assim, por conta própria e em nome de seus irmãos de cor, aquele líder negro exigiu o seu quinhão

---

37 Panfleto "1º de Maio de 1952 – Grandiosa comemoração ao Dia do Trabalhador. Convescote em Vila Moraes". São Paulo, s/d. Prontuário 100 733, S. R. B. da Abolição. DEOPS/SP, AESP.

38 Ofício de Nestor Macedo, "representante da Sociedade Beneficente e Recreativa da Abolição, Ala Negra e outras", ao Exmo. Sr. Secretário de Estado dos Negócios da Segurança Pública do Estado de São Paulo. Copiado pelo cartório da Delegacia especializada de Ordem Política e Social em 14 de fevereiro de 1962. Dossiê 50-J-125, 15. DEOPS/SP, AESP.

39 OLIVEIRA, Eduardo de. *A cólera dos generosos: retrato da luta do negro para o negro*. São Paulo: Sonda/Meca, 1988.

40 ALBERTO, Paulina L. A Mãe Preta entre o sentimento, ciência e mito. *Op. Cit.*, p. 388.

no pacto populista e um destino a viver ou, antes, tentou fazer do populismo um veículo de mudança social. Propôs o problema da democracia e da cidadania a partir do protagonismo negro, ora colidindo contra a cultura política dos círculos dirigentes, ora alinhando-se a ela. Esquivando-se das utopias vigentes, que proclamavam uma igualdade que não existia, ele abraçou uma mensagem de fé, sonho e esperança num ideal mais próspero e venturoso. Urge vermos os afro-brasileiros como agentes históricos capazes de fazer as suas próprias escolhas. Ocasionalmente eles fizeram más escolhas, lutaram entre si e apoiaram chefes políticos que os traíram e os frustraram as expectativas. Mas isto faz parte do processo de formação e desenvolvimento da *consciência racial*.

Obviamente, não foi possível esgotar um assunto tão complexo em um único livro, conquanto espera-se que este sirva de ponto de partida para novas investigações. Para finalizar, uma palavra de alento e outra de convicção. Alento por saber que, mesmo vivendo às margens ou numa posição subordinada, os povos da diáspora negra no Brasil converteram-se na pedra de toque dos valores democráticos e da invenção e reinvenção cotidiana de uma sociedade mais comprometida com a justiça social e os direitos humanos. Já a convicção vem de seu brio em prol de um estilo de vida com autonomia e autodeterminação. Muitas vezes avessos aos grilhões da tutela e subalternidade, eles tomaram (ou procuraram tomar) para si o governo de seu destino, desenvolvendo-se em seu próprio ritmo e direção. Paul Gilroy então se pergunta como, a esta altura do século XXI, um século após a famosa "linha de cor" de W. E. Du Bois, devemos interpretar os projetos que embasaram a noção de "solidariedade negra" e urdiram as possíveis conexões entre o "antirracismo político e a consolidação da democracia e da sociedade civil". A história desses projetos é importante porque auxilia a compreender o papel da diáspora sobre as culturas políticas negras e para o "trabalho mais amplo de enriquecimento do antirraciamo político com um centro ético que por vezes lhe falta".[41] E esta falta dificulta, para não dizer dissipa, a busca de qualquer estrutura dinâmica unificadora (ou de cunho essencialista) nas culturas políticas do Atlântico Negro.

---

41   GILROY, Paul. 2001. *O Atlântico negro: modernidade e dupla consciência*. São Paulo: Editora 34, p. 09-18.

Caderno de imagens

Imagem 91 – Certificado do título de honra de João Marcelino, concedido pela Associação dos Negros Brasileiros (UEIM-UFSCar).

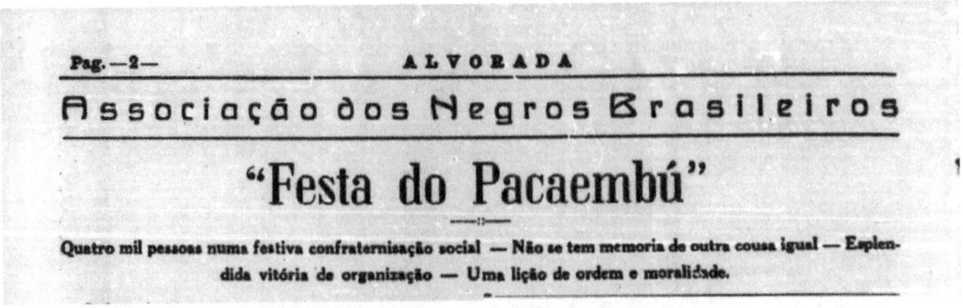

Pag. —2— ALVORADA

Associação dos Negros Brasileiros

"Festa do Pacaembú"

Quatro mil pessoas numa festiva confraternisação social — Não se tem memoria de outra cousa igual — Esplendida vitória de organização — Uma lição de ordem e moralidade.

Imagem 92 – Reportagem sobre a "Festa do Pacaembu" (Alvorada. São Paulo, jul./1946).

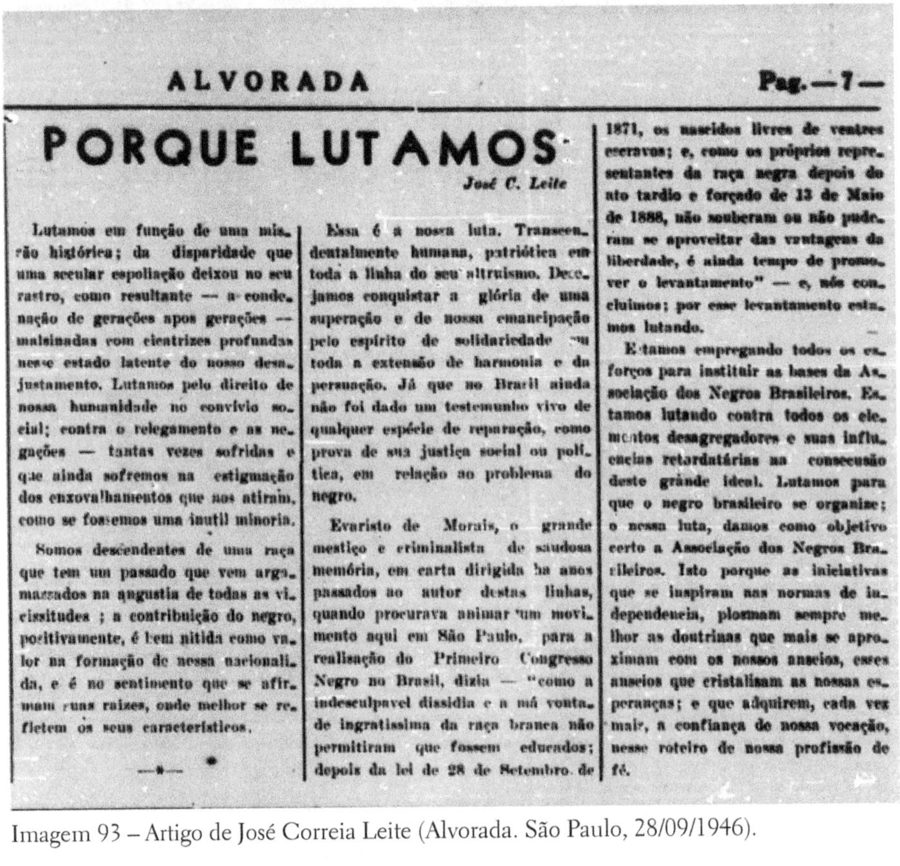

ALVORADA Pag. —7—

PORQUE LUTAMOS

José C. Leite

Lutamos em função de uma missão histórica; da disparidade que uma secular espoliação deixou no seu rastro, como resultante — a condenação de gerações apos gerações — malsinadas com cicatrizes profundas nesse estado latente do nosso desajustamento. Lutamos pelo direito de nossa humanidade no convívio social; contra o relegamento e as negações — tantas vezes sofridas e que ainda sofremos na estigmação dos enxovalhamentos que nos atiraim, como se fossemos uma inutil minoria.

Somos descendentes de uma raça que tem um passado que vem argamassados na angustia de todas as vicissitudes ; a contribuição do negro, positivamente, é bem nitida como valor na formação de nossa nacionalida, e é no sentimento que se afirmam suas raizes, onde melhor se refletem os seus caracteristicos.

—*—

Essa é a nossa luta. Transcendentalmente humana, patriótica em toda a linha do seu altruismo. Desejamos conquistar a glória de uma superação e de nossa emancipação pelo espirito de solidariedade ou toda a extensão de harmonia e da persuação. Já que no Brasil ainda não foi dado um testemunho vivo de qualquer espécie de reparação, como prova de sua justiça social ou politica, em relação ao problema do negro.

Evaristo de Morais, o grande mestiço e criminalista de saudosa memória, em carta dirigida ha anos passados ao autor destas linhas, quando procurava animar um movimento aqui em São Paulo, para a realisação do Primeiro Congresso Negro no Brasil, dizia — "como a indesculpavel dissidia e a má vontade ingratissima da raça branca não permitiram que fossem educados; depois da lei de 28 de Setembro de 1871, os nascidos livres de ventres escravos; e, como os próprios representantes da raça negra depois do ato tardio e forçado de 13 de Maio de 1888, não souberam ou não puderam se aproveitar das vantagens da liberdade, é ainda tempo de promover o levantamento" — e, nós concluimos; por esse levantamento estamos lutando.

Estamos empregando todos os esforços para institüir as bases da Associação dos Negros Brasileiros. Estamos lutando contra todos os elementos desagregadores e suas influencias retardatárias na consecusão deste grânde ideal. Lutamos para que o negro brasileiro se organise; e nessa luta, damos como objetivo certo a Associação dos Negros Brasileiros. Isto porque as iniciativas que se inspiram nas normas de independencia, plasmam sempre melhor as doutrinas que mais se aproximam com os nossos anseios, esses anseios que cristalisam as nossas esperanças; e que adquirem, cada vez mais, a confiança de nossa vocação, nesse roteiro de nossa profissão de fé.

Imagem 93 – Artigo de José Correia Leite (Alvorada. São Paulo, 28/09/1946).

Imagem 94 – Soirée dançante (*Senzala*, revista mensal para o negro. São Paulo, jan./1946).

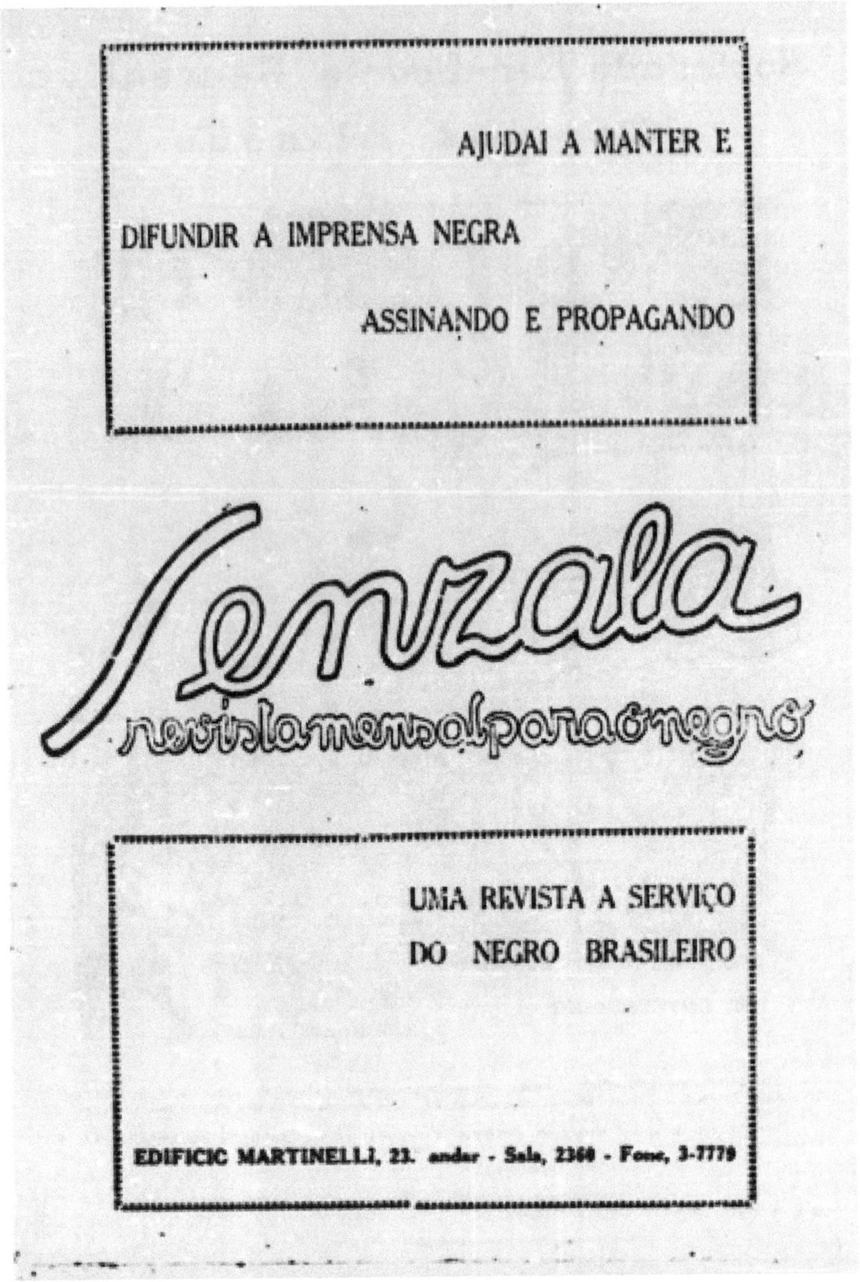

Imagem 95 – *Revista da imprensa negra* (*Senzala*, revista mensal para o negro. São Paulo, fev./1946).

Imagem 96 – Jornal da União dos Homens de Cor, que traz editorial de apoio a Adhemar de Barros (União. Curitiba, 15/15/1948).

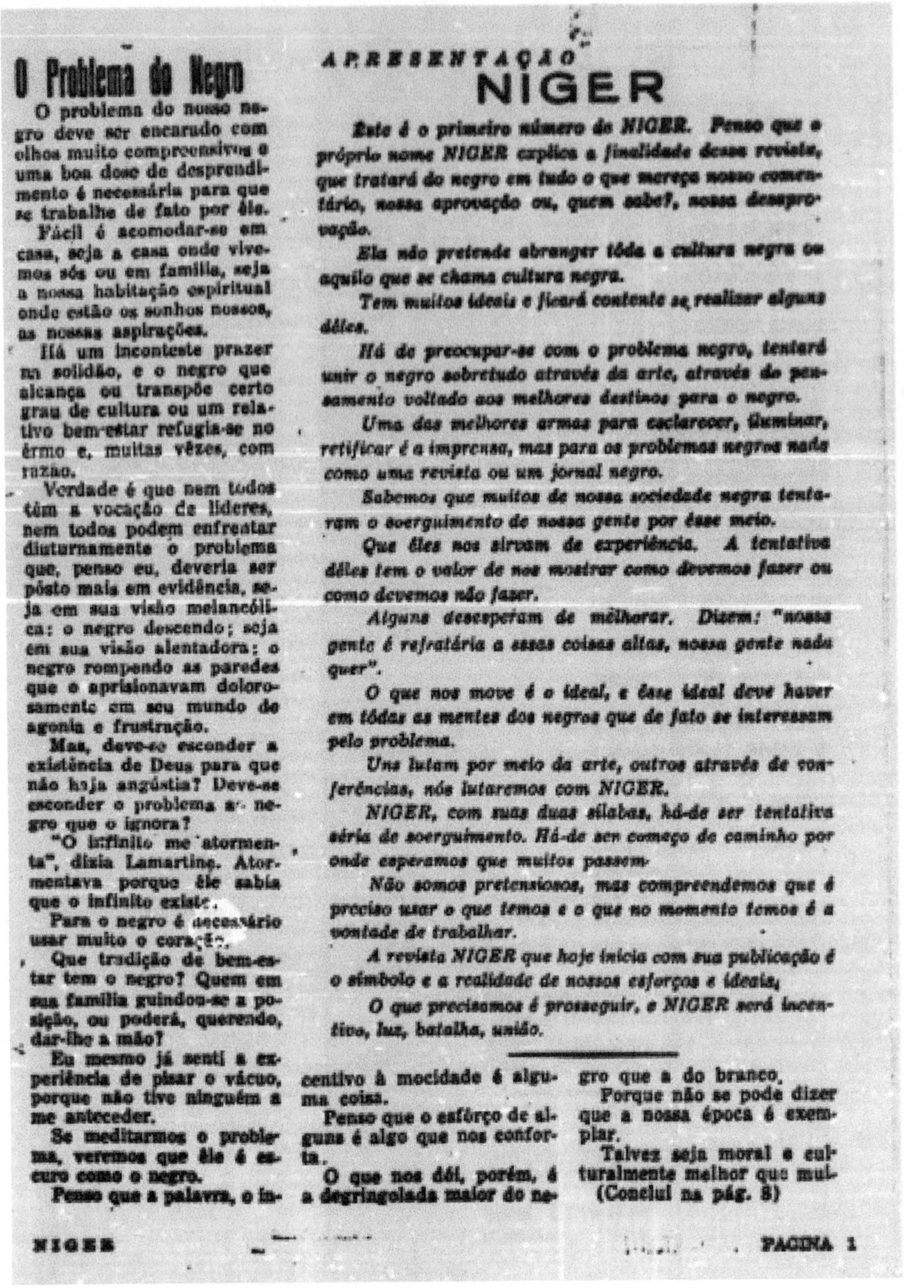

O Problema do Negro

O problema do nosso negro deve ser encarado com olhos muito compreensivos e uma boa dose de desprendimento é necessária para que se trabalhe de fato por êle.

Fácil é acomodar-se em casa, seja a casa onde vivemos sós ou em família, seja a nossa habitação espiritual onde estão os sonhos nossos, as nossas aspirações.

Há um inconteste prazer na solidão, e o negro que alcança ou transpõe certo grau de cultura ou um relativo bem-estar refugia-se no êrmo e, muitas vêzes, com razão.

Verdade é que nem todos têm a vocação de líderes, nem todos podem enfrentar diuturnamente o problema que, penso eu, deveria ser pôsto mais em evidência, seja em sua visão melancólica: o negro descendo; seja em sua visão alentadora: o negro rompendo as paredes que o aprisionavam dolorosamente em seu mundo de agonia e frustração.

Mas, deve-se esconder a existência de Deus para que não haja angústia? Deve-se esconder o problema a negro que o ignora?

"O infinito me atormenta", dizia Lamartine. Atormentava porque êle sabia que o infinito existe.

Para o negro é necessário usar muito o coração.

Que tradição de bem-estar tem o negro? Quem em sua família guindou-se a posição, ou poderá, querendo, dar-lhe a mão?

Eu mesmo já senti a experiência de pisar o vácuo, porque não tive ninguém a me anteceder.

Se meditarmos o problema, veremos que êle é escuro como o negro.

Penso que a palavra, o incentivo à mocidade é alguma coisa.

Penso que o esfôrço de alguns é algo que nos conforta.

O que nos dói, porém, é a degringolada maior do negro que a do branco.

Porque não se pode dizer que a nossa época é exemplar.

Talvez seja moral e culturalmente melhor que muitas

(Conclui na pág. 8)

APRESENTAÇÃO
NIGER

Êste é o primeiro número do NIGER. Penso que o próprio nome NIGER explica a finalidade dessa revista, que tratará do negro em tudo o que mereça nosso comentário, nossa aprovação ou, quem sabe?, nossa desaprovação.

Ela não pretende abranger tôda a cultura negra ou aquilo que se chama cultura negra.

Tem muitos ideais e ficará contente se realizar alguns dêles.

Há de preocupar-se com o problema negro, tentará unir o negro sobretudo através da arte, através do pensamento voltado aos melhores destinos para o negro.

Uma das melhores armas para esclarecer, iluminar, retificar é a imprensa, mas para os problemas negros nada como uma revista ou um jornal negro.

Sabemos que muitos de nossa sociedade negra tentaram o soerguimento de nossa gente por êsse meio.

Que êles nos sirvam de experiência. A tentativa dêles tem o valor de nos mostrar como devemos fazer ou como devemos não fazer.

Alguns desesperam de melhorar. Dizem: "nossa gente é refratária a essas coisas altas, nossa gente nada quer".

O que nos move é o ideal, e êsse ideal deve haver em tôdas as mentes dos negros que de fato se interessam pelo problema.

Uns lutam por meio da arte, outros através de conferências, nós lutaremos com NIGER.

NIGER, com suas duas sílabas, há-de ser tentativa séria de soerguimento. Há-de ser começo de caminho por onde esperamos que muitos passem.

Não somos pretensiosos, mas compreendemos que é preciso usar o que temos e o que no momento temos é a vontade de trabalhar.

A revista NIGER que hoje inicia com sua publicação é o símbolo e a realidade de nossos esforços e ideais.

O que precisamos é prosseguir, e NIGER será incentivo, luz, batalha, união.

Imagem 97 – *Revista da imprensa negra* (Niger. São Paulo, jul./1960).

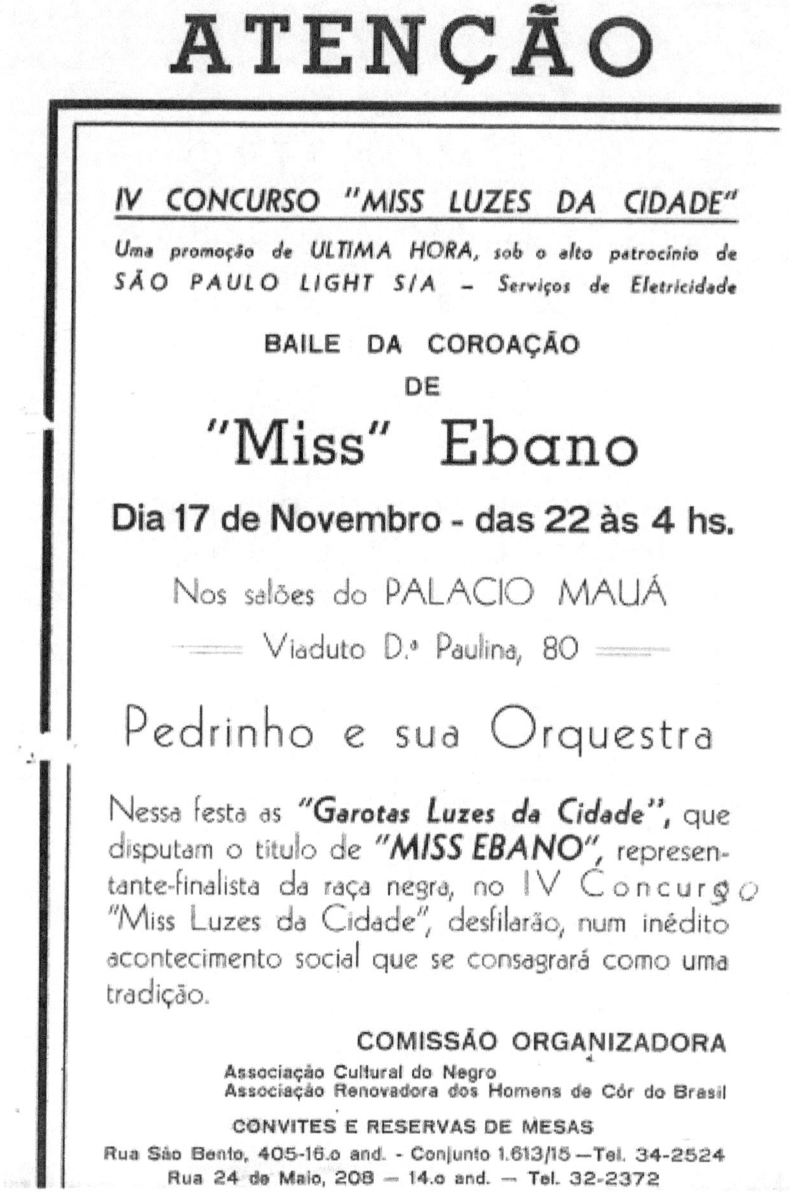

ATENÇÃO

IV CONCURSO "MISS LUZES DA CIDADE"

Uma promoção de ULTIMA HORA, sob o alto patrocínio de SÃO PAULO LIGHT S/A — Serviços de Eletricidade

BAILE DA COROAÇÃO DE

"Miss" Ebano

Dia 17 de Novembro - das 22 às 4 hs.

Nos salões do PALACIO MAUÁ

Viaduto D.ª Paulina, 80

Pedrinho e sua Orquestra

Nessa festa as *"Garotas Luzes da Cidade"*, que disputam o titulo de *"MISS EBANO"*, representante-finalista da raça negra, no IV Concurso "Miss Luzes da Cidade", desfilarão, num inédito acontecimento social que se consagrará como uma tradição.

COMISSÃO ORGANIZADORA
Associação Cultural do Negro
Associação Renovadora dos Homens de Côr do Brasil

CONVITES E RESERVAS DE MESAS
Rua São Bento, 405-16.o and. - Conjunto 1.613/15 — Tel. 34-2524
Rua 24 de Maio, 208 — 14.o and. — Tel. 32-2372

Imagem 98 – Folheto de concurso de miss (UEIM-UFSCar).

> Circular N.º 1 - 1964
>
> ## BAILE MONSTRO
>
> Sábado, 11 de Abril - 22 às 4 horas
>
> Nos Salões da Casa do Povo
>
> RUA TRÊS RIOS, 252 – BOM RETIRO
>
> ## FESTA DE ANIVERSÁRIO
>
> DA
>
> ## Associação Renovadora dos Homens de Côr do Brasil
>
> N. B. — Reservem convites e mesas nos seguintes lugares:
>
> Dona Lourdes - Rua Direita, 61 - 2.º andar - Sala 16 Tel 33-7506
> Marly Prado - Rua Conselheiro Furtado, 532
> Dona Lala e Neide - Av. Tiradentes, 1336
> Dona Cencinha - Rua Maria José, 413 - Tel. 33-9989
> Madame Celia - Rua Jaguaribe, 608 - Tel. 52-6527
> Sr. Lauro Simões da Silva - Rua da Gloria, 380
> Sr. Osano Amancio - Rua Iguatemi, 1470 Tel. 8-5322.
> Srta. Marina — Rua João Ramalho, 172 - Tel. 51-9402
> Srta. Regina — Rua Rocha, 24
> Sr. Decio - Rua Guaianazes, 121 — Tel. 37-0414
>
> Rigorosamente será exigido o traje passeio chic.
>
> Aguardem, 19 de Setembro o maior **Baile** do ano.
> **Coroação d'A Mais Bela Colored de S. Paulo.**
>
> Pela Diretoria
> Iziquiel José de Souza
> Presidente

Imagem 99 – Flyer de baile promovido pela Associação Renovadora dos Homens de Cor do Brasil (UEIM-UFSCar).

Imagem 100 - Baile promovido pelo Aristocrata Clube, na década de 1960 (Coleção particular de Nair Reis).

Acervos

Arquivo Público do Estado de São Paulo (APESP)
Arquivo Público do Estado do Rio de Janeiro (APERJ)
Biblioteca Brasiliana Guita e José Mindlin – (USP)
Biblioteca Mário de Andrade – São Paulo
Biblioteca Nacional – Rio de Janeiro
Biblioteca da Faculdade de Filosofia, Letras e Ciências Humanas da Universidade de São Paulo (USP)
Cartório 1º Oficial de Registro de Títulos e Documentos e Civil de Pessoa Jurídica de São Paulo
Centro Cultural São Paulo
Fundo Florestan Fernandes – (BCo/UFSCar)
Instituto de Estudos Brasileiros (IEB-USP)
Unidade Especial de Informação e Memória – (UEIM-UFSCar)

Referências bibliográficas

Adhemar de Barros e o Estado moderno. 2ª. ed. São Paulo: Publicações Populares da SERP, 1949.

ALBERTI, Verena e PEREIRA, Amilcar Araujo (Orgs.). *Histórias do movimento negro no Brasil: depoimentos ao CPDOC.* Rio de Janeiro: Pallas; CPDOC--FGV, 2007.

ALBERTO, Paulina L. *Terms of inclusion: black intellectuals in twentieth-century Brazil.* Chapel Hill, N.C.: The University of North Carolina Press, 2011.

___ A Mãe Preta entre o sentimento, ciência e mito: intelectuais negros e as metáforas cambiantes de inclusão racial, 1920-1980. In: GOMES, Flávio e DOMINGUES, Petrônio (orgs.). *Políticas da raça: experiências e legados da abolição e da pós-emancipação no Brasil.* São Paulo: Selo Negro, 2014, p. 377-401.

ALVES FILHO, Francisco Rodrigues. *Um homem ameaça o Brasil: a história secreta e espantosa da "caixinha" de Ademar de Barros.* São Paulo: s/ed., 1954.

ANDRADE, Regis de Castro. "Perspectivas no estudo do populismo brasileiro". In: SILVEIRA, Ênio et all. *Encontros com a Civilização Brasileira.* Rio de Janeiro: Editora Civilização Brasileira, n. 7, 1979, p. 41-86.

ANDREWS, George Reid. "O protesto político negro em São Paulo (1888-1988)". *Estudos Afro-Asiáticos,* Rio de Janeiro, n. 21, 1991, p. 27-48.

____. Black political mobilization in Brazil, 1975-1990. In: George R. Andrews e Herrick Chapman (orgs.). *The social construction of democracy, 1870-1990.* New York University Press: New York, 1995, p. 218-240.

____. *Negros e brancos em São Paulo (1888-1988)*. Trad. Magda Lopes. Bauru, SP: EDUSC,1998.

____. *América Afro-Latina (1800-2000)*. Trad. Magda Lopes. São Carlos: EdUFSCar, 2007.

AQUINO, Maria Aparecida de et all (orgs.). *No coração das trevas: o DEOPS/SP visto por dentro*. São Paulo: Arquivo do Estado, Imprensa Oficial do Estado, 2001.

____. DEOPS/SP: visita ao centro da mentalidade autoritária. In: AQUINO, Maria Aparecida de et all (orgs.). *A constância do olhar vigilante: a preocupação com o crime político. Famílias 10 e 20*. São Paulo: Arquivo do Estado, Imprensa Oficial do Estado, 2002, p. 17-43.

ARAUJO, Maria Paula Nascimento. Lutas democráticas contra a ditadura. In: FERREIRA, Jorge; REIS, Daniel Aarão (Orgs.). *As esquerdas no Brasil*. vol. 3 (*Revolução e democracia: 1964...*). Rio de Janeiro: Civilização Brasileira, 2007, p. 321-353.

ARCHANGELO, Rodrigo. *Um bandeirante nas telas de São Paulo: o discurso ademarista em cinejornais (1947-1956)*. Dissertação (Mestrado em História Social), Faculdade de Filosofia, Letras e Ciências Humanas, Universidade de São Paulo, 2007.

ARRUDA, Maria Arminda do Nascimento. *Metrópole e cultura: São Paulo no meio do século XX*. Bauru: Edusc, 2001.

ASSUMPÇÃO, Carlos de et all. *O ano 70 da Abolição*. São Paulo: Associação Cultural do Negro, 1958 (Série Cultura Negra 1).

BACZKO, Bronislaw. Imaginação social. In: *Enciclopédia Einaudi. Anthropos-Homem*. Lisboa, Imprensa Nacional/Casa da Moeda, v. 5, 1985.

BARCELOS, Luiz Claudio. Struggling in Paradise: racial mobilization and the contemporary Black movement in Brazil. In: REICHMANN, Rebecca (ed.). *Race in contemporary Brazil: from indifference to inequality*. University Park, PA: Pennsylvania State University Press, 1999, p. 155-166.

BASTIDE, Roger. A imprensa negra do Estado de São Paulo. *Boletim da Faculdade de Filosofia, Ciências e Letras da Universidade de São Paulo. Sociologia*, São Paulo, v. CXXI, n. 2, 1951, p. 50-78.

_____. "Manifestações do preconceito de cor" e "Efeitos do preconceito de cor". BASTIDE, Roger; FERNANDES, Florestan. *Brancos e negros em São Paulo: ensaio sociológico sobre aspectos da formação, manifestações atuais e efeitos do preconceito de cor na sociedade paulistana*. 2. ed. São Paulo: Companhia Editora Nacional, 1959 [1955], p. 163-267.

BENEVIDES, Maria Victoria. *O PTB e o trabalhismo: partido e sindicato em São Paulo (1945-1964)*. São Paulo: Brasiliense; Cedec, 1989.

BERSTEIN, Serge. "A cultura política". In: RIOUX, Jean-Pierre; SIRINELLI, Jean-François (orgs.). *Para uma história cultural*. Lisboa: Estampa, 1998, p. 349-363.

BICUDO, Virgínia Leone. *Estudo de atitudes raciais de pretos e mulatos em São Paulo*. Tese (Mestrado) – Escola Livre de Sociologia e Política de São Paulo, 1945.

BORGES, Nilson. A Doutrina de Segurança Nacional e os governos militares. In: FERREIRA, Jorge e DELGADO, Lucilia de Almeida Neves (Orgs.). *O tempo da ditadura: regime militar e os movimentos sociais em fins do século XX*. 4ª. ed. Rio de Janeiro: Civilização Brasileira, 2010, p. 13-42 (O Brasil republicano, v. 4).

BOSI, Ecléa. *Memória e sociedade: lembranças de velhos*. 3. ed. São Paulo: Companhia das Letras, 1994.

BUTLER, Kim D. *Freedoms given, freedoms won: afro-brazilians in post-abolition São Paulo and Salvador*. New Brunswick, NJ: Rutgers University Press, 1998.

BRUNO, Ernani Silva. *História e tradições da cidade de São Paulo*. vol. III, 4ª. ed. São Paulo: Hucitec, 1991.

CABRAL, Carlos Castilho. *Adhemar, sem máscara...* Rio de Janeiro: Dep. de Imp. Nacional, 1953.

CAMPOS, Antonia Junqueira Malta. *Interfaces entre sociologia e processo social: a integração do negro na sociedade de classes e a pesquisa Unesco em São Paulo*. Campinas, Dissertação (Mestrado), Universidade de Campinas, 2014.

CANNABRAVA FILHO, Paulo. *Adhemar de Barros: trajetória e realizações*. São Paulo: Terceiro Nome, 2004.

CARNEIRO, Maria Luiza Tucci (org.). *São Paulo: metrópole das utopias – Histórias de repressão e resistência no arquivo do Deops*. São Paulo: Lazuli; Companhia Editora Nacional, 2009.

CARONE, Edgard. *Movimento operário no Brasil (1945-1964)*. Vol. II. São Paulo: Difel, 1981.

CARVALHO, José Murilo de. *Cidadania no Brasil: o longo caminho*. 8. ed. Rio de Janeiro: Civilização Brasileira, 2006.

CHALHOUB, Sidney e SILVA, Fernando Teixeira da. Sujeitos no imaginário acadêmico: escravos e trabalhadores na historiografia brasileira desde os anos 1980. *Cadernos AEL*, Campinas, Unicamp, v. 14, n. 26, 2009, p. 15-45.

CICALO, André. Campos do pós-abolição: identidades laborais e experiência 'negra' entre os trabalhadores do café no Rio de Janeiro (1931-1964). *Revista Brasileira de História*, v. 35, n. 69, 2015, p. 101-130.

CONTINS, Marcia. *Lideranças negras*. Rio de Janeiro: Aeroplano, 2005.

COSTA, Haroldo. *Fala crioulo*. Rio de Janeiro: Record, 1982.

COTA, Luiza Cristina Villaméa. *Adhemar de Barros (1901-1969): a origem do "rouba, mas faz"*. Dissertação (Mestrado em História), FFLCH-USP, São Paulo, 2008.

COTTROL, Robert J. *The long, lingering shadow: slavery, race and law in the American hemisphere*. Athens, GA: University of Georgia Press, 2013.

COUTO, Ari Marcelo Macedo. *Adhemar de Barros: práticas e tensões políticas no poder*. São Paulo: Educ, 2009.

COVIN, David. *The Unified Black Movement in Brazil (1978-2002)*. Jefferson, NC: McFarland & Company, 2006.

CUNHA, Olívia Maria Gomes de. Depois da festa: movimentos negros e políticas de identidade no Brasil. In: ESCOBAR, Arturo; DANIGNO, Evelina e ALVAREZ, Sonia E. (orgs.). *Cultura e política nos movimentos sociais latino-americanos: novas leituras*. Belo Horizonte: Ed. UFMG, 2000, p. 333-380.

DARTON, Robert. "Os esqueletos no armário: como os historiadores brincam de ser Deus". In: ____ *Os dentes falsos de George Washington: um guia não convencial para o século XVIII*. São Paulo: Companhia das Letras, 2005, p. 179-200.

DAVIS, Darién J. The arquivos das polícias políticas of the State of Rio de Janeiro. *Latin American Research Review*, v. 31, n. 1, 1996, p. 99-104.

DEBERT, Guita Grin. *Ideologia e populismo: A. de Barros*, M. Arraes, C. Lacerda, L. Brizola. São Paulo: T. A. Queiroz, 1979.

DELGADO, Lucília de Almeida Neves. Trabalhismo, nacionalismo e desenvolvimentismo: um projeto para o Brasil (1945-1964). In: FERREIRA, Jorge (org.). *O populismo e sua história: debate e crítica*. Rio de Janeiro: Civilização Brasileira, 2001, p. 167-203.

DOIMO, Ana Maria. *A vez e a voz do popular: movimentos sociais e participação política no Brasil pós-70*. Rio de Janeiro: Relume-Dumará; ANPOCS, 1995.

DOMINGUES, Petrônio. Movimento negro brasileiro: alguns apontamentos históricos. *Tempo*, Departamento de História-UFF, Rio de Janeiro, n. 23, 2007, p. 113-135.

____. *A nova abolição*. São Paulo: Selo Negro, 2008.

DUARTE, Adriano Luiz. "Em busca de um lugar no mundo": movimentos sociais e política na cidade de São Paulo nas décadas de 1940-1950. *Estudos Históricos*. Rio de Janeiro, vol. 21, n. 42, 2008, p. 195-219.

____; FONTES, Paulo. O populismo visto da periferia: adhemarismo e janismo nos bairros da Mooca e São Miguel Paulista, 1947-1953. *Cadernos AEL*, Campinas, v. 11, n. 20/21, 2004, p. 87-122.

FAUSTO, Boris. A vida política. In: GOMES, Angela de Castro (Org.). *História do Brasil nação*. Rio de Janeiro: Objetiva, 2012 (Olhando para dentro 1930-1964, v. 4), p. 91-141.

____. *O crime do restaurante chinês: carnaval, futebol e justiça na São Paulo dos anos 30*. São Paulo: Companhia das Letras, 2009.

FERNANDES, Florestan. Representações coletivas sobre o negro: o negro na tradição oral. In: ____ *O negro no mundo dos brancos*. São Paulo: Difel, 1972, p. 201-216.

____. *A integração do negro na sociedade de classes*. vol. 2 (No limiar de uma nova era). 3. ed. São Paulo: Ática, 1978.

FERRARA, Miriam Nicolau. *A imprensa negra paulista (1915-1963)*. São Paulo: Ed. FFLCH-USP, 1986. (Série Antropologia, 13).

FERREIRA, Jorge. O nome e a coisa: o populismo na política brasileira. In: FERREIRA, Jorge (org.). *O populismo e sua história: debate e crítica*. Rio de Janeiro: Civilização Brasileira, 2001, p. 59-124.

___ e DELGADO, Lucilia de Almeida Neves (Orgs.). *O tempo da experiência democrática: da democratização de 1945 ao golpe civil-militar de 1964*. Rio de Janeiro: Civilização Brasileira, 2003 (O Brasil republicano, v. 3).

FICO, Carlos. *Como eles agiam: os subterrâneos da Ditadura Militar: espionagem e polícia política*. Rio de Janeiro: Record, 2001.

___ *Além do golpe: versões e controvérsias sobre 1964 e a ditadura militar*. Rio de Janeiro: Record, 2004.

FIGUEIREDO, Anna Cristina Camargo Moraes. *"Liberdade é uma calça velha, azul e desbotada": publicidade, cultura de consumo e comportamento político no Brasil (1954-1964)*. São Paulo: Hucitec, 1998.

FLORES, Elio Chaves. "Jacobinismo negro: lutas políticas e práticas emancipatórias (1930-1964)". In: FERREIRA, Jorge; REIS, Daniel Aarão (Orgs.). *As esquerdas no Brasil*. vol. 1 (A formação das tradições: 1889-1945). Rio de Janeiro: Civilização Brasileira, 2007, p. 493-537.

FLORINDO, Marcos Tarcísio. *O serviço reservado da Delegacia de Ordem Política e Social de São Paulo na Era Vargas*. São Paulo: Editora Unesp, 2006.

FONTANA, Celso. *Os negros na assembléia dos brancos*. São Paulo: Alesp, 2007.

FONTES, Paulo. *Um Nordeste em São Paulo: trabalhadores migrantes em São Miguel Paulista (1945-66)*. Rio de Janeiro: Fundação Getúlio Vargas, 2008.

____. Trabalhadores e associativismo urbano no governo Jânio Quadros em São Paulo (1953-1954). *Revista Brasileira de História*, v. 33, n. 66, 2013, p. 71-94.

FORTES, Alexandre. O Estado Novo e os trabalhadores: a construção de um corporativismo latino-americano. *Locus: Revista de História*. Juiz de Fora, v. 13, n. 2, 2007, p. 61-86.

____ et all. *Na luta por direitos: estudos recentes em História Social do Trabalho*. Campinas, SP: Editora da Unicamp, 1999.

____. *Formação de classe e participação política: E. P. Thompson e o populismo*. Anos 90. Porto Alegre, v. 17, n. 31, 2010, p. 173-195.

____ et all (orgs.). *Cruzando fronteiras: novos olhares sobre a história do trabalho*. São Paulo: Ed. Perseu Abramo, 2013.

FREDRICKSON, George M. *The comparative imagination: on the history of racism, nationalism, and social movements*. Berkeley: The University of California Press, 1997.

FRENCH, John D. Workers and the rise of adhemarista populism in São Paulo, Brazil, 1945-1947. *The Hispanic American Historical Review*. Durham, v. 68, n. 1, 1988, p. 1-43.

____. *O ABC dos operários: conflitos e alianças de classe em São Paulo, 1900-1950*. São Paulo: Hucitec; São Caetano do Sul: Prefeitura Municipal de São Caetano do Sul, 1995.

FREYRE, Gilberto. A escravidão, a monarquia e o Brasil moderno. *Revista Brasileira de Estudos Políticos*, Belo Horizonte, v. 1, n. 1, 1956, p. 39-48.

____. O fator racial na política contemporânea. *Ciência & Trópico*, Recife, v. 10, n. 1, 1982, p. 19-36.

GASPARI, Elio. *A ditadura acabada*. Rio de Janeiro: Instrínseca, 2016.

GERTZ, René Ernaini e BAUER, Caroline Silveira. Arquivos de regimes repressivos: fontes sensíveis da história recente. In: LUCA, Tania Regina de; PINSKY, Carla Bassanezi (orgs.). *O historiador e suas fontes*. São Paulo: Contexto, 2009, p. 173-193.

GIACOMINI, Sonia Maria. *A alma da festa: família, etnicidade e projetos num clube social da Zona Norte do Rio de Janeiro – o Renascença Clube*. Belo Horizonte: Ed. UFMG, 2006.

GILROY, Paul. *'There Ain't no Black in the Union Jack': the cultural politics of race and nation*. Chicago: The University of Chicago Press, 1991.

____. *O Atlântico negro*: modernidade e dupla consciência. São Paulo: Editora 34, 2001.

GINZBURG, Carlo. "Sinais: raízes de um paradigma indiciário". GINZBURG, Carlo. *Mitos, emblemas, sinais: morfologia e história*. Trad. Federico Carotti. São Paulo: Companhia das Letras, 1989, p. 143-179.

____. *O queijo e os vermes: o cotidiano e as idéias de um moleiro perseguido pela Inquisição*. Trad. Maria Betânia Amoroso. 3. ed. São Paulo: Companhia das Letras, 2002.

____. "Micro-história: duas ou três coisas que sei a respeito". GINZBURG, Carlo. *O fio e os rastros*: verdadeiro, falso, fictício. Trad. Rosa Freire d'Aguiar e Eduardo Brandão. São Paulo: Companhia das Letras, 2007, p. 249-279.

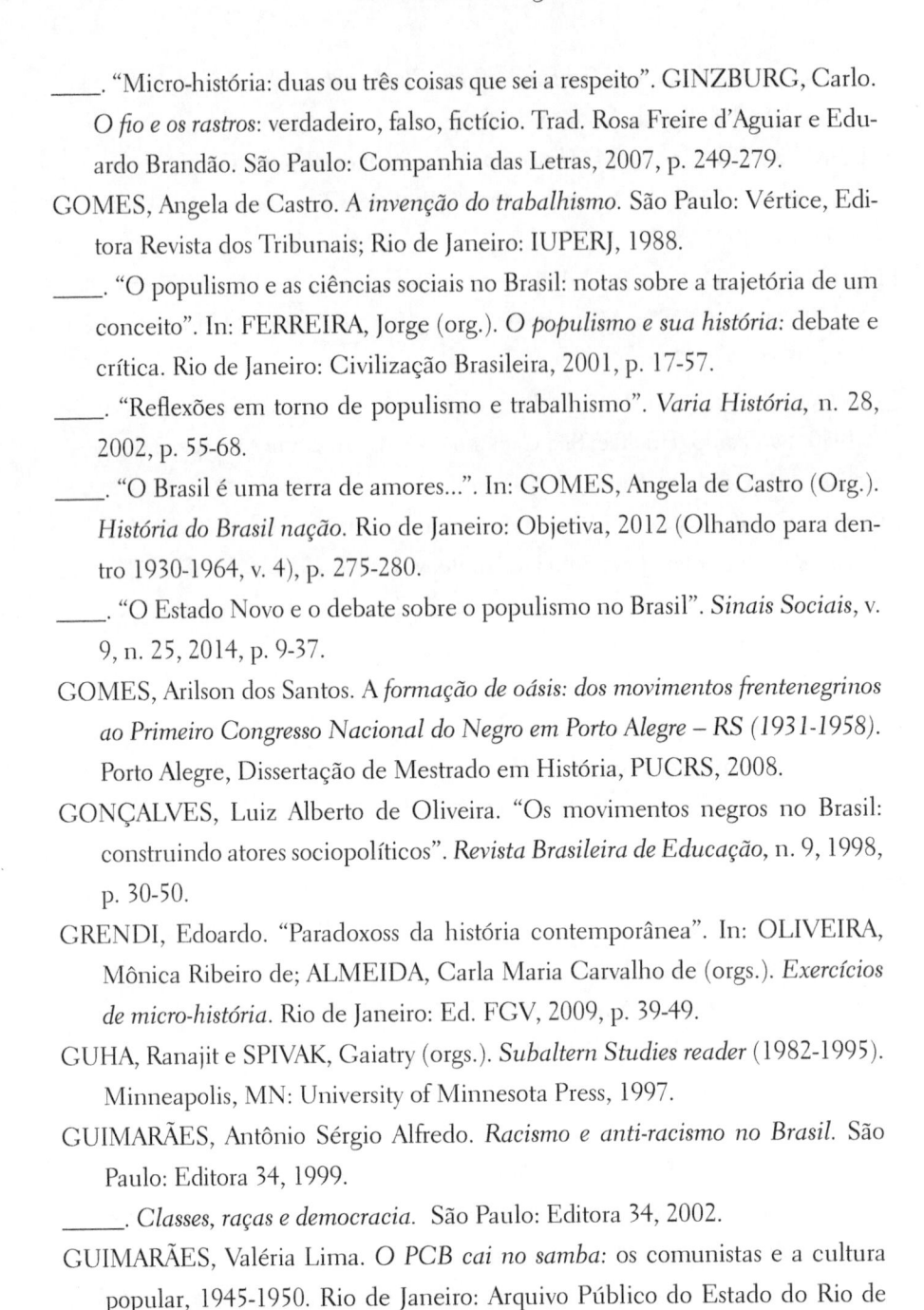

GOMES, Angela de Castro. *A invenção do trabalhismo*. São Paulo: Vértice, Editora Revista dos Tribunais; Rio de Janeiro: IUPERJ, 1988.

____. "O populismo e as ciências sociais no Brasil: notas sobre a trajetória de um conceito". In: FERREIRA, Jorge (org.). *O populismo e sua história*: debate e crítica. Rio de Janeiro: Civilização Brasileira, 2001, p. 17-57.

____. "Reflexões em torno de populismo e trabalhismo". *Varia História*, n. 28, 2002, p. 55-68.

____. "O Brasil é uma terra de amores...". In: GOMES, Angela de Castro (Org.). *História do Brasil nação*. Rio de Janeiro: Objetiva, 2012 (Olhando para dentro 1930-1964, v. 4), p. 275-280.

____. "O Estado Novo e o debate sobre o populismo no Brasil". *Sinais Sociais*, v. 9, n. 25, 2014, p. 9-37.

GOMES, Arilson dos Santos. *A formação de oásis: dos movimentos frentenegrinos ao Primeiro Congresso Nacional do Negro em Porto Alegre – RS (1931-1958)*. Porto Alegre, Dissertação de Mestrado em História, PUCRS, 2008.

GONÇALVES, Luiz Alberto de Oliveira. "Os movimentos negros no Brasil: construindo atores sociopolíticos". *Revista Brasileira de Educação*, n. 9, 1998, p. 30-50.

GRENDI, Edoardo. "Paradoxoss da história contemporânea". In: OLIVEIRA, Mônica Ribeiro de; ALMEIDA, Carla Maria Carvalho de (orgs.). *Exercícios de micro-história*. Rio de Janeiro: Ed. FGV, 2009, p. 39-49.

GUHA, Ranajit e SPIVAK, Gaiatry (orgs.). *Subaltern Studies reader* (1982-1995). Minneapolis, MN: University of Minnesota Press, 1997.

GUIMARÃES, Antônio Sérgio Alfredo. *Racismo e anti-racismo no Brasil*. São Paulo: Editora 34, 1999.

____. *Classes, raças e democracia*. São Paulo: Editora 34, 2002.

GUIMARÃES, Valéria Lima. *O PCB cai no samba*: os comunistas e a cultura popular, 1945-1950. Rio de Janeiro: Arquivo Público do Estado do Rio de Janeiro, 2009.

HALL, Stuart. *Da diáspora*: identidades e mediações culturais. Trad. Adelaine La Guardiã Resende et all. Belo Horizonte: Ed. UFMG; Brasília: Representação da UNESCO no Brasil, 2003.

HAMMOND, Harley Ross. "Race, social mobility and politics in Brazil". *Race*, vol. 4, n. 2, 1963, p. 3-13.

HANCHARD, Michael. *Orfeu e o poder*: movimento negro no Rio de Janeiro e São Paulo (1945-1988). Rio de Janeiro: EdUERJ, 2001.

___. *Party/Politics*: horizons in black political thought. New York: Oxford University Press, 2006.

HASENBALG, Carlos A. "Raça e política no Brasil". *Discriminação e desigualdades raciais no Brasil*. Trad. Patrick Burglin. São Paulo: Edições Graal, 1979, p. 223-260.

HAYASHI, Marli Guimarães. *A gênese do ademarismo* (1938-1941). Dissertação (Mestrado em História), FFLCH-USP, São Paulo, 1996.

HECKER, Alexandre. *Socialismo sociável*: história da esquerda democrática em São Paulo (1945-1965). São Paulo: Editora Unesp, 1998.

HOLSTON, James. *Cidadania insurgente*: disjunções da democracia e da modernidade no Brasil. São Paulo: Companhia das Letras, 2013.

HUNT, Lynn (org.). *A nova história cultural*. Trad. Jefferson Luiz Camargo. 2 ed. São Paulo: Martins Fontes, 2001.

IANNI, Octavio. *O colapso do populismo no Brasil*. 5 ed. Rio de Janeiro: Civilização Brasileira, 1994 [1968].

IORIS, Rafael R. 'Fifty years in five' and what's in it for us? Development promotion, populism, industrial workers and carestia in 1950s Brazil. *Journal of Latin Americans Studies*, v. 44, n. 2, 2012, p. 261-284.

___. *Transforming Brazil*: a history of national development in the Postwar Era. New York: Routledge, 2014.

JAMES, Daniel e John D. French. "Pensar a América Latina: entrevista de Daniel James e John D. French". In: FORTES, Alexandre et all. *Na luta por direitos*: estudos recentes em História Social do Trabalho. Campinas, SP: Editora Unicamp, 1999, p. 181-210.

JESUS, Carolina Maria de. *Quarto de despejo*: diário de uma favelada. 8 ed. São Paulo: Ática, 1999.

____. *Antologia pessoal*. Organização de José Carlos Sebe Bom Meihy. Rio de Janeiro: Editora UFRJ, 1996.

KAREPOVS, Dainis e MARQUES NETO, José Castilho. "Os trotskistas brasileiros e suas organizações políticas (1930-1966)". In: RIDENTI, Marcelo e REIS FILHO, Daniel Aarão (Orgs.). *História do marxismo no Brasil*: partidos e organizações dos anos 20 aos 60. vol. V, Campinas: Ed. Unicamp, 2002, p. 103-55.

KELLEY, Robin D. G. *Race rebels*: culture, politics, and the Black Working Class. New York: The Free Press, 1994.

____. *Freedom dreams*: the black radical imagination. Boston: Beacon Press, 2002.

KENNEDY, James H. "Political liberalization, black consciousness, and recent afro-brazilian literature". *Phylon*, v. 47, n. 3, 1986, p. 199-209.

KOSSLING, Karin Sant'Anna. *As lutas anti-racistas de afro-descendentes sob vigilância do DEOPS/SP (1964-1983)*. Dissertação (Mestrado) – Universidade de São Paulo – Faculdade de Filosofia, Letras e Ciências Humanas, 2007.

____. Vigilância e repressão aos movimentos negros (1964-1983). In: GOMES, Flávio e DOMINGUES, Petrônio (orgs.). *Experiências da emancipação*: biografias, instituições e movimentos sociais no pós-abolição (1890-1980). São Paulo: Selo Negro, 2011, p. 287-307.

KWARK, Gabriel. *O trevo e a vassoura*: os destinos de Jânio Quadros e Ademar de Barros. São Paulo: A Girafa, 2006.

LAMOUNIER, Bolívar. "Raça e classe na política brasileira". *Cadernos Brasileiros*, Rio de Janeiro, n. 47, 1968, p. 39-50.

LEAL, Murilo. *À esquerda da esquerda*: trotskistas, comunistas e populistas no Brasil contemporâneo (1952-1966). São Paulo: Paz e Terra, 2004.

LEITE, José Correia. *...E disse o velho militante José Correia Leite*: depoimentos e artigos. Organizado por Cuti. São Paulo: Secretaria Municipal da Cultura, 1992.

LEVINE, Robert M. *Pai dos pobres?: o Brasil e a era Vargas*. Trad. Anna de Barros Barreto. São Paulo: Companhia das Letras, 2001.

LOPES, Maria Aparecida de Oliveira. *História e memória do negro em São Paulo: efemérides, símbolos e identidade (1945-1978)*. Tese (Doutorado) – Universidade do Estado de São Paulo, 2007.

LOVATO, Amilton. *Adhemar: fé em Deus e pé na tábua*. São Paulo: Geração, 2014.

LOVE, Joseph L. *A locomotiva*: São Paulo na Federação brasileira. Rio de Janeiro: Paz e Terra, 1982.

MAGALHÃES, Marionilde Dias Brepohl de. "A lógica da suspeição: sobre os aparelhos repressivos à época da ditadura". *Revista Brasileira de História*, v. 17, n. 34, 1997, p. 203-220.

MAIO, Marcos Chor. *A história do Projeto Unesco: estudos raciais e ciências sociais no Brasil*. Rio de Janeiro, Tese (Doutorado em Ciência Política), Instituto Universitário de Pesquisas do Rio de Janeiro (Iuperj), 1997.

MARCONDES, José Vicente Freitas. "Aspectos do trabalho e do lazer em São Paulo". In: ____; PIMENTEL, Osmar. *São Paulo: espírito, povo, instituições*. São Paulo: Pioneira, 1968.

MARTINS, José de Souza. O migrante brasileiro na São Paulo estrangeira. In: PORTA, Paula (org.). *História da cidade de São Paulo: a cidade de São Paulo na primeira metade do século XX (1890-1954)*. vol. 3. São Paulo: Paz e Terra, 2004, p. 153-213.

MATTOS, Marcelo Badaró. Greves, sindicatos e repressão policial no Rio de Janeiro (1954-1964). *Revista Brasileira de História*, v. 24, n. 47, 2004, p. 241-270.

____ et all. *Greves e repressão policial ao sindicalismo carioca, 1945-1964*. Rio de Janeiro: APERJ, 2003.

____. *Trabalhadores e sindicatos no Brasil*. 2ª. ed. São Paulo: Expressão Popular, 2009.

MAUÉS, Maria Angélica Motta. "Adivinhe quem não veio ao Congresso? Raça e cidadania na imprensa negra paulista". In: QUINTAS, Fátima (Org.). *O negro: identidade e cidadania. Anais do IV Congresso Afro-Brasileiro*. Vol. 2. Recife: FUNDAJ, 1995, p. 140-157.

_____. *Negro sobre negro: a questão racial no pensamento das elites negras brasileiras*. Rio de Janeiro, Tese (Doutorado em Sociologia), Instituto Universitário de Pesquisas do Rio de Janeiro (IUPERJ), 1997.

_____. Negros em bailes de negros: sociabilidade e ideologia racial no meio negro em Campinas (1950-1960). *Revista de Antropologia (USP)*. São Paulo, v. 52, 2010, p. 705-734.

MELLO, Marina. *Não somos africanos somos brasileiros: identidade nos jornais do povo negro e imigrantes*. São Paulo: Annablume, 2014.

MENDONÇA, Eliana Rezende Furtado de. "Documentação da polícia política do Rio de Janeiro". *Estudos Históricos*, Rio de Janeiro, v. 12, n. 22, 1998, p. 379-388.

MITCHELL, Michael. *Racial consciousness and the political attitudes and behavior of blacks in São Paulo, Brazil*. Dissertação (Ph.D.) - Universidade de Indiana, 1977.

_____. Blacks and the Abertura Democrática. In: FONTAINE, Pierre-Michel. *Race, class, and power in Brazil*. Los Angeles: Center for Afro-American Studies, UCLA, 1985, p. 95-119.

_____. Os movimentos sociais negros na Era Vargas. In: GOMES, Flávio e DOMINGUES, Petrônio. *Experiências da emancipação: biografias, instituições e movimentos sociais no pós-abolição (1890-1980)*. São Paulo: Selo Negro, 2011, p. 185-202.

MONTENEGRO, Antônio Torres. Ligas Camponesas e sindicatos rurais em tempo de revolução. In: FERREIRA, Jorge e DELGADO, Lucilia de Almeida Neves (Orgs.). *O tempo da experiência democrática: da democratização de 1945 ao golpe civil-militar de 1964*. Rio de Janeiro: Civilização Brasileira, 2003, p. 241-71 (O Brasil republicano, v. 3).

MONTES, Maria Lúcia. "O discurso populista ou caminhos cruzados". In: MELO, José Marques de (coord.). *Populismo e comunicação*. São Paulo: Cortez, 1981, p. 61-75.

MOORE, Zelbert L. Out of the shadows: Black and Brown struggles for recognition and dignity in Brazil, 1964-1985. *Journal of Black Studies*, vol. 19, n. 4, 1989, p. 394-410.

MORAES, Maria Blassioli. "Adhemar de Barros, o líder populista, e a política nacional através do DEOPS". In: AQUINO, Maria Aparecida de; MATTOS, Marco Aurélio Vannucchi Leme de; MORAES, Maria Blassioli de; SWENSSON JR., Walter Cruz. *A constância do olhar vigilante: a preocupação com o crime político. Famílias 10 e 20.* São Paulo: Arquivo do Estado, Imprensa Oficial do Estado, 2002, p. 63-108.

MOREIRA, Renato Jardim. "Brancos em bailes de negros". *Anhembi*. São Paulo, v. 24, n. 71, 1956, p. 274-288.

MORENO, Júlio. *Memórias de Armandinho do Bixiga*. São Paulo: Ed. SENAC, 1996.

MORSE, Richard. "The negro in São Paulo – Brazil". *Journal of Negro History*, v. 38, n. 3, 1953, p. 290-306.

MOTTA, Rafael. *Tarquínio* – começar de novo. Santos: Ed. Leopoldianum, 2012.

MOTTA, Rodrigo Patto Sá. "O MDB e as esquerdas". In: FERREIRA, Jorge; REIS, Daniel Aarão (Orgs.). *As esquerdas no Brasil*. vol. 3 (Revolução e democracia: 1964...). Rio de Janeiro: Civilização Brasileira, 2007, p. 283-302.

___ et all. "República, polícia e direito à informação: os arquivos do DOPS/MG". *Varia História*. Belo Horizonte, UFMG, n. 29, 2003, p. 126-153.

___ e REIS, Daniel Aarão; RIDENTI, Marcelo (Orgs.). *A ditadura que mudou o Brasil:* 50 anos do golpe de 1964. Rio de Janeiro: Jorge Zahar, 2014.

MOURA, Clóvis. Organizações negras. In: SINGER, Paulo; BRANT, Vinicius Caldeira (Orgs.). *São Paulo:* o povo em movimento. Petrópolis: Vozes : CEBRAP, 1980, p. 157-159.

MUNANGA, Kabengele. "A redemocratização de 1945 e a crise do mito de democracia racial: uma vista panorâmica". In: SALGUEIRO, Maria Aparecida Andrade. *A República e a questão do negro no Brasil*. Rio de Janeiro: Museu da República, 2005, p. 131-140.

NAPOLITANO, Marcos. "Forjando a revolução, remodelando o mercado: a arte engajada no Brasil (1956-1968)". In: FERREIRA, Jorge; REIS, Daniel Aarão (Orgs.). *As esquerdas no Brasil*. vol. 2 (Nacionalismo e reformismo: 1945-1964). Rio de Janeiro: Civilização Brasileira, 2007, p. 585-617.

___ *1964*: história do regime militar brasileiro. São Paulo: Contexto, 2014.

NASCIMENTO, Maria Emilia do. A *estratégia da desigualdade*: o movimento negro dos anos 70. Dissertação (Mestrado) – Pontifícia Universidade Católica, São Paulo, 1989.

NEGRO, Antonio Luigi. "Paternalismo, populismo e história social". *Cadernos AEL*, Campinas, v. 11, n. 20/21, 2004, p. 9-37.

_____. *Linhas de montagem*: o industrialismo nacional-desenvolvimentista e a sindicalização dos trabalhadores, 1945-1978. São Paulo: Boitempo, 2004a.

_____ e SILVA, Fernando Teixeira da. "Trabalhadores, sindicatos e política (1945-1964)". In: FERREIRA, Jorge e DELGADO, Lucilia de Almeida Neves (Orgs.). *O tempo da experiência democrática*: da democratização de 1945 ao golpe civil-militar de 1964. Rio de Janeiro: Civilização Brasileira, 2003, p. 47-96 (O Brasil republicano, v. 3).

NEGRÃO, Lísias. *Entre a cruz e a encruzilhada*: formação do campo umbandista em São Paulo. São Paulo: Edusp, 1996.

NOGUEIRA, Oracy. "Atitude desfavorável de alguns anunciantes de São Paulo em relação aos empregados de cor". *Revista de Sociologia*, São Paulo, n. 4, 1942, p. 328-58.

_____. *Preconceito de marca*: as relações raciais em Itapetininga. São Paulo: Edusp, 1998.

OLIVEIRA, Eduardo de. *A cólera dos generosos*: retrato da luta do negro para o negro. São Paulo: Sonda/Meca, 1988.

OLIVEIRA, Kimberly F. Jones de. "The politics of culture or the culture of politics: afro-brazilian mobilization, 1920-1968". *Journal of Third Word Studies*, v. 20, n. 1, 2003, p. 103-120.

PAOLI, Maria Célia e DUARTE, Adriano. "São Paulo no plural: espaço público e redes de sociabilidade". In: PORTA, Paula (org.). *História da cidade de São Paulo*: a cidade de São Paulo na primeira metade do século XX (1890-1954). vol. 3. São Paulo: Paz e Terra, 2004, p. 53-99.

PANDOLFI, Dulce Chaves. "Voto e participação política nas diversas repúblicas do Brasil". In: GOMES, Angela de Castro; PANDOLFI, Dulce Chaves; ALBERTI, Verena (orgs.). *A República no Brasil*. Rio de Janeiro: Nova Fronteira, 2002, p. 65-115.

PEREIRA, Amilcar Araujo. *O "mundo negro"*: relações raciais e a constituição do movimento negro contemporâneo no Brasil. Rio de Janeiro: Pallas/Faperj, 2013.

PEREIRA, Flávia Alessandra de Souza. *Poder local e representação política: negros e imigrantes no interior paulista (um estudo sobre o município de Rio Claro)*. Dissertação (Mestrado) – Centro de Educação e Ciências Humanas, Universidade Federal de São Carlos, 2004.

____. *Organizações e espaços da raça no Oeste paulista: movimento negro e poder local (dos anos 1930 aos anos 1960)*. São Carlos, Tese (Doutorado) – Centro de Educação e Ciências Humanas, Universidade Federal de São Carlos, 2008.

PEREIRA, João Baptista Borges. "Aspectos do comportamento político do negro em São Paulo". *Ciência e Cultura*, São Paulo, v. 34, n. 10, 1982, p. 1286-1294.

____. "Parâmetros ideológicos do projeto político de negros em São Paulo: um ensaio da antropologia política". *Revista do Instituto de Estudos Brasileiros*, São Paulo, n. 24, p. 53-61, 1982a.

____. "Trajetória e identidade do negro em São Paulo". In: ZANINI, Maria Catarina C. (org.). *Porque "raça"? Breves reflexões sobre a questão racial no cinema e na antropologia*. Santa Maria: Ed. UFSM, 2007, p. 87-100.

PEREIRA, Sandra Godinho Maggessi. *Vozes afro-caxienses: ecos político-culturais dos movimentos de resistência negra em Duque de Caxias (1949-1968)*. Vassouras/RJ, Dissertação (Mestrado) – Universidade Severino Sombra, 2006.

PEREIRA NETO, Murilo Leal. *A reinvenção da classe trabalhadora (1953-1964)*. Campinas, SP: Ed. Unicamp, 2011.

____. "O populismo 'visto de baixo'– Metalúrgicos e têxteis em São Paulo e Sorocaba: 1953-1964". In: ANDRADE, Everaldo de Oliveira e SOUZA, Luiz Eduardo Simões (orgs.). *Os sentidos da violência na História*. São Paulo: LCTE Editora, 2007, p. 27-47.

PINTO, Elisabete Aparecida. *Etnicidade, gênero e educação: a trajetória de vida de Da. Laudelina de Campos Mello (1904-1991)*. Campinas, Dissertação (Mestrado) – Universidade Estadual de Campinas, 1993.

PINTO, Luiz de Aguiar Costa. *O negro no Rio de Janeiro*: relações de raças numa sociedade em mudança. 2ª. ed. Rio de Janeiro: Ed. UFRJ, 1998 [1952].

PINTO, Regina Pahim. *O movimento negro em São Paulo: luta e identidade*. São Paulo, Tese (Doutorado) – Universidade de São Paulo, 1993a.

PIRES, Antônio Liberac Cardoso Simões. *As associações de homens de cor e a imprensa negra paulista*. Belo Horizonte: Daliana – MEC/SESU/Secad – Neab/UFT, 2006.

POMAR, Pedro Estevam da Rocha. *A democracia intolerante: Dutra, Ademar e a repressão do Partido Comunista (1946-1950)*. São Paulo: Arquivo do Estado/ Imprensa Oficial do Estado, 2002.

QUEIROZ, Maria Isaura Pereira de. Coletividades negras: ascensão sócio-econômica dos negros no Brasil e em São Paulo. *Ciência e Cultura*, São Paulo, v. 29, n. 6, 1977, p. 647-663.

RAGO, Margareth. A invenção do cotidiano na metrópole: sociabilidade e lazer em São Paulo, 1900-1950. In: PORTA, Paula (org.). *História da cidade de São Paulo: a cidade de São Paulo na primeira metade do século XX (1890-1954)*. vol. 3. São Paulo: Paz e Terra, 2004, p. 387-435.

REEVE, Richard Penn. Race and social mobility in a Brazilian Industrial Town. *Luso-Brazilian Review*, v. 14, n. 2, 1977, p. 236-253.

REIS FILHO, Daniel Aarão. "A maldição do populismo". *Linha Direta*. São Paulo, n. 330, 1997, p. 6-7.

____. O colapso do colapso do populismo ou a propósito de uma herança maldita. In: FERREIRA, Jorge (org.). *O populismo e sua história: debate e crítica*. Rio de Janeiro: Civilização Brasileira, 2001, p. 319-377.

____. "Estado e trabalhadores: o populismo em questão". *Locus: Revista de História*. Juiz de Fora, v. 13, n. 2, 2007, p. 87-108.

REVEL, Jacques. A história ao rés-do-chão. In: LEVI, Giovanni. *A herança imaterial: trajetória de um exorcista no Piemonte do século XVII*. Trad. Cynthia Marques de Oliveira. Rio de Janeiro: Civilização Brasileira, 2000, p. 7-37.

REZNIK, Luís. *Democracia e segurança nacional*: a polícia política no pós-guerra. Rio de Janeiro: Editora FGV, 2004.

RICARDO, Arleandra de Lima. *O DOPS em Pernambuco no período de 1945 a 1956: autocracia em tempos de "democracia"?* Dissertação de Mestrado, Pontifícia Universidade Católica, São Paulo, 2009.

RIDENTI, Marcelo. "Brasil, anos 1960: povo, nação, revolução" e "A grande família comunista nos movimentos culturais dos anos 1960". In: RIDENTI, Marcelo. *Em busca do povo brasileiro*: artistas da revolução, do CPC à era da TV. 2ª ed. São Paulo: Editora Unesp, 2014, p. 7-118.

RIOS, Ana Maria Lugão e MATTOS, Hebe Maria. *Memórias do cativeiro: família, trabalho e cidadania no pós-abolição*. Rio de Janeiro: Civilização Brasileira, 2005.

RIOS, Flavia Mateus. *Elite política negra no Brasil: relação entre movimento social, partidos políticos e Estado.* Tese (Doutorado) – Universidade de São Paulo, São Paulo, 2014.

RIOUX, Jean-Pierre. A associação em política. In: René Rémond (org.). *Por uma história política*. Trad. Dora Rocha. 2 ed. Rio de Janeiro: Ed. FGV, 2003, p. 99-139.

RODRIGUES, Lopes. *Adhemar de Barros perante a nação*. São Paulo: Ed. Piratininga, 1954.

SADER, Eder. *Quando novos personagens entraram em cena: experiências, falas e lutas dos trabalhadores da Grande São Paulo, 1970-80*. Rio de Janeiro: Paz e Terra, 1988.

SAES, Flávio. São Paulo republicana: vida econômica. PORTA, Paula (org.). *História da cidade de São Paulo: a cidade de São Paulo na primeira metade do século XX (1890-1954)*. vol. 3. São Paulo: Paz e Terra, 2004, p.215-257.

SALGUEIRO, Maria Aparecida Andrade (org.). *A república e a questão do negro no Brasil*. Rio de Janeiro: Museu da República, 2005.

SALZANO, Erlindo. *A campanha de 50*: aliança Adhemar e Getúlio. São Paulo: Editora das Américas, s.d.

SAMPAIO, Regina. *Adhemar de Barros e o PSP*. São Paulo: Global, 1982.

SANTANA, Edgard Theotonio. *Relações entre pretos e brancos em São Paulo*: estudo de cooperação à UNESCO. São Paulo: Ed. do Autor, 1951.

SANTANA, Marco Aurélio e SILVA, Fernando Teixeira da. "O equilibrista e a política: o 'Partido da Classe Operária' (PCB) na democratização (1945-1964)".

In: FERREIRA, Jorge; REIS, Daniel Aarão (Orgs.). *As esquerdas no Brasil. vol. 2 (Nacionalismo e reformismo: 1945-1964)*. Rio de Janeiro: Civilização Brasileira, 2007, p. 101-140.

SANTOS, Joel Rufino dos. *Carolina Maria de Jesus: uma escritora improvável*. Rio de Janeiro: Garamond, 2009.

SANTOS, Ivair Augusto Alves dos. *Movimento negro e Estado: o caso do Conselho de Participação e Desenvolvimento da Comunidade Negra (1983-1987)*. São Paulo: Prefeitura Municipal de São Paulo; Coordenadoria dos Assuntos da População Negra, 2007.

SCHWARTZMAN, Simon (Org.). "Que é o ademarismo". In: *O pensamento nacionalista e os "Cadernos de Nosso Tempo"*. Brasília: UnB, 1981, p. 23-30.

SCOTT, James C. *A dominação e a arte da resistência: discursos ocultos*. Lisboa: Letra Livre, 2013.

SEIGEL, Micol. "Mães pretas, filhos cidadãos". In: GOMES, Flávio dos Santos e CUNHA, Olívia Maria Gomes da (orgs.). *Quase-cidadão: histórias e antropologias da pós-emancipação no Brasil*. Rio de Janeiro, Editora FGV, 2007, p. 315-346.

___ *Uneven encounters: making race and nation in Brazil and The United States*. Durham, NC: Duke University Press, 2009.

SERBIN, Kenneth P. *Diálogos na sombra: bispos e militares, tortura e justiça social na ditadura*. Trad. Carlos Eduardo Lins da Silva. São Paulo: Companhia das Letras, 2001.

SILVA, Fernando Teixeira da; COSTA, Hélio da. "Trabalhadores urbanos e populismo: um balanço dos estudos recentes". In: FERREIRA, Jorge (org.). *O populismo e sua história: debate e crítica*. Rio de Janeiro: Civilização Brasileira, 2001, p. 205-271.

SILVA, Francisco Carlos Teixeira da. Crise da ditadura militar e o processo de abertura política no Brasil, 1974-1985. In: FERREIRA, Jorge e DELGADO, Lucilia de Almeida Neves (Orgs.). *O tempo da ditadura: regime militar e os movimentos sociais em fins do século XX*. 4ª. ed. Rio de Janeiro: Civilização Brasileira, 2010, p. 243-282 (O Brasil republicano, v. 4).

SILVA, Joselina da. *União dos Homens de Cor (UHC): uma rede do movimento social negro, após o Estado Novo*. Rio de Janeiro, Tese (Doutorado), Universidade do Estado do Rio de Janeiro, 2005.

___ Debates e reflexões de uma rede: a construção da União dos Homens de Cor. In: GOMES, Flávio e DOMINGUES, Petrônio (orgs.). *Experiências da emancipação: biografias, instituições e movimentos sociais no pós-abolição (1890-1980)*. São Paulo: Selo Negro, 2011, p. 225-248.

SILVA, Marcos Virgílio da. *Debaixo do "Pogréssio": urbanização, cultura e experiência popular em João Rubinato e outros sambistas paulistanos (1951-1969)*. Tese de Doutorado – FAU – USP, 2011.

SILVA, Maria Aparecida Pinto. *Visibilidade e respeitabilidade: memória e luta dos negros nas associações culturais e recreativas de São Paulo (1930-1968)*. Mestrado, São Paulo, PUC, 1997.

SILVA, Marília T. Barboza da; SANTOS, Lygia. *Paulo da Portela: traço de união entre duas culturas*. Rio de Janeiro: Funarte, 1989.

SILVA, Mário Augusto Medeiros da. Fazer a história, fazer sentido: Associação Cultural do Negro (1954-1964). *Lua Nova*, São Paulo, n. 85, 2012, p. 227-273.

SINGER, Paul. Interpretação do Brasil: uma experiência histórica de desenvolvimento. In: FAUSTO, Boris (dir.). *História Geral da Civilização Brasileira*. Tomo III, vol. 4 (O Brasil republicano: economia e cultura, 1930-1964). São Paulo: Difel, p. 209-245.

SIQUEIRA, José Jorge. *Orfeu e Xangô: a emergência de uma nova consciência sobre a questão do negro no Brasil (1944-1968)*. Rio de Janeiro: Pallas, 2006.

SOIHET, Rachel. "O povo na rua: manifestações culturais como expressão de cidadania". In: FERREIRA, Jorge; DELGADO, Lucilia de Ameida Neves. *O Brasil republicano*: o tempo do nacional-estatismo do início da década de 1930 ao apogeu do Estado Novo. Rio de Janeiro: Civilização Brasileira, 2003, p. 287-321.

SOMBRA, Luiz Henrique. Departamento Federal de Segurança Pública: ruptura ou permanência? In: *DOPS: a lógica da desconfiança*. Rio de Janeiro: Secretaria de Estado da Justiça, Arquivo Público do Estado do Rio de Janeiro, 1996, p. 37-41.

SOTERO, Edilza Correia. *Representação política negra no Brasil pós-Estado Novo*. São Paulo, Tese (Doutorado) – Universidade de São Paulo, 2015.

SOUZA, Amaury de. "Raça e política no Brasil urbano". *Revista de Administração de Empresas*, Rio de Janeiro, v. 11, n. 4, 1971, p. 61-70.

SOUZA, Sérgio Luiz de. *Fluxos da alteridade: organizações negras e processos identitários no Nordeste Paulista e Triângulo Mineiro (1930-1990)*. Araraquara, Tese (Doutorado) – Faculdade de Ciências e Letras de Araraquara, Universidade Estadual Paulista, 2010.

TABAK, Fanny e TOSCANO, Moema. *Mulher e política*. Rio de Janeiro: Paz e Terra, 1982.

THOMPSON, Edward P. *Costumes em comum: estudos sobre a cultura popular tradicional*. Trad. Rosaura Eichemberg. São Paulo: Companhia das Letras, 1998.

____. *As peculiaridades dos ingleses e outros artigos* (orgs. Antonio Luigi Negro e Sergio Silva). Campinas, SP: Editora da Unicamp, 2001.

TRINDADE, Liana Salvia. O negro em São Paulo no período pós-abolicionista. In: PORTA, Paula (org.). *História da cidade de São Paulo: a cidade de São Paulo na primeira metade do século XX (1890-1954)*. vol. 3. São Paulo: Paz e Terra, 2004, p. 101-119.

VIEIRA, Margarida Luiza de Matos. O Partido Socialista Brasileiro e o marxismo (1947-1965). In: RIDENTI, Marcelo e REIS, Daniel Aarão (orgs.). *História do marxismo no Brasil: partidos e organizações dos anos 20 aos 60*. Campinas: Editora Unicamp, v. 5, 2002, p. 167-196.

WEFFORT, Francisco. Raízes sociais do populismo em São Paulo. *Revista Civilização Brasileira*, Rio de Janeiro, ano 1, n. 2, 1965, p. 39-60.

____. *O populismo na política brasileira*. 3 ed. Rio de Janeiro: Paz e Terra, 1980.

WEINSTEIN, Barbara. *(Re)formação da classe trabalhadora no Brasil (1920-1964)*. São Paulo: Cortez, 2000.

____. *The color of modernity: São Paulo and the making of race and nation in Brazil*. Durham/London: Duke University Press, 2015.

WINANT, Howard. Rethinking Race in Brazil. *Journal of Latin American Studies*, v. 24, n. 1, 1992, p. 173-192.

WOLFE, Joel. *Working women, working men: São Paulo and the rise of Brazil's industrial working class, 1900-1955*. Durham: Duke University Press, 1993.

___. Pai dos pobres ou mãe dos ricos? Getúlio Vargas, industriários e construções de classe, sexo e populismo em São Paulo, 1930-1954. *Revista Brasileira de História*, v. 14, n. 27, 1994, p. 27-60.

Alameda nas redes sociais:
Site: www.alamedaeditorial.com.br
Facebook.com/alamedaeditorial/
Twitter.com/editoraalameda
Instagram.com/editora_alameda/

Esta obra foi impressa em São Paulo no verão de 2018. No texto foi utilizada a fonte Electra LH em corpo 11 e entrelinha de 14 pontos.